味集

李若晖 著

上海三联书店

图书在版编目(CIP)数据

本味集 / 李若晖著. —上海：上海三联书店，2022.1

ISBN 978-7-5426-6874-5

Ⅰ.①本… Ⅱ.①李… Ⅲ.①文史哲-文集 Ⅳ.①C53

中国版本图书馆 CIP 数据核字(2019)第 254816 号

本味集

著　　者 / 李若晖

责任编辑 / 吴　慧
装帧设计 / 徐　徐
监　　制 / 姚　军
责任校对 / 张大伟　王凌霄

出版发行 / 上海三联书店
(200030)中国上海市漕溪北路 331 号 A 座 6 楼
邮购电话 / 021-22895540
印　　刷 / 上海惠敦印务科技有限公司

版　　次 / 2022 年 1 月第 1 版
印　　次 / 2022 年 1 月第 1 次印刷
开　　本 / 890×1240　1/32
字　　数 / 266 千字
印　　张 / 11.875
书　　号 / ISBN 978-7-5426-6874-5/C·593
定　　价 / 72.00 元

目　录

上　编

思想古今

“新子学”必须与经学相结合　005
儒学与血缘　007
试论先秦道家思想　012
自然与尊严　028
阴阳家和黄学　043
循必然以窥天道　055
法家　074
墨学要论　084

古代治理

户籍的产生　095
户的构成　097
户籍与基层社会治理　099
隐匿户口　101
村坊与城乡　103
市籍与商业　105
贱籍与身份社会　107

古典零叶

"更礼以教" 111

老子之道物 145

释《国殇》"埋两轮兮絷四马" 194

王弼《老子注》"造形"训解 198

学林散思

"中国哲学之真实建立"专栏主持人语之一 207

"中国哲学之真实建立"专栏主持人语之二 209

"中西哲学'物'观念研究"专栏主持人语 211

"出土文献与中国早期思想研究"专栏主持人语 213

《久旷大仪：汉代儒学政制研究》 215

领略仁山智水 225

浮生旁白

《郭店竹书老子论考》后记 233

《语言文献论衡》后记 237

《春秋战国思想史探微》后记 244

《老子集注汇考》第一卷后记 248

《道论九章：新道家的"道德"与"行动"》后记 256

《久旷大仪：汉代儒学政制研究》后记 264

《不丧斯文：周秦之变德性政治论微》后记 267

《地不能埋：出土简帛思想文献研究》后记 274

《老子异文总汇》后记 279

下 编

造就末学

《郭店竹书老子论考》序一 李学勤 287
《郭店竹书老子论考》序二 董洪利 290
《春秋战国思想史探微》序 叶 波(Paul Van Els) 294
《老子集注汇考》第一卷序 何泽恒 296
汉代儒学的悲哀和成功 尤 锐(Pines Yuri) 314
《不丧斯文：周秦之变德性政治论微》序 王震中 320

论著辑评

《春秋战国思想史探微》书评 武致知(Rens Krijgsman) 327
从哲学史范式转向治理秩序史范式 姚中秋 332
中央集权管理模式阻碍市民社会形成 周可真 341
《老子》注释集成的力作 叶树勋 357
2018 中华读书报年度图书之 10 佳点评之《久旷大仪》
任剑涛 367
汉代儒学与政制的互动 深川真树 369

后 记 372

上　编

思想古今

“新子学”必须与经学相结合

“新子学”发展，应该立足自由经学和子学传统相互促进上。传统上，以经为中华传统文明之核心，如《四库全书总目》卷一《经部总叙》开篇有云：“经禀圣裁，垂型万世。”以经为大道之所在，此固汉唐经学之通义，但是其在历史上的具体表现另有曲折。

至于诸子之学，一般认为是经学的附庸和补助。而冯友兰《中国哲学史》分中国哲学史为两大阶段，即子学时代与经学时代。“上古时代哲学之发达，由于当时思想言论之自由；而其思想言论之所以能自由，则因当时为一大解放时代，一大过渡时代也。”其实即便在先秦时期，诸子也与经学息息相关。王葆玹指出：中国有一俗见长期流行，即以为五经纯为儒家经书，经学为儒家所独有。实则五经在秦代以前，乃是各家学派共同尊奉的典籍。先秦至汉初之经说本与子学一体，也是活泼泼的自由思想。经子关系，诚如《汉书·艺文志·诸子略》序所言：“《易》曰，天下同归而殊途，一致而百虑。今异家者，各推所长，穷知究虑，以明其指。虽有蔽短，合其要归，亦六经之支与流裔。使其人遭明王圣主，得其所折中，皆股肱之材已。”

近代经学沉沦，子学复兴，但复兴后的子学弃经学而附哲学，于是中国传统义理之学的固有格局与内在脉络被打散。这在经学领域表现最为明显。汉王朝以秦制律令体系，驯化经说，建构经学，再以之一统思想，对于这个传统需要现代学者加以疏通。近年叶国良倡言："经学的生命力是否旺盛，端看是否有新体系出现，易言之，须有适用于我们这个时代的创新之作，才能维系经学的生命力，这方面还是有待努力的。"

我们认为，经学的根本性地位还是要承认，中国文化还是无法彻底离开经学，同时需要发掘经学的自由传统，允许自由辩论、自由质疑。经学时代之前的经说就是自由的传统。因而，如何回到自由经学，并以此为基础重构子学？这是当代"新子学"建构的要点。

如何重构子学？汉初司马迁可以为我们提供参考。钱大昕《潜研堂文集·史记志疑序》论曰："太史公修《史记》以继《春秋》，成一家言。其述作依乎经，其议论兼乎子，班氏父子因其例而损益之，遂为史家之宗。"太史公正是熔经铸子，才能"拾遗补艺，成一家之言，厥协六经异传，整齐百家杂语"。

因此，当代"新子学"的建立，必须与经学相结合，以中华文化的大本大源为根基，立足于中华文化自身，面对中华文化的根本问题，重铸中华之魂，此即当代"新子学"之魂魄所归。

（原载《光明日报》2014 年 5 月 13 日第 16 版）

儒学与血缘

——在“儒家自由观念建构”学术研讨会上的发言

这场我听下来也是获益匪浅，我大致上翻了一下，觉得郭萍的书在现在的儒学研究当中也可以说是独树一帜的。好话我也不多说了，大家都看得到。

但也有不同意见，现代新儒家的理论建构有很多是延续所谓宋学的脉络，郭萍这里专门讲了新宋学，刚才家宁也讲了。那么这样一个脉络下来，就容易造成先秦汉唐与宋明儒学的对立。尤其是郭萍的这本书里，又构造了一个儒家原教旨主义，这样的话就会加剧这样一种对立，而且就是授人以柄，好像说我们做的就不是原始儒学，就不是孔子那一套东西了，我们是跟孔子对立的，这样的话我觉得会给自己找很大的麻烦。在我看来，她所指的儒家原教旨主义这一班子，我不认为他们是儒家，他们只是打着儒家旗号的一小撮野心家，身在江湖，心在魏阙。

他们完全是在歪曲儒学。复旦的吴震老师曾经写过一本小册子《当“中国儒学”遭遇日本》，在这本书里面，我觉得吴老师写到后来心情也是很沉痛的。他这本书就是在讲，儒学在日本消失的原因是日本的儒学为明治以来的天皇体制辩护，尤其是在二战之中，竭尽全力为日本的这样一种倒行逆施，为它的这样一种体制辩护，导致在二战结束之后，儒学被整体抛弃，从此儒学在日本就不再是一种现实的思潮，而只具有历史意义。我们今天，是否有一些人也在走同样的路，这是特别值得我们警惕的。尤其是有的人把儒学跟西方，尤其是自由主义，或者说自由思想，截然对立起来。因为自由主义是一个特指的学派，我们可以说，西方的整个思想实质上都是自由思想。比如说他们在出版的书里面就明确说，民主自由是只有禽兽才需要的，而儒学是基于血缘，所以是自然性的，来对抗西方的自由。我认为，这样构造一种对立，纯属虚构，这样描述儒学，不是无知，就是无耻。

汉儒就一再说，殷道亲亲，周道尊尊。在整个的历史脉络当中，殷商时期，一方面是神权政治，另一方面是一种就是说宗族政治，这个是很明显的，但是在周以后，周初的制礼作乐人文思潮，已经彻底颠覆了殷代的政治体制，它突出地表现在两个方面：第一个方面，是国家的政府机构，周初创设了一个卿事寮，区分于原来的继承于殷代神权政治的太史寮。我们知道，一直到司马迁都讲，太史是“文史星历，近乎卜祝之间”，我们在殷商甲骨文里面所看到的，凡事都要去占卜。实际上就是说如果我们要比附一下的话，太史寮就相当于祭司，而卿事寮是宰相。那么周代新设立的卿事寮实际上就是专注于民事的，是一个处理民事的专门的新设机构，也成为国家权力的核心所在，以后的话，他被顾问，但是不执掌政权，执政是在卿事寮里面。这就是说，在周代开始，它是以人文执政，区分于殷代的神权。

另外一方面，周代的宗族结构，也不同于殷代。北大历史系出土文献研究所的所长朱凤瀚先生的代表作就是《商周家族形态研究》，在这本书里面，他把殷代的家族卜辞和周代的家族铜器铭文进行对比，得到的结果是：殷代是一个纯血缘家族，但是周代的家臣，大都是非血缘性质的，因此他把周代的这种家族结构称为拟血缘，模拟的拟，不是纯血缘，是模拟血缘。杜正胜有一本书《周代城邦》，他也指出周代的封建实际上是什么，比如说伯禽去建鲁，他自己带了周人的群体，同时还带来殷人的部分族，再加上商奄的土著之民，实际上至少是三拨人构成了一个鲁国，包括鲁国的贵族，所以，他是一个异族复合的国家。杜正胜把这样一种结构，他说他杜撰一个名词，叫"假血缘氏族"。裘锡圭先生也根据铜器铭文等出土文献的研究，认为在周代，诸侯是把整个国的人作为一个族来对待的。哪怕是周天子，"天子"这个词，香港的黄然伟先生有《周代青铜器赏赐铭文研究》，他就指出来，"天子"这个词，是出现于成王时期、到康穆时期才开始大量地使用，"天子"这个词在殷商时期是没有的，"子"实际上是宗子的专称，相当于族长；"天子"实际上就是"天之宗子"，就是把全天下的人作为一个族来对待，周天子是以这个宗族的族长的名义来执掌国政，执掌天下的大权，所以实际上是君统和宗统的合一，这就是说周建国是怎样处理一个超出血缘的地缘的治理问题。以前金景芳先生就有一个观点，他说君统和宗统是分开的，就是说宗统是宗庙，君统的话实际上就是社稷。因为他要套西方史学由血缘进入地缘的进程，在这样一种进程当中，他要在中国古代找对应物，于是血缘是宗庙，那么地缘是社稷，社稷是一个超血缘的，地缘性的政治标志，由此来建构一个超血缘的国家。但是在中国古代，实际上超血缘的方式不是一个地缘性的国家，而是一个拟血缘性的宗族，在这里就是说国族是一体的，他把整个国家的人都看作自己的父兄。所以像李泽厚说，中国是在血缘未解体的情况下由原始氏族进入到国家，所以在国家之内保存了大量的血缘关系，因此儒学是一个重视血缘的思想学派，这个实际上是完全不正确的。

我们可以看到，在《论语》里面，孔子回答宰我说，我们为什么要行三年之丧，他说的是子生三年，然后免于父母之怀，他并没有一个字讲到父母生了你，而是讲父母养了你，也就是说养是高于生的。那么如果我们并非钻牛角尖地提一个问题，就是说如果一个人生下来之后，生父母不养他，养父母养他，那么谁是他的父母，如果他只能认一对父母的话，谁是他的父母。回答这个问题的是董仲舒，《通典》引用董仲舒的《春秋决狱》有这样一个案例，就是说甲生了乙，但是乙是由丙养大的，所以乙一直以丙为自己的父亲，他不知道有甲，但是他们是同处在一个村落里面。有一天甲喝醉了酒，就对乙说，我才是你爹，这个乙误认为甲是要占他便宜，于是就把甲打了一通，好，这下子甲这个心里气啊！我被儿子打了，不认我这个爹还打我。秦汉的律令规定，如果父母告子女不孝的话，是重罪，可以至于杀头，死刑。于是甲就去官府告，然后这个案子交到董仲舒那里请他定谳，那么我们一想关键就是在于，爹是怎么认，到底是生算爹还是养算爹。如果是生算爹的话，这就是子殴父，那就是死刑，没问题。然后董仲舒就说，甲没有养他，就不是爹，同于路人，打了没事。所以儒学绝不是一个基于血缘的学说，儒学所有讲的血缘关系，是一种模拟血缘，它是把人放在父之位和子之位上来讲父子关系，至于说你们是不是亲生父子，他是不管的。所以我们可以看到，在中国历史上，一再有换爹的，就是说过继就是换爹嘛！换了爹，换的爹就是你爹，生你的爹就不是你爹了，不能认的。比如《公羊传》成公十五年的仲婴齐；又如东汉光武帝刘秀登基以后，当时张纯给他提建议，将光武帝自己的亲生父亲就在南阳老家设庙，由郡守称使者以祭。从此，整个东汉的皇帝再也不祭这个祖宗，而是论辈分以元帝为父。就是说儒学并不是基于血缘。

这样一个结构，在近代以来，带来了另外一面的危险。也就是说，在日本，从福泽谕吉开始，因为日本近代化的起点是日本的封建社会，就是西周意义上的封建社会，诸侯割据，武士也是，宗族势力很严重。所以福泽谕吉推进日本现代化的方式就是打破血缘，以原子化的个人归属国家，就是效忠天皇，那么这样一种模式实际上恰恰利用的儒学的一种拟血缘模式。所以儒学，为什么最后会发展到去支持日本明治以来的天皇体制，一直到为二战满世界侵略去论证，其实都是与此有关的。与此相应，反映在中国就是对于家的猛烈攻击。中国的20世纪史，曹禺的一部《雷雨》足以尽之，当我们攻击家，从家里出来，要建立一种新道德的时候，这种新道德却被轻易地利用。周朴园曾经故意放水把两千两百多个小工淹死，然后从每个人身上剥夺他们的抚恤金，这样一个在传统道德里已经丧尽天良的人，却靠着一桩虚虚实实的爱情，在新道德里面重新获得了道德，然后用这样一个虚假的新道德，再重建一个新式的旧家庭，在这个新式的旧家庭里要他的老婆做一个服从的榜样，要他那个没有爱情因此不道德的婚姻当中的老婆，给子女做个服从的榜样，这就是中国20世纪史的完美写照。

我就讲这么多，谢谢。

（原载《当代儒学》，第十五辑，成都：四川人民出版社，
2019年5月版，第111—114页）

试论先秦道家思想

源远流长的道家文化，数千年来，始终与居于“独尊”地位的儒家思想相互对立、相互补充，共同汇成中华思想文化的主流。道家思想的基本特征，迥异于儒家阐发的“内圣外王”的政治哲学，而以“道法自然”的自然哲学为框架，培育中华民族的智者气象，发展博大精深的智慧之思，探讨宇宙之本源、生命之奥秘、人生之真谛。其坚持特立独行之品格，常以异端面貌出现，玄思宇宙，洞见本根，具有犀利的批判锋芒，在中国思想史上独具特色。

一、老子的思想

“所谓‘道家’，指的是以老子思想为宗脉的学术派别的总称。”[①]《史记·老子韩非列传》：“老子者，楚苦县厉乡曲仁里人也，姓李氏，名耳，字聃，周守藏室之史也。……老子修道德，其学以自隐无名为务。居周久之，见周之衰，乃遂去。至关，关令尹喜曰：‘子将隐矣，强为我著书。’于是老子乃著书上下篇，言道德之意五

① 黄钊主编：《道家思想史纲》，长沙：湖南师范大学出版社，1991年版，第1页。

千余言而去，莫知其所终。”作为中国第一位哲学家，老子对后世具有深远的影响，而其思想的核心即“道”。

1. 道论

《老子》认为：“道生一，一生二，二生三，三生万物。”（第四十二章）道是生成天地万物的本根，于是道成为万物的宗主。“道冲而用之或不盈，渊兮似万物之宗。”（第四章）“道者，万物之奥。”（第六十二章）“大道汜兮，其可左右。万物恃之而生而不辞，功成不名有，衣养万物而不为主，常无欲。可名于小；万物归焉而不为主，可名为大。”（第三十四章）亦即，万物遵循道的运演而运动，但道自身却并不干预万物的运动。不但道依自己的本性而存在，万物也各依自己的本性而存在——这就是道：“人法地，地法天，天法道，道法自然。”（第二十五章）由此，老子取消了殷周以来至高无上的人格神。

另一方面，道也是真实的存在者。[①]《老子》：“道之为物，惟恍惟惚。惚兮恍兮，其中有象；恍兮惚兮，其中有物。窈兮冥兮，其中有精。”（第二十一章）可见，道是有象有物的，但却难以为感官所察觉，更难以用语言表述：“有物混成，先天地生。寂兮寥兮，独立而不改，周行而不殆，可以为天下母。吾不知其名，字之曰道，强为之名曰大。”（第二十五章）“道常无名。”（第三十二章）“知者不言，言者不知。”（第五十六章）于是，老子否定了认识的可能性，并由此建立了他的政治哲学。

---

① 詹剑峰先生称之为“道物不二”，见其所著《老子其人其书及其道论》，武汉：湖北人民出版社，1982年版，第233—249页。参看张松如：《老子说解》，济南：齐鲁书社，1998年版，第127—128页。

2. 柔论

只有关于道的知识才是真知，但道不可知，因此所有的知识都是虚假的："道可道，非常道；名可名，非常名。"（第一章）"智慧出，有大伪。"（第十八章）因此必须"绝圣弃智""绝学无忧"（第二十章）。因此，道即是虚，智即是愚："天地之间，其犹橐龠乎，虚而不屈，动而愈出。"（第五章）"虽智大迷。"（第二十七章）虚谦与无知才是道的显现："江海之所以能为百谷王者，以其善下之，故能为百谷王。是以圣人欲上民，必以言下之；欲先民，必以身后之。是以圣人处上而民不重，处前而民不害。是以天下乐推而不厌。以其不争，故天下莫能与之争。"（第六十六章）"古之善为道者，非以明民，将以愚之。"（第六十五章）要安于现状，知足常乐："知足不辱，知止不殆，可以长久。"（第四十四章）"祸莫大于不知足，咎莫大于欲得。故知足之足，常足矣。"（第四十六章）弃绝欲望，更加必要："见素抱朴，少私寡欲。"（第十九章）老子由此勾勒了自己的理想国："小国寡民。使有什伯之器而不用；使民重死而不远徙。虽有舟舆，无所乘之；虽有甲兵，无所陈之。使民复结绳而用之。甘其食，美其服，安其居，乐其俗。邻国相望，鸡犬之声相闻，民至老死，不相往来。"（第八十章）既是顺应自然，则人对于外物显现为柔弱："人之生也柔弱，其死也坚强。草木之生也柔脆，其死也枯槁。故坚强者死之徒，柔弱者生之徒。是以兵强则灭，木强则折，强大处下，柔弱处上。"（第七十六章）"天下莫柔于水，而攻坚强者莫之能胜，以其无以易之。弱之胜强，柔之胜刚，天下莫不知，莫能行。"（第七十九章）表现在行为上，即"无为"："道常无为而无不为，侯王若能守之，万物将自宾。"（第三十七章）"为学日益，为道日损，损之又损，以至于无为，无为而无不为。”(第四十八章)《淮南子·原道篇》对于“无为而无不为”的解释是：“所谓无为者，不先物为也；所谓无不为者，因物之所为也。”在现在的人中最能做到“无为”的，莫过于婴儿：“含德之厚，比于赤子。毒虫不螫，猛兽不据，攫鸟不搏。骨弱筋柔而捉固。未知牝牡之和而朘作，精之至也。终日号而不嗄，和之至也。”(第五十五章)因此人们都应“复归于婴儿”(第二十八章)。

3. 老子思想方法论

老子思想，有其独特的方法论，即“有物混成，先天地生”，“有无相生”，“道常无为而无不为”①。

“有物混成，先天地生”，作为一种方法看，是“逆推法”，即由天地万物的存在而向上逆推以求其本原。在《老子》中几乎讲宇宙本原的地方，大都是用这种方法。除了第二十五章“有物混成，先天地生”之外，其他有如“天下万物生于有，有生于无”(第四十章)。又如：“万物并作，吾以观复。夫物芸芸，各复归其根。归根曰静，静曰复命。”(第十六章)老子用这种追根溯源的逆推法，是要从相反的方面探求天地万物存在的原因和根据。这样推理的公式是：有甲的存在，必有甲存在的原因，这是由果推因。

“有无相生”这个命题作为方法，表明了老子在概念之间寻求对应关系。最为典型的为第二章：“有无相生，难易相成，长短相形，高下相盈，音声相和，前后相随，恒也。”这种在概念之间寻找对应关系的方法，是老子用来建立哲学体系的重要方法。从“有”找对应的“无”，这在理论思维上、在哲学方法上，是一个非常重要的

---

① 以下参看汤一介：《昔不至今》，上海：上海文艺出版社，1999 年版，第 93—101 页。

飞跃。这意味着，要求人们通过感觉经验去寻找超越感觉经验的；从时空中的存在去寻找超时空的存在。这种在概念之间找对应关系的方法，不仅说明老子看到了事物之间的矛盾性，而且看到了事物之间的矛盾性的互相转化。为了防止转化的实现，老子认为最好先使事物处于转化的相对应的方面，所以他说："知其雄，守其雌。……知其荣，守其辱。"（第二十八章）这种方法也可以说是一种肯定"负"的方面以便保存"正"的方面，或者说是对否定的肯定才能达到对肯定的肯定。因之老子在找寻概念的对应关系中包含着对"否定"意义的深刻认识。

总的来说，老子的哲学方法是一种负的方法：其"任务不在于，对于不可知者说些什么；而仅仅在于，对于不可知是不可知这个事实，说些什么。谁若知道了不可知是不可知，谁就总算对于它有所知。"①

4. 老子弟子及后学

《史记·老子韩非列传》："老子，隐君子也。"因此老子并不以聚徒设教为务，也未游说诸侯，这导致老子自身的生平事迹与学术流传长期不为人知。但《庄子》中仍然记载了几位老子弟子，使我们对于初期老学得以略知一二。

《庄子·庚桑楚》："老聃之役②有庚桑楚者，偏得③老聃之道，

① 冯友兰：《中国哲学简史》，北京：北京大学出版社，1996 年第 2 版，第 294 页。此外，1993 年在湖北省荆门市郭店村出土了一批《老子》竹简，经整理分为甲乙丙三篇。简本《老子》篇幅远小于今本，学界对其思想争议较大，在此不作具体介绍。参看荆门市博物馆：《郭店楚墓竹简》，北京：文物出版社，1998 年版。

② 陆德明《释文》引司马云："役，学徒，弟子也。"

③ "偏得"，独得，见林希逸《南华真经口义》。

以北居畏垒之山。”他“居三年，畏垒大穰”，畏垒之民认为他是“圣人”，欲奉以为君。“庚桑子闻之，南面而不释然”，说：“吾是以不释于老聃之言。”并教导弟子说：“举贤则民相轧，任知则民相盗。……大乱之本，必生于尧舜之间，其末存乎千世之后。千世之后，其必有人与人相食者也。”可见庚桑楚深得老学精华，并且一方面在区域范围实践老子思想，一方面还聚徒传授老学，这对于老学的传播无疑有重要意义。

另一个弟子柏矩则见于《庄子·则阳》：“柏矩学于老聃，曰：‘请之天下游。’老聃曰：‘已矣！天下犹是也。’又请之，老聃曰：‘汝将何始？’曰：‘始于齐。’”至齐后，见有人被杀而陈尸，于是柏矩“号天而哭之”：“荣辱立，然后睹所病；货财聚，然后睹所争。今立人之所病，聚人之所争，穷困人之身使无休时。”现在的统治者们，“匿为物而愚不识，大为难而罪不敢，重为任而罚不胜，远其途而诛不至。民知力竭则以伪继之，日出多伪，士民安得不伪！夫力不足则伪，知不足则欺，财不足则盗。盗窃之行，于谁责而可乎？”这就把老子“正言若反”的思想外化为现实批判。

第三个是《庄子·寓言》的阳子居。阳子居见老子，曰：“向者弟子欲请夫子，夫子行不闲，是以不敢。今闲矣，请问其过。”老子曰：“而睢睢盱盱，而谁与居？大白若辱，盛德若不足。”阳子居蹙然变容曰：“敬闻命矣！”

据《庄子》书，问学于老聃者也有三人。一是崔瞿。《庄子·在宥》：“崔瞿问于老聃曰：‘不治天下，安藏人心？’老聃曰：‘汝慎无撄人心。’”其二是士成绮。《庄子·天道》：“士成绮见老子而问曰：‘吾闻夫子圣人也。吾固不辞远道而来愿见，百舍重趼而不敢息。今吾观子非圣人也。’”第三个是孔子。《庄子·天运》：“孔子见老聃，三日不谈。弟子问曰：‘夫子见老聃，亦将何规哉？’孔子曰：‘吾乃今于是乎见龙！龙，合而成体，散而成章，乘云气而养乎阴阳。予口张而不能嗋，予又何规老聃哉！’”

由于史料缺乏，初期老学的传授颇难考实，其大概情形可得而言者，则有关尹、列御寇、杨朱。

关尹，《汉书·艺文志·道家类》著录《关尹子》九篇，自注云：“名喜，为关吏，老子过关，喜去吏而从之。”《吕氏春秋·不二》称“关尹贵清”，《庄子·天下》则以关尹与老聃并称为“古之博大真人”。

列御寇即列子。《吕氏春秋·审己》许慎注：“子列子，贤人，体道者。请问其射所以中于关尹喜。”同书《不二》也说列子是“体道人也，壶子弟子”。壶子即壶丘子林。《庄子·应帝王》载列子随壶子学道后，“然后列子自以为未始学而归，三年不出，为其妻爨，食豕如食人。于事无与亲，雕琢复朴，块然独以其形立。纷而封哉，一以是终”。《汉书·艺文志·道家类》有《列子》八篇，班固自注：“名御寇，先庄子，庄子称之。”《尸子·广泽》《吕氏春秋·不二》皆谓“列子贵虚”。《战国策·韩策》则谓“列子贵正”。

杨朱，《孟子·滕文公下篇》：“圣王不作，诸侯放恣，处士横议，杨朱、墨翟之言盈天下。天下之言不归杨，则归墨。杨氏为我，是无君也；墨氏兼爱，是无父也。”其《尽心·上》又说：“杨子取为我，拔一毛以利天下，不为也。”这“为我”，《吕氏春秋·不二》则谓之“贵己”，《淮南子·氾论篇》说得更明白：“全性保真，不以物累形，杨子之所立也，而孟子非之。”“全性保真”，无疑是早期道家的根本思想，与《老子》思想有着继承关系，更开启了此后的庄子思想。由此可见，杨朱是从老子到庄子思想演变过程中的重要一环。

二、庄子及其后学

郭沫若曾说:“庄子这一派或许可以称为纯粹的道家吧？没有庄子的出现,道家思想尽管在齐国的稷下学宫受着温暖的保育,然而已经向别的方面分化了：宋钘、尹文一派发展而为名家,田骈、慎到一派发展而为法家,关尹一派发展而为术家。道家本身如果没有庄子出现,可能是已经归于消灭了,然而就因为有他的出现,他从稷下三派吸收他们的精华,而维系了老聃的正统,从此便与儒、墨两家鼎足而三了。在庄周自已并没有存心以‘道家’自命,他只是想折衷各派的学说而成一家言,但结果他在事实上成了道家的马鸣、龙树。”①

春秋战国是所谓士阶层产生并自觉到人的尊严的时代,是诸子百家共同努力,开辟了中国文化上源并形成了一个伟大的人本主义思潮的时代。庄子思想即是以人生哲学为中心的,它也是先秦思想中最光彩夺目的一部分。

《史记·老子韩非列传》:“庄子者,蒙人也,名周。周尝为蒙漆园吏,与梁惠王、齐宣王同时。其学无所不窥,然其要本归于老子之言。故其著书十余万言,大抵率寓言也。”汉代学者一般认为庄子为宋人,如《史记·老子韩非列传》唐司马贞《索隐》引刘向《别录》云:“宋之蒙人也。”《汉书·艺文志》班固自注:“名周,宋人。”《淮南子·修务篇》汉高诱注:“庄子名周,宋蒙县人。”

---

① 郭沫若:《十批判书》,北京：东方出版社,1996 年版,第 205—206 页。

1. 逍遥游

“庄子哲学，可以说，是一部在乱世中重建人的本然面目的哲学。”①这种人的本然面目，就是人与宇宙的同一。在《庄子·内篇·逍遥游》中，庄子列举种种人与物，然后一一指出他们仍然“有待”。在此，庄子充分展现了他的文学天才，其言有云：“北冥有鱼，其名为鲲。鲲之大，不知其几千里也。化而为鸟，其名为鹏。鹏之背，不知其几千里也，怒而飞，其翼若垂天之云。是鸟也，海运则将徙于南冥——南冥者，天池也。《齐谐》者，志怪者也。《谐》之言曰，鹏之徙于南冥也，水击三千里，抟扶摇而上者九万里，去以六月息者也。”但无论是为物之鲲鹏，还是学道能御风而行之列子，都是“彼于致福者，未数数然也。此虽免乎行，犹有所待者也”。由于他们还有所待，所以他们的幸福在这个范围里是相对的。而只有“若夫乘天地之正而御六气之辩，以游无穷者，彼且恶乎待哉？故曰：至人无己，神人无功，圣人无名。”这里的至人、神人、圣人，就是庄子所理想的已经得到绝对幸福的人。他们绝对幸福，因为他们超越了事物的普通区别，他们也超越了自己与世界的区别，超越了“我”与“非我”的区别。所以他们无己，他们与道合一。道无为，所以无功，圣人与道合一，所以也无功。道无名，圣人与道合一，所以也无名。而“逍遥”之义，正是无事、无为。②

2. 齐物论

但一个普通人怎样才能成为至人？换言之，一个人怎样才能

① 孙以楷、甄长松：《庄子通论》，北京：东方出版社，1995年版，第102页。
② 张松辉：《庄子考辨》，长沙：岳麓书社，1997年版，第151—154页。

达到“无待”？这无疑取决于此人道之修养。而道之修养，则来源于关于道的知识。在《齐物论》中，庄子把人的知识分为两类。“大块噫气，其名为风。是唯无作，作则万窍怒号。”风吹物响，这种声音就是地籁。人类社会所说的“言”则是人籁。人籁与天籁不同，他的“言”由人说出的时候，就代表人类的思想。他们表示肯定与否定，表示每一个个体从他自己特殊的、有限的立场形成的意见。可是人们却从不认为自己的意见都是根据有限的立场，总是认为自己掌握了真理，总是以自己的意见为是，以别人的观点为非。“故有儒墨之是非，以是其所非，而非其所是。”

既然每一个人的言都是根据自己有限的立场，那么人们若这样各按自己的片面观点辩论，即便能争出个胜负来，实质上也无法决定真是真非：

> 即使我与若辩矣，若胜我，我不若胜，若果是也？我果非也？我胜若，若不吾胜，我果是也？而果非也邪？其或是也，其或非也邪？其俱是也，其俱非也邪？我与若不能相知也，则人固受其黮暗。吾谁使正之？使同乎若者正之，既与若同矣，恶能正之！使同乎我者正之，既同乎我矣，恶能正之！使异乎我与若者正之，既异乎我与若矣，恶能正之！使同乎我与若者正之，既同乎我与若矣，恶能正之！然则我与若与人俱不能相知也，而待彼也邪？

要达到对于道的体悟，就必须超越有限，从一个更高的观点看事物，庄子把这叫作“照之于天”：

> 欲是其所非而非其所是，则莫若以明。物无非彼，物无非是。自彼则不见，自知则知之。故曰：彼出于是，是亦因彼。

彼是，方生之说也。虽然，方生方死，方死方生；方可方不可，方不可方可；因是因非，因非因是。是以圣人不由，而照之于天，亦因是也。是亦彼也，彼亦是也。彼亦一是非，此亦一是非。果且有彼是乎哉？果且无彼是乎哉？彼是莫得其偶，谓之道枢。枢始得其环中，以应无穷。是亦一无穷，非亦一无穷也。故曰，莫若以明。

"明"就是"照之于天"。"是"和"彼"在其是非对立中，像一个循环无尽的圆，但从道的观点看事物的人，就好像是站在圆心上，他理解在圆环上运动着的一切，但自己却不参加这些运动。之所以如此，就是因为他已经超越有限，从一个更高的观点看事物。那些自缚于有限观点的人，就好比《庄子・外篇・秋水》所说的井底之蛙，只看见一小块天，以为天就只有那么大。而最终能得道的人，也必有一番河伯的慨叹。但在《秋水》中，这一慨叹仍然是无知的表现，因为大之上仍有大，终极之道实际上不是人有限的生命可穷尽的。

从道的立场来看，物与物之间的区别都是一种从有限立场所得的所谓知识。《齐物论》说：

道行之而成，物谓之而然。恶乎然？然于然。恶乎不然？不然于不然。物固有所然，物固有所可。无物不然，无物不可。故为是举莛与楹，厉与西施，恢恑憰怪，道通为一。其分也，成也；其成也，毁也。凡物无成与毁，复通为一。

万物无论如何歧异，都是由道而生。所以从道的观点来看，万物虽不同，可是都是道的显现，即"通为一"。因此，每一具体之物都不过是道的一种显现，又如大海之于每一浪花。于是，每一具体之物也就无所谓成，也无所谓毁。此即《庄子・内篇・大宗师》之"孰能以无为首,以生为脊,以死为尻,孰知生死存亡之一体者,吾与之友矣”。如果一定要强求,则犹如“今之大冶铸金,金踊跃曰:‘我必且为镆铘’,大冶必以为不祥之金。今一犯人之形,而曰‘人耳人耳’,夫造化者必以为不祥之人。今一以天地为大炉,以造化为大冶,恶乎往而不可哉!”

“我”与“非我”也是一体的。《齐物论》曰:

> 天下莫大于秋毫之末,而太山为小;莫寿乎殇子,而彭祖为夭;天地与我并生,而万物与我为一。

也只有体悟到这一点的人,才能够“不知说生,不知恶死”①,于是“哀乐不能入”②,最终超脱于世间的一切尘俗。这一境界,即“堕肢体,黜聪明,离形去知,同于大通,此谓坐忘”③。当达到了这一境界时,就能成为至人,“至人神矣,大泽焚而不能热,河汉沍而不能寒,疾雷破山、飘风震海而不能惊。若然者,乘云气,骑日月,而游乎四海之外”④。

3. 庄子后学

庄子后学,可分为述庄、无君、黄老三大派。⑤

庄子后学中的述庄派以继承阐发庄子思想为宗旨,他们明确提出了以道为万物“本根”。《庄子·外篇·知北游篇》:

---

① 《庄子·内篇·大宗师篇》。
② 《庄子·内篇·养生主篇》。
③ 《庄子·内篇·大宗师篇》。
④ 《庄子·内篇·齐物论篇》。
⑤ 此一小节主要参考刘笑敢:《庄子哲学及其演变》,北京:中国社会科学出版社,1988 年版,第 261—317 页。

[合]彼神明至精,与彼百化,物已死生方圆,莫知其根也,扁然而万物自古已固存。六合为巨,未离其内;秋毫为小,待之成体。天下莫不沉浮,终身不故;阴阳四时运行,各得其序。惛然若亡而存,油然不行而神,万物蓄而不知,此之谓本根。

万物百般变化,有死有生,有方有圆,但他们却都不知道自己之所以如此的根据。实则这根据就是道。道的作用是"若亡而存",不可感也不可知的,因而万物虽有其根而不自知。

道显现于人则为性:"道者,德之钦也;生者,德之光也;性者,生之质也。性之动,谓之为;为之伪,谓之失。"①可见,性是人生而具有的禀赋,是人的本然状态。如果改变这本性,就会产生人为,人为会产生虚伪,虚伪就是道的丧失。只有至人能保持这种本性醇和不散。《庄子·外篇·达生》:至人"将处乎不淫之度,而藏乎无端之纪,游乎万物之所终始,壹其性,养其气,合其德,以通乎物之所造。""物之所造"即道。至人能保养其本性,使其不离、不散、不失。与此相反,"今人之治其形,理其心,多有似封人之所谓,遁其天,离其性,灭其情,亡其神"。但圣人也非有意保全其天性。《庄子·杂篇·则阳》:"圣人达绸缪,周尽一体矣,而不知其然,性也。"圣人玄通万物,周遍一体,都出于自然之性,是不知其然而然的。因而述庄派之论性与其他诸子不同,既不是孟子的性善,也不是荀子的性恶,更不是告子的无善无恶,述庄派的人性是超于善恶之上的,这一观点也为古代道家的人性论奠定了基础。

庄子后学中的无君派对庄子思想有重要的改造。本来,庄子对于现实社会也有着激烈的批判,但那只是最终逃于无何有之乡

① 《庄子·杂篇·庚桑楚篇》。

的理由。无君派则不同，他们激烈地抨击现实社会，当时及历代统治者、仁义道德，无不在其锋芒所至之处。《庄子·外篇·胠箧篇》：

昔者齐国邻邑相望，鸡狗之音相闻，网罟之所布，耒耨之所刺，方二千余里。阖四境之内，所以立宗庙社稷，治邑屋州闾乡曲者，曷尝不法圣人哉！然而田成子一旦杀齐君而盗其国，所盗者岂独其国邪？并与其圣知之法而盗之。故田成子有乎盗贼之名，而身处尧舜之安，小国不敢非，大国不敢诛，十二世有齐国。

《庄子·杂篇·盗跖》也说："小盗者拘，大盗者为诸侯。诸侯之门，义士存焉。"在现实社会中，强权就是一切，有了它，不但可以窃国，而且还可以把仁义道德、真理正义也一起窃走。那么，是不是天下有像尧舜那样的明君就好了呢？不是！《盗跖》就把矛头直指历代圣君：

世之所高，莫若黄帝，黄帝尚不能全德，而战涿鹿之野，流血百里。尧不慈，舜不孝，禹偏枯，汤放其主，武王伐纣，文王拘羑里。此六子者，世之所高也，孰论之，皆以利惑其真而强反其情性，其行乃甚可羞也。

即使退而言之，古圣王并无败德，是否就天下之人皆可全其性了呢？不是！《庄子·外篇·在宥》：

昔尧之治天下也，使天下欣欣焉人乐其性，是不恬也；桀之治天下也，使天下瘁瘁焉人苦其性，是不愉也。夫不恬不愉，非德也。非德也而可长久者，天下无之。

贤君的楷模是尧，而暴君的典型是桀，但他们治天下，无论是苦之还是乐之，都破坏了人恬愉无知的自然本性，因而也就没有高下之分。从这个角度来看，所谓圣贤和盗贼也就没有什么区别。《庄子·外篇·骈拇》："伯夷死名于首阳之下，盗跖死利于东陵之上。二人者，所死不同，其于残生伤性，均也。奚必伯夷之是而盗跖之非乎！"只有无知无欲，才能达到所谓"至德之世"。《庄子·外篇·马蹄》："夫至德之世，同与禽兽居，族与万物并，恶乎知君子小人哉！同乎无知，其德不离；同乎无欲，是谓素朴；素朴而民性得矣。"没有人与物的区别，没有贵与贱的等级，人的社会就是物的自然，只有在这样的世界中，才能达到"至德"，人才能保有自我的天性。

庄子后学中的黄老派，是庄子后学中年代较晚的一派，其思想特点与庄子也相去较远。黄老派站在道家立场上，吸纳了儒家和法家的思想学说，兼及道德、仁义、法术，从而形成了庄子学派中比较重视统治术的一个支派；这一派明确阐发了君无为而臣有为的观点，以有为补充无为，克服了庄子哲学极端消极无为的偏向。

概而言之，为了生存，庄子后学试图向比较接近现实的方向探索，并试图抽去庄子哲学体系最底层的基石——"齐一万物"，以及由此而来的相对主义诡辩论，而代之以更能符合人们经验常识的新解释。他们试图使庄子哲学通俗化：他们不再有齐一万物的勇气，而是承认贵贱等差；他们不再有着应任自然，以至妻死鼓盆而歌的放逸，而是追求长生不死；他们不再有着腐鼠权势的狂傲，而代之以贡献治术的谦卑。① 但这一努力却适得其反。因为一旦靠

① 这一点主要就黄老道家而言。

拢了经验常识，抽去了齐物的基石，整座庄子哲学的大厦就坍塌了。庄子后学的哲学思想，便正是这样一座坍塌了的哲学大厦。这是庄子哲学的悲剧。

（原载《钦州学院学报》2010 年第 2 期，第 49—54 页）

自然与尊严

我的报告主要针对司马谈《论六家要旨》论道家的第一句话来谈，就是“道家使人精神专一，动合无形，赡足万物”。在进入正题之前，我先说一下我对中国哲学的基本看法，我认为“合文献有中国，合逻辑有哲学”。如果不合逻辑但有中国，可以说是中国研究，但不能算是中国哲学；如果合逻辑，但不合中国文献，比如用海德格尔来讲中国的种种，那是哲学，但不是中国哲学。

接下来，我就来分析“道家使人精神专一、动合无形、赡足万物”这句话：“精神专一”是人与自我的关系，“动合无形”是人与道的关系，“赡足万物”是人与万物的关系，这样就构成了一个人与 X 的关系，自我、道、万物构成人的生存之境。我们来具体看一下。

精神与无形都是无形的，区别于万物之每一物的有形。那么“道”如何无形？王弼说“万物万形，其归一也。何由致一，由于无也。由无乃一，一可谓无”；詹剑峰认为“一”就是有无混存，“一”实际上就是“道”；陈鼓应、白奚先生认为“这里的‘道生一’，不应理解为‘道’首先生出个‘一’，事实上，这个‘一’乃是对道体本身的描述。‘道’是一个绝对的、独立的存在……按照老子的描述，‘道’是一个‘混而为一’的、混沌未分的‘混成’之物，其中蕴涵着一切的可能”；汤一介先生用“一”和“多”来解释万物与道；冯友兰先生认为，“道”是包括天地万物的全，老子说的“道”即是“全”的意思。所以，“道”是万物之整体。万物之整体，区别于万物之总体，也就是说要有一个整体性。那么“道”作为万物之整体和整体性，无物与之相区分，由这样的无区分性构成它的无形性。“道无形”的“形”，是“形名”之“形”而非“形状”之“形”。比如韩非子说“火形严，故人鲜灼；水形懦，故人多溺”，这里的“形”就是“形名”之“形”而非“形状”之“形”，我们完全可以把它说成“火性严，水性懦”，传统名学讲“名实相副”“形名相应”，但正如金岳霖先生所说的，“道”是不可知的、无形的，是认识意义上的一种描述，也就是说它是一个无实之名，是一个空壳的名，是与“实”相对应的。我们可以说出“道”这个名来，但无论是名实意义上还是形名意义上，实际上都是不可描述的。“道”作为万物之整体性，遍在于万物。

《老子》第二十五章的“周行而不殆”，北大简本写作“偏行而不殆”，“偏行”也就是遍行，是“周遍”的意思，我有一篇文章就是讨论这一问题的。“周行”其实是指道遍在于万物，而不是指作圆周运动。《庄子·外篇·知北游》，“道在屎溺”的命题，实际上是“道遍在于万物”这一命题的具象化。张岱年先生认为，“《庄子》外杂篇大概是庄子弟子及后学所作，其中论道的地方很多，颇注重道无所不在的意思”，他的结论是“道周行遍在，万物皆受其覆载，而未有能离道者”，“道即是行于万物，统会一切殊理之大理”。詹剑峰先生把这些归结为“道物不二”的命题。“道物不二”这一命题对中国哲学特质之形成有一个关键性的作用，它既区分于西方，像“道在屎溺”的命题，柏拉图是绝对说不出的，因为他的 idea 里有一个“善”的规定性，所以对他而言，“屎溺”“坏蛋”能否和 idea 相关联是个难题。“道”对于“物”、“善”对于“恶”的超越性是西方哲学尤其是基督教神学的一个核心观念。另外根据摩尼教的说法，可以得到一个道物善恶的对立二元论，它也不同于中国哲学的道物一体。以上讲的是中国哲学的特质，即道物不二。

那么万物之整体非万物之总体，整体性体现在万物的每一物之间的联系，其存在的可能性依赖于互相之间的联系，互相之间的联系决定了万物每一物的存在，而一物与他物的区分即该物质的属性，儒家称之为“性”，道家称之为“德”。那么一物对于他物的必须性也就是“欲”。张岱年先生对《老子》里的“德”字，比如五十一章的“道生之，德畜之”，他认为这里的“德”不是指人的德行，而是指万物成长的内在基础，所谓“物得以生”“所得以然”都是指物所以生存的内在根据，这种内在根据，儒家谓之“性”，道家谓之“德”。可以这样理解，“道”指天地万物共同具有的普遍性，“德”指每一物所具有的与众不同的特殊性。

在《老子》的传世本里，有时候我们会发现文本矛盾，比如说老子提到“不知常，妄作，凶”，也就是说我们必须要“知常”，但他又说“道不可知”，而道又是“常道”。怎么理解呢？通过马王堆帛书，我们可以解决这一问题，因为“道可道，非常道”被写作“恒道”。帛书本，“恒”字很多，“常”字很少，如此一来“恒”和“常”构成一种区别，文本的矛盾性就可以解决了。我不认为“道”是规律，“道”不可能既是存在又是规律，“恒”才是规律，但“恒”是一个终极性的规律，实际上我们无法达到“恒”的终极性认知，人在经验当中对于“恒”的认知，对“恒”的经验近似性的获得就是“常”。比如我们讲苑老师“恒着白衣”，但只要他穿一次其他的衣服就不是“恒着白衣”了，但是无论他穿多少次其他色的衣服，只要他穿白衣的次数比穿其他衣服的次数多，我们就可以说他是“常着白衣”，所以说“常”就是对“恒”的一个近似性的获取，是经验性的近似获得。

“道”的无形是因为“道”是万物之整体与整体性，没有与之相区分的存在，在无区分的意义上成为无形。无区分就是无边界，所以万物作为整体与一物的区分就在于边界的有无。“道”之无形是与每一具体物在实质上没有区分，而非理论上讲“道”“物”区分是边界有无，也就是说概念上的区分与实质上物之间的区分是两个问题。在实际上我们可以说道家认为“道物一体”，但在概念上我们仍然可以构造“道”“物”两个概念的区分。对于无法直接认知之物的认识，是由它与已知之物的关系来获知的，这是通过我们对“道”的认知而获得的认知模式。依据这样的模式，我们可以讨论为什么精神也是无形的，因为精神不与物接，我们无法认识精神，也无法通过与精神相关联的物来认知精神，所以精神是无形的、不可知的。

在道家的知识框架中，精神不与物接是道家的预设，这就意味着精神是内在自足的，就是专一。对精神的这种认知方式，冯友兰先生认为是一种“负的方法”。在郭象的《庄子注·大宗师》里面，他认为物都是“适性”“逍遥”，“而自然即物之自尔耳。吾以至道为先之矣，而至道者乃至无也。既以无矣，又奚为先?”他有很多相关的论述，比如“然则凡得之者，外不资于道，内不由于己，掘然自得而独化也”，“凡得真性，用其自为者，虽复皂隶，犹不顾毁誉而自安其业。故知与不知，皆自若也”……“道”在道家中理解为“道物不二”，到了郭象，每一物合道就是每一物的自然，即适性。那又何必在物之外再立一“道”？自然适性就不用讲“道”，讲“道”反而累赘，郭象实质上取消了“道”。虽然他也讲“道”这个词，但在他的体系中，实质上“道”已经被取消了。

对于“人”在概念体系上的出现，我们一般认为是文本直接给定的，那我们有没有可能不是用文本的外在给予而是从逻辑的内在推演中得到“人”的概念？与“精神专一”相对的状态是精神不专一，即精神被迫与物接。但精神不可与物接，又如何与物接？于是需要中介沟通精神与外物——人的躯壳。《论六家要旨》讲“凡人所生者神也，所托者形也。神大用则竭，形大劳则弊，形神离则死”，这里“形”所对应的就是“神”——精神，而“形”就是人这一臭皮囊。所以我们要讨论精神与臭皮囊之间的关系，这里就涉及两种“圣人无情”论。何晏认为圣人无喜怒哀乐，王弼认为：“圣人茂于人者神明也，同于人者五情也。神明茂，故能体冲和以通无；五情同，故不能无哀乐以应物。然则圣人之情，应物而无累于物者也。今以其无累，便谓不复应物，失之多矣。”《世说新语·言语》里讲圣人无情的三个例子都用的是何晏义。不过也有用王弼义的，比如《列子·黄帝篇》张湛注“随世而喜耳”，大家都喜我就喜，黄帝心里其实没有真正的喜。《论语·先进》里“颜渊死，子哭之恸”，郭象注“人哭亦哭，人恸亦恸，盖无情者与物化也”，见大家都哭我也跟着哭，如此而已。这都是用的王弼义。《庄子·内篇·逍遥游》中讲到“尧治天下之民，平海内之政，往见四子藐姑射之山、汾水之阳，窅然丧其天下焉”，郭象注“四子者，盖寄言以明尧之不一于尧耳。夫尧实冥矣，其迹则尧也。自迹观冥，内外异域，未足怪也”。尧是圣人，其内为“冥”，也就是空、无，但是我们从外面看尧，他还有一个肉身躯壳，所以也可以看到尧的喜怒哀乐，这就是“自迹观冥，内外异域”，所以圣人是“内道外物”，是“道”“物”的结合体，他的内心是无情的，但是他外在仍然表现为有情。尧作为圣人，正是

"内道外物",其内为"冥",亦即道、无,外显者则其肉身、言行,所谓"迹"也。

《传习录》讲忿懥的问题,并不是说我这个人真的生气了。"心体"是"廓然大公",并不"着一分意思",只是外在的愤怒。实际上,这仍然是"圣人之情""无累于物"的模式。所以我们看到"道"是无形,无物与之区分;精神的无形是"不与物接",所以是"无欲",这两个"无形"的性质是不同的。在《老子》的第二十八章讲到"复归于婴儿",这是指哲理性的婴儿,是无欲的,是不与外界接触的;第五十五章"终日号而不嗄",是指生理性的婴儿,生理性的婴儿是没有区分的,比如说他不知道牝牡为何,他没有区分性的概念。这两种婴儿都不是老子要论述的"内道外物"的圣人模式,那么如何来建构这种模式呢?老子所设想的就是小国寡民。小国寡民同时包含哲理性婴儿与生理性婴儿的特征。"民至老死不相往来",无欲,则符合哲理性婴儿。小国寡民是个血缘性的群体,血缘性是最基本的一种人际关系,它是"无性"的,即没有区分性,由此构成的群体性婴儿成为人实现生理性与哲理性婴儿的合一,成为现世的、可以实现的理想国。那么,我们就可以来讨论人与万物之间的关系。

首先,何为"赡足"?"赡足"是基于量的主观评价,包含两点,一是基于而又区分于对于量的客观计量,二是主体评价的客观性,即所有人对此评价的可理解性。比如我们穿多大码的衣服,吃几两米饭,这有一个客观的可度量性。但这并不是说可以用几两米饭来界定饱,我在不同的时候吃饭的量不一致,要吃多少是没有定量的,吃饱了就行。穿衣服也是一样,并不是说非要穿哪个号,穿得舒服就好,在不同的时期我们也会穿不同号码的衣服。吃饱、合身就是"赡足"。所以"赡足"即无需外求,万物不再成为欲求的对象。并非说没有形成关系，而是这种关系并未导致欲求。人有欲望，但没有对欲望的认知，这就是“赡足”——不以任何一物作为工具。

《老子》的“不知常，妄作，凶”表示的是欲求和占有的关系。人通过与万物的联系来保证自己的生存，没有超越于自然之外的联系（必需性），一旦有了，就在“道”给予人的联系之外新建了联系（非必需性），破坏了万物整体性之下的自然联系，人就僭居于“道”之位。但是人没有“道”之能力，不能真实地重新构建万物的整体性。所以人造的新联系虽然表面上增加了所获取个体物的数量，实质上却切断了被获取的个体物与万物的联系，也就使人不再作为万物整体中之一物，于是人区分于“道”，也就是第五十五章所说的“不道早已”。文子对此有一个圣智与见智的区分。“闻未生”是“圣”，“见而知之”则是“智”。对于《老子》第五十七章讲的“我无为而民自化”的结构，王中江认为，这是万物的“自然”，万物的“自然”以“道”的“无为”为前提，同理，百姓的“自然”也要以圣人效法“道”的“无为”为前提。所以这是个圣人无为、百姓自然的状态，百姓只有“见智”而没有“圣智”。圣人是掌握了圣智之后，知而不为，所以是“无为”；百姓是不知而为，所以是“自然”。如果圣人掌握了圣智，就是不自然的，这就是王弼的“圣人无情论”。只有圣人才能在非自然状态下掌控“为”，因而不是任何人可以“无为”，不知情下的“无为”是“自然”而非“无为”，只有知情的“无为”，才是真正的“无为”，圣人是能为而不为。

现在我们再来看这三句话，“精神专一”是人与自我的关系，我们用一个概念来统合它，即人与万物之唯一物的关系。“唯一物”是指我对于我自己来说是唯一的、不可替代的。“动合无形”讲人与道的关系，也就是人与万物之整体性的关系。“赡足万物”讲的是人与万物的关系，也就是人与万物之每一物的关系。由是我们可以讲人在宇宙中的地位，人是唯一一个可以违背“道”的物类，只有人才有重新构造非自然性知识的能力，使人僭居于“道”的地位。这个地位的根基是每一个人都有可能意识到你是你的唯一物，进而人类可以认识到人作为类的唯一性。由此构造出一类高于万类，一人高于万人的结构。

大家可以看一下《庄子·大宗师》的这一段，它讲“大冶铸金”，其实也是要说明人高于万物。而在老子看来，物类具有哲学意义，“夫物芸芸，各复归其根”。王博先生认为“各”字表明万物乃是分别地返回自己的根源处，如同人返回婴儿状态一样，而不是向“道”本身的回归。阮咸与猪共饮，冯友兰先生说，这是“把自己放在万物之间，作为万物中之一物”。我认为他在哲学的技术性上仍有不足，他是通过取消人与万物之间的差别性来打破“人高于万物”的说法，也就是说不把人作为与万物有区分的独特物类来对待，这是取消了人作为物类的哲学意义来达到人与万物的齐一性。由此“猪”与“人”无所区分，实际上不仅取消了人作为物类的哲学意义，也取消了猪作为物类的哲学意义，这是通过取消了万物的物类意义来达到万物齐一的。

玄学试图通过将“人”等同于非人之物类，来取消“人”作为类的意义，从而达到庄学的“万物齐一”。这是以个体之物超越物类而直接复归于道，恰恰违背了老子“自然”必须基于物类的限阈。这里存在的第一个问题是，设想将鱼等同于非鱼之物类，把鱼从水里扔到陆地，然后看着它扑腾几下死去，这是不是鱼的自然性？是不是鱼复归于道了？第二个问题，以衣冠作为人的类特征，只有在名教背景下有意义。因此魏晋玄学取消人禽之别的具体方式必须以历史文化背景为前提条件,不具备哲学的普遍性。《周易·系辞传》的韩康伯注:“圣人虽体道以为用,未能全无以为体。故顺通天下,则有经营之迹也。”也就是说圣人虽然体道,但还不是道,不是以至无为体,仍然是一个人,仍然具有个体生命,所以其行为依然是有迹可循、可知可觉的。所以说庄子对老子的发展内在地构成了与老子的矛盾。由“道”是万物之整体性可以推导出“道”遍在于万物,可以推导出“道”在每一物中,因此物无贵贱。由物无贵贱可以推导出万物齐一。万物齐一实际上取消了物类的哲学意义。尤其在魏晋玄学之后,导致了老子物类思想的湮没。

魏晋老庄一体化是通过取消老子物类的哲学意义来实现的,那么今天我们可不可以反过来,通过取消“人高于万物”来破这个命题?也就是说通过保留老子的物类来整合老庄。庄子的“万物齐一”不是抹杀个体的存在意义,而是对个体的尊重,没有任何一个人或物类个体是高于其他一个人或物类个体的。在这背后,实际上要建构的是人的尊严。在郭象的《齐物论注》里有一句非常重要的话是“将使万物各反所宗于体中,而不待乎外”,当然还是不需要一个外在的“道”的概念。老子的“复归于婴儿”是指复归于类之根,郭象的“各反所宗于体中”是回到个体之根,得出个体的哲学价值。“精神专一”指的人与万物中的唯一物的关系,此唯一物即每个人对于他自己而言是唯一的。人与我的关系就是人与万物中的唯一物的关系。整合老庄二者,万物中之个体都是唯一物,万物中之每一物都是唯一物,人与万物中的每一物都作为唯一物,这就是尊重。因为万物中之每一物都是道之所在。《庄子·秋水》里讲“以道观之,物无贵贱;以物观之,自贵而相贱”,我们再引一次张岱年先生的观点，也就是对《老子》五十一章的解释，“万物莫不尊道而贵德。道之尊，德之贵，夫莫之命而常自然”，这里的“德”就是指万物成长的内在基础，“尊道贵德”就是顺自然，每一类、每一个体都是“道”与“德”的合一，只有在对于每一物的尊重中，才能获得自身的尊严。《庄子·在宥》讲“何谓道？有天道，有人道。无为而尊者，天道也；有为而累者，人道也”，有为既以他者为工具，是为不尊重他者；又以他者为前提，是为受制于他者。只有尊重他者，才能配得上自身的尊严。所以，尊道贵德，以万物之每一物为唯一物，也就是万物之每一物的自然，即万物之每一物的尊严！谢谢大家，请多指教。

苑举正：感谢若晖老师抑扬顿挫的演讲。下面，大家可以谈谈自己的想法。我们这次会议最特别的是有很长的讨论时间，所以大家可以畅所欲言。

蔡志栋：我想问一下李若晖先生，究竟什么是“自然”，能不能简单地帮我解释一下？谢谢。

李若晖：自然是什么？这是一个大问题。在我这篇文章框架之下来理解，就是指每一物的“性”“德”能够充分实现。谢谢！

杨祖汉：我想请教若晖教授。你讲到“道”与“物”的关系，是有“道”还是没有“道”呢？你好像是说“道”是不存在的，完全是物本性的实现；但又好像并不是如此，似乎还要加上我们内心的经验，我们要对“物”有一个充分的了解，才能体会到“道”的存在。有“道”又好像没有“道”，“道”好像是“物”，但又不等同于“物”，你似乎是表达了这种意思，不知道能不能进一步阐释一下，谢谢！

李若晖：感谢杨先生的提问。我的理解是，“道”可以存在，但是“道”对于万物、圣人对于百姓来说，它不是去干涉其性德，而是去实现其性德。“道”是万物之整体性，也就是说，一物与万物的关系是由“道”来调节和维持的。那么，如何调节才能真正体现出“道”的特质？这里涉及“道”自身的自然性的表现，也就是说要构造一种万物可以充分实现其本身性德的关系。百姓在圣人的秩序下生活，只感觉到自我的充分实现，却感觉不到外在的限制和压迫。圣人既调节了关系，也未妨碍百姓的日常生活。对百姓来说，“道”近于“无”。这样的关系就是“道法自然”。所以“道”既是一个事实的存在，又不是一种有意识的存在。这样的一种关系，就是圣人无为而百姓自然。我就回答到这里，谢谢！

苑举正：好的。詹康老师好像有问题，有请詹老师。

詹康：我想问李若晖老师三个问题。一个是你刚才说的取消物类。取消物类，但物还是存在。比如这里有一条鱼和一只鸟，如果取消物类，就是把鱼和鸟同等看待，有两个物。如果有两条鱼和两只鸟，就是四个物。这样说当然是没问题的。可庄子不是这样，他是以另外的方式把它们齐一起来，但又与司马谈、黄老不同。对此，你是怎么看待的？

第二个问题，你刚说“自然”就是“德”和“性”的充分发展，我想庄子也是这么看的。可是“德”和“性”又是什么？从“无”到“有”，再到“类”的性、每一物的性，这些都包含于“德”和“性”之中。如果全部都要发展，应该会有轻、重的差别。可能更倾向于“无”，“各复归根”可能也是归到“无”的部分而不是“有”的部分。这样，是不是对黄老部分能有一个更好的补充？

第三个问题，你认为“精神专一”就是讲唯一物，如果我是唯一物，那么别人就都不存在，唯有我专注于我自己。但是你后面说到，尊重每一物就是把每一物都当作唯一物。可是如果这里有一个唯一物，那么我就要否定自己的存在了。再比方说，我很爱我的女朋友，所以一切都以她为主，我可以不存在。当她生气的时候，我就低声下气。当我换了一个女朋友的时候，她成了我新的唯一物，我再对她毕恭毕敬。也就是说，由于你一次只能把一样事物视为唯一物，所以无法同时将每一物都当成唯一物。我想问的是，这在实践上应该怎样解决？

李若晖：感谢詹老师的提问，我想我刚才没有把自己的想法表述清楚。首先，关于取消物类，这并不是我要建构的，我指的是魏晋玄学试图以取消物类的方式来达到万物齐一。他们针对的是“人高于万物”的命题，而他们破这个命题的方式是通过取消物类来实现的。没有物类了，人就不能成为一个高于万物的物类了。但是我认为，这种取消物类的方式和老子的思想相违背，老子是有一个物类哲学的，也就是说人的物类是基于人的限阈来实现的。我认为中国早期的天人合一思想可以从这方面来理解，人不高于天，天不高于人，不管是对自己还是对万物，都采用一种自然性的方式，人不去构造一个非自然的人造之物。比如说刘姥姥进大观园，吃到的茄子完全没有茄子味，然后王熙凤说这是用了好几只鸡才做出来的。也就是说一个自然性的刘姥姥在荣府里遭遇了一种极端不自然的生活方式。把茄子做出鸡的味道来，实际上就是说人背于天，物违背其自然性，使人生活在不自然之中。从这个意义上说，天人合一就是人与自然的合一、人与自然性的合一，是人不违背物类的自然限阈。自然必须有一个物类，如果我们超出物类去讲自然，那自然就成为一个可以被塞入任何事物的框框。我指定什么是自然，什么就是自然，这实际上是为强权开辟了道路。

第二个问题，关于“自然”是每一物“德”和“性”的充分发展。这里的“德”，我刚才已经说了，是一物所以为一物，区分于他物的东西。当然，才性问题是魏晋玄学的一个核心问题。对于才性的同异离合，有很大争论，在这里我无法给出一个复杂详细的解析。但是我想，在魏晋玄学中，“才”仍然是天生的，并不是一个天生所无而后天再得的概念。“才”是你的“性”在一定的文化历史背景下获得的实现方式。比如说同为下棋，在中国你可能成为一个围棋圣手，而在西方你可能成为一个国际象棋高手，这是你在不同的文化背景下，把你的“性”实现为“才”的一种方式。万物各归其根，这个“根”是“有”“无”的结合体，它既不是纯有也不是纯无。这个结合的限度就是把“有”的“非自然性”去除，达到一种把他物作为非必需物来对待的自我的显现。比如老子所谓的“物壮则老”的这个“壮”，或者说“强”，是一种“德”和“性”的自然性充分实现的虚假性表现，是一种伪道。作为自然性的“我”的充分发展，讲求的是与外物的和谐；而佛学上“我执”的充分发展，采取的方式是要驾驭外物，这恰恰是对自然的背离。这二者从表面来看都是“我”的充分发展，但方向上截然不同。

第三，唯一物并不是说只有一个唯一物，而是说同时把所有的物都作为唯一物。至于说精神专一，我是我的唯一物，是指我这个躯壳对于我来说是不可替代的。如果我的臭皮囊没有了，我就从这个世界上消失了。尽管说我的躯壳对于我来说是唯一的，但这并不是说为了我肉身的生存，外物就都必须为我所用。这里涉及另外一个问题，但我没有时间细说，简单讲一下。佛、道的区别，在于佛家是“去了不来”，跳出轮回；而道家是“来了不去”，要肉身成仙。但是先秦的道家，如老子讲的是“没身不殆”，人是要死的。

《吕氏春秋·尽数》讲何谓寿，是“毕其数”，就是说我这个人该活80岁，我活到80岁，就全了我的“性”，可以死了，而不是说人不死。说老子追求人长生不死，这是把后世的道教观念附会到老子身上的结果。所以，人实现了自我就可以圆满地谢幕。作为一个最好的演员，不仅要在台上表演得好，而且也要知道在适当的时候谢幕、下台。一个再好的演员如果永远待在台上不下来，也不是好演员。我就说这么多。

苑举正：好的。不过，我看詹康老师好像对李老师的回答不太满意，再给你几分钟发挥一下。

詹康：我提的第三个问题重点是在“同时”上，你说把每一物当成唯一物，而我觉得这在实现上是困难的。另外，你刚才讲“精神专一”是指臭皮囊，但精神并不是身体，所以我觉得那句话应该要修正。

李若晖：我的意思是说，只有有了臭皮囊，我们来讲“精神专一”才是有意义的，如果我们只有精神没有肉体的话，就不必讲“精神专一”了。正是因为我们有臭皮囊，与外物相接，精神才可能分散、衰竭，才会有“专一”的问题。如果没有臭皮囊，就不存在“专一”的问题了。就像鲁迅说，大家拼命提倡孝子，正可见孝子少。我们拼命地讲“精神专一”，正是因为我们的精神不专一。正因为要讲“精神专一”，我们才有必要讲后面这一系列的内容。

至于说“同时”，我觉得这个“同时”的可操作性很简单，你只要实现自己的自然性，就可以把万物都作为唯一物，把万物的每一个个体都作为唯一物来对待和尊重。也就是说，我在实现自己的自然性的同时，也正是在实现万物之每一物的自然性，这就是把它们都作为唯一物来对待。

苑举正：好！讨论是讨论不完的，但是别人的权益也很重要，不知道还有没有其他的问题？

马强才：我叫马强才，是人文学院的青年教师，来这边旁听学习的。我想请教一下李老师。我在读《论六家要旨》和《汉书·艺文志》的时候，感觉这两人在论说道家学派时，关注的文本可能不一样。您讲到"精神专一"，"精神专一"在黄老学派中是一个比较重要的概念，但您在讲的时候并没有对"精"和"神"这两个概念作一个分殊，所以我想问李老师对这两个概念是如何看待的？

李若晖：谢谢马老师的提问。开头我就讲了，要有逻辑性才是哲学。按照我个人的较为浅薄的理解，逻辑性就是要构造一个概念的封闭体系。任何一个概念要得到说明，必须在体系内进行论证。管子的精气说作为一种历史学说是非常重要的，但在我的体系中并没有推演出来，所以我也就没有涉及。如果说在我的这种体系中如何理解精神，我认为精神是把"性""德"转化为行动的一种中介，是行动的可能性。因为行动是由肉体发出的，而精神是来主导肉体的行动的，精神能够主导肉体的行动又是基于"性""德"的自然性。也就是说，精神在这里指的是行动的可能性。如果只有"性""德"而没有精神来主导、决定我具体的行动，那就是婴儿，婴儿是无知无识的，可以不通过精神而直接把"性""德"发挥为行动。对我们成年人来说，"性""德"和行动之间是以精神为中介的，由精神主导行动，我们的行动有选择、有判断，显然和婴儿的行动不同，不同之处就在于行动是经过"精神"的。谢谢！

（原载朱晓江主编：《乐学集》第三辑，杭州：杭州师范大学学术期刊社编印，2018 年 10 月，第 155—171 页）

阴阳家和黄学

司马谈《论六家要旨》将“阴阳家”列为六家之首，表明阴阳五行学说在先秦诸子思想发生与发展的历程中，具有前提和起点的意义。但作为诸子思想前提和起点的阴阳五行思想却有着更为遥远的源头，以至于远远超出诸子时代，从而成为诸子思想的共同背景。另一方面，真正属于作为诸子之一的“阴阳家”的资料，保存至今的却并不多。因而当我们试图描述这一独特派别时，会发现一种大海中的干涸。

一、阴 阳 家

“阴阳”之说能成其为“家”，是与邹衍其人密不可分的。据《史记·孟子荀卿列传》，邹衍为齐人，“后孟子”。至于其生活时代则大致在帝制运动时代①。《汉书》卷三十《艺文志》著录有《邹子》四十九篇，又有《邹子终始》五十六篇。其学说或许是为了迎合政治

① 顾颉刚：《五德终始说下的政治和历史》，《古史辨》，第五卷，上海：上海古籍出版社，1982 年版，第 413—415 页。

形势而提出的。

1. 五德终始说

五德终始说，是邹衍最具代表性的学说。《史记·孟子荀卿列传》：

> 深观阴阳消息而作怪迂之变，《终始》《大圣》之篇，十余万言。其语闳大不经，必先验小物，推而大之，至于无垠。先序今以上至黄帝，学者所共术，大并世盛衰，称引天地剖判以来，五德转移，治各有宜，而符应若兹。①

《文选》左思《魏都赋》唐李善注引《七略》则言及五德终始的大意："邹子有终始五德，从所不胜：土德后，木德继之，金德次之，火德次之，水德次之。"可知邹衍是按五行相克的次序来排列五德的。邹衍还将历代王朝更迭套入五德终始之中。《淮南子·齐俗篇》汉高诱注引《邹子》："五德之次，从所不胜，故虞土，夏木，殷金，周火。"邹衍凭着这一套学说通显于诸侯，《史记·封禅书》："邹衍以阴阳主运显于诸侯。"又《孟子荀卿列传》："是以驺子重于齐。适梁，惠王郊迎，执宾主之礼。适赵，平原君侧行襒席。如燕，昭王拥彗先驱，请列弟子之座而受业，筑碣石宫，身亲往师之。作《主运》。其游诸侯见尊礼如此，岂与仲尼菜色陈蔡、孟柯困于齐梁同乎哉！"

不过，邹衍五德终始之说在后世产生巨大影响的决定因素是秦始皇将之纳入其制度体系。《史记·封禅书》："自齐威、宣

---

① "称引天地剖判以来"以下二十一字，原在下文"及海外人之所不能睹"下，今依吕思勉先生说移此。吕说见其所著《先秦学术概论》，上海：东方出版中心，1985 年版，第 142 页注①。

之时，邹子之徒论著终始五德之运，及秦帝而齐人奏之，故始皇采用之。”

2. 时令学说

司马谈《论六家要旨》对阴阳家的评价是：“阴阳之术，大祥而众忌讳，使人拘而多所畏。然其序四时之大顺，不可失也。”《汉书·艺文志》也说：“阴阳家者流，盖出于羲和之官，敬顺昊天，历象日月星辰，敬授民时，此其所长也。及拘者为之，则牵于禁忌，泥于小数，舍人事而任鬼神。”两家所说的都是时令之说，但其说在后世的影响远不如五德终始说显赫，只有残篇断简被偶尔引用而得以存世。《周礼·夏官·司爟》：“四时变国火。”汉郑玄注：“郑司农说以《邹子》曰，春取榆柳之火，夏取枣杏之火，季夏取桑柘之火，秋取柞楢之火，冬取槐檀之火。”根据《论语·阳货》“钻燧改火”南朝梁皇侃《义疏》，改火依季节选用不同的树种，也是依据的阴阳五行，如“榆柳色青，春是木，木色青，故春用榆柳也。”不过《论语》此句下马融注引《周书·月令》“更火之文”，略同于邹衍之说，唐贾公彦《周礼正义》也说“邹子说出于《周书》，其义是一”，那么邹衍当是将旧时礼制用阴阳五行说予以解释。

甚至后世还将邹衍予以神化，说他能改变时令。《艺文类聚》卷九引《别录》：“邹衍在燕，燕有谷，地美而寒，不生五谷。邹子居之，吹律而温气至，而谷生，今名黍谷。”《太平御览》卷十四引《淮南子》：“邹衍事燕惠王，尽忠。左右谮之王，王系之狱。仰天哭，夏五月，天为下霜。”①

---

① 今本《淮南子》无此语。

3. 大九州说

《盐铁论·论邹篇》谓："邹子疾晚世之儒墨，不知天地之弘，昭旷之道，将一曲而欲道九折，守一隅而欲知万方，犹无准平而欲知高下，无规矩而欲知方圆也。于是推《大圣》《终始》之运，以喻王公。"则邹衍是针对儒墨显学"法先王"之说，通过取消所谓"中国"观念，为数术推演之学打开大门。《汉书·严安传》载严安上书引《邹子》曰："政教文质者，所以云救也。当时则用，过则舍之，有易则易之。"正是反对绝对权威之意。《史记·孟子荀卿列传》：

> 先列中国名山大川，通谷禽兽，水土所殖，物类所珍，因而推之，及海外人之所不能睹。……以为儒者所谓中国者，于天下，乃八十分居其一分耳。中国名曰赤县神州。赤县神州内，自有九州，禹之序九州是也，不得为州数。中国外如赤县神州者九，乃所谓九州也。于是有裨海环之，人民禽兽，莫能相通者，如一区中者，乃为一州。如此者九，乃有大瀛海环其外，天地之际焉。

《论衡》的《谈天篇》和《岁难篇》也有类似记载。因此，邹衍也被称为"谈天衍"。《史记·孟子荀卿列传》南朝宋裴骃《集解》引《别录》："邹衍之所言五德终始，天地广大，尽言天事，故曰'谈天'。"

4. 邹衍后学

邹衍之后继承其说，并加以发扬宏大的，是齐国稷下先生之一的邹奭。《汉书·艺文志》有《邹奭子》十二篇。《史记·孟子荀卿列传》:“邹奭者,齐诸邹子,亦颇采邹衍之数以纪文。……邹衍之数迂大而闳辨,奭也文具难施,淳于髡久与处,时有得善言。故齐人颂曰:‘谈天衍,雕龙奭,炙毂过髡。’”南朝宋裴骃《集解》引《别录》:“邹奭修衍之文,饰若雕镂龙文,故曰‘雕龙’。”

邹奭之后有所谓公梼生,《汉书·艺文志》有《公梼生终始》十四篇,班固自注曰:“传邹奭终始书。”但其书已佚,其详不可得而知。另外,楚国还有个南公。《汉书·艺文志》阴阳家有《南公》三十篇,班固自注:“六国时。”《史记·项羽本纪》载范增说项梁,引楚南公之言曰:“楚虽三户,亡秦必楚。”唐张守节《正义》引孟康曰:“南公辨阴阳,识废兴之数。”

秦汉之后,随着阴阳五行、五德终始之说成为王朝正统思想,于是阴阳家便与政治变动紧密相连,最终失去了“谈天雕龙”的洒脱与活力,而沦为谶纬灾变之术。

二、以《黄帝书》为代表的黄学

司马谈《论六家要旨》中所说的“道家”或“道德家”,实际上并不是指老子的早期道家,而是指盛行于汉初的黄老道家。黄老之学形成于战国中期,在秦至汉初盛行于世,西汉中期以后,尽管尚有《老子道德经河上公章句》、严遵《老子指归》等书在继续传播黄老思想,但他们已无法同当时已定于一尊的儒学正统思想相抗衡,而仅仅是黄老之学的余波。

就战国黄老之学来说,它有两个发源中心,其一为楚国,其二为齐国。就楚国来说,则是以《黄老帛书》开其端,庄子后学中以《天道》诸篇为代表的黄老派承其绪,《鹖冠子》等扬其波,形成了南方黄老之学系统。就齐国来说，它统摄了田骈、接子为代表的道之一术派，慎到及《管子·法法》诸篇的道、法派，以及《管子·心术》四篇所代表的道之整合派。这三系道家是一个多元一体的文化系统，并各以历时存在形式显示了稷下黄老之学的进展。①

《淮南子·修务篇》："世俗之人，多尊古而贱今，故为道者，必托之于神农、黄帝，而后能入说。乱世暗主，高远其所从来，因而贵之。为学者蔽于论，而尊其所闻，相与危坐而称之，正领而颂之。"《淮南子》虽然是西汉早期的著作，但书中所说"必托之神农、黄帝，而后能入说"的情形，却不独汉代为然，而是自战国中期即已如此了，这并且成为汉初提出"黄老"之称的思想源头。

《汉书·艺文志》道家类著录了五种托名于黄帝之书，即：《黄帝四经》四篇、《黄帝铭》六篇、《黄帝君臣》十篇、《杂黄帝》五十八篇、《力牧》二十二篇。班固在《黄帝君臣》下注云："起六国时，与《老子》相似也。"在《杂黄帝》下注云："六国时贤者所作。"在《力牧》下注云："六国时所作，托之力牧，黄帝相。"但这些书现已全部散佚，因而无法得窥黄学真面目。

1973 年，长沙马王堆 3 号汉墓出土了一批帛书，其中《老子》乙本前有四篇佚籍，即为久已不为人所知的《黄帝书》。②

《黄帝书》四篇，全用韵文写成。其中《经法》篇，主要讲治国必

---

① 参看丁原明：《黄老学论纲》，济南：山东大学出版社，1997 年版，第 5 页。

② 这四篇佚文唐兰先生认为就是《汉书·艺文志》著录的《黄帝四经》，见唐兰：《马王堆出土〈老子〉乙本卷前古佚书研究》，载《考古学报》，1975 年第 1 期。这一观点为大多数学者所信从，如余明光：《黄帝四经与黄老思想》，哈尔滨：黑龙江人民出版社，1989 年版；白奚：《稷下学研究》，北京：生活·读书·新知三联书店，1998 年版，第 97 页。但裘锡圭先生表示反对，见裘先生所著《马王堆〈老子〉甲乙本卷前后佚书与"道法家"》，载裘锡圭：《古代文史研究新探》，南京：江苏古籍出版社，1992 年版。为谨慎起见，本书将马王堆《老子》乙本卷前古佚书径称为《黄帝书》。

须依靠法治。《十大经》篇[①]，主要讲政治、军事斗争的策略。《称》篇，主要讲施政、行法必须权衡度量，区分轻重缓急。《道原》篇，主要讲宇宙观。

《黄帝书》的主要理论，可分为哲学思想与政治思想两大方面。从哲学方面说，是以老子的"道"论为基础，兼采阴阳五行学说和"形名"理论而构成的哲学体系；从政治思想方面说，是以道家"无为而无不为"理论为基础，兼采儒、法、墨各家政治主张而形成为"因时制宜""待时而动"的政治思想体系。

"道"是老子哲学的最高范畴，也是《黄帝书》的最高范畴。书中不仅大量使用"道""一""虚""静"等道论的基本概念，而且还使用了老学中特有的名词，如"玄德""道纪"等。《黄帝书》中的道是一个绝对的"一"，《十大经·成法》："一者，道其本也。"《道原》曰："一者，其号也。"道是无形无象、不可感知的，但它却是万物产生的根源和万物存在变化的内在根据，《道原》："鸟得而蜚（飞），鱼得而流（游），兽得而走，万物得之以生，百事得之以成。人皆以之，莫知其名；人皆用之，莫知其刑（形）。"并且，得道是认识事物的关键，《十大经·成法》："夫唯一不失，一以驺化，少以知多。"又云："握一以知多。"《道原》亦云："得道之本，握少以知多。"那么，怎样才能认识和把握道呢？《经法·道法》："见知之道，唯虚无有。"就是保持内心的虚静，不抱任何主观成见，不受外界的干扰和影响。

《黄帝书》中，道家哲学是其立论的基础，政治哲学才是作者真

① 《十大经》，本释"十大经"，后张政烺先生提出异议，认为根据帛书字形对比，"经"上一字是"六"而非"大"。学者多从其说。但裘锡圭先生通过"细按字形，恐仍当释为'十大经'。"见裘先生所著《马王堆〈老子〉甲乙本卷前后佚书与"道法家"》，载裘锡圭：《古代文史研究新探》，南京：江苏古籍出版社，1992 年版，第 571 页注①编按。

正关心之所在。这也是中国古代学术的共同路数。此外，它在道法结合、以道论法的同时，对百家学说亦有不同程度的吸取，从而也使它以较温和的面目出现而有别于那种拒斥百家的刀笔吏式的三晋法家。《黄帝书》所创始的这种政治理论模式为战国中期以后大部分学者所接受，代表着先秦学术思想走向融合的发展大趋势。

《经法·道法》："道生法。"这一命题首次将道与法统一起来，明确揭示了道与法的基本关系——法是由道生成的，是道这一宇宙间的根本法则在社会领域的落实和体现。道是如何生法的呢？《经法·论》："人主者，天地之□也，号令之所出也。"亦即认为君主就是立法者，但君主立法并不能随心所欲，而必须以道德原则为依据来立法，《经法·道法》："执道者生法。"《道原》："抱道执度，天下可一也。"并且在法既立之后，君王本人也必须遵守法度，《经法·君正》："以法度治者，不可乱也；而生法度者，不可乱也。"《经法·道法》亦曰"执道者，生法而弗敢犯也，法立而弗敢废也"，要求君王"不可释法而用我"，要"自引以绳"，用自己制定的法令来规范自己的行为。由此，法度也就得以体现出大道的公正性，《经法·君正》："法度者，正之至也。"

但这并不意味着人人平等，因为法由君定就已经暗含着君臣等级。《经法·道法》："天地有恒常，万民有恒事，贵贱有恒位。"在贵贱有恒的前提下，《黄帝书》又提出了它的名分思想。《道原》："分之以其分，而万民不争；授之以其名，而万物自定。"《黄帝书》还对于名分的顺逆反复论述，如《经法·六分》提出"六逆"，即"其子父""其臣主"等；又有"六顺"，即"主主臣臣"等，因此，"六顺六逆者，存亡兴坏之分也"。

但另一方面，君要守法也就意味着君对于民不可为所欲为。

《黄帝书》认为，君必须依道而使民。《十大经·前道》："圣人举事也，合于天地，顺于民。"《十大经·观》："优未爱民，与天同道。"君之行事应当顺应民心，《经法·四度》谓："参于天地，阖(合)于民心。"《经法·君正》曰："兼爱无私，则民亲上。"这种重民的思想促进了战国民本思想的发展①。

《黄帝书》"把老子哲学从遁世主义转向经世致用，从排斥社会文化转向兼取百家之学，从提倡无为而转向积极有为，对原始道家作出了初步改造和调整"，"无论从哪方面看，帛书都可被视作战国黄老学的开山作，它拉开了原始道家向'经世'发展的序幕。"②

三、以《管子》为代表的稷下学

百家争鸣，是中国思想最为美好的回忆，也是中国思想最为美好的憧憬。而中国历史上唯一一次真正的百家争鸣，就是发生在稷下学宫。③

1. 稷下学宫与《管子》

公元前4世纪中叶，历史步入了战国中期，田氏齐国耗费大量资财，在都城临淄的稷门之外筑起高门大屋，广招天下贤才来此讲学授徒，著书立说，参议政治，史称稷下学宫。东汉徐干《中论·亡国篇》："昔齐桓公④立稷下之宫，设大夫之号，招致贤人而尊宠之。

---

① 参看白奚：《稷下学研究》，北京：三联书店，1998年版，第114—125页。
② 丁原明：《黄老学论纲》，济南：山东大学出版社，1997年版，第110、111页。
③ 本小节主要参考了白奚先生《稷下学研究》一书，以下不一一注明。见白奚：《稷下学研究》，北京：生活·读书·新知三联书店，1998年版，第216—252页。
④ 此齐桓公为战国田齐桓公午，而非春秋五霸之一的姜齐桓公小白。

自孟柯之徒皆游于齐。”稷下学宫最盛时是在齐宣王时期。《史记·田敬仲完世家》:“宣王喜文学游说之士,自如邹衍、淳于髡、田骈、接予、慎到、环渊之徒七十六人,皆赐列第,为上大夫,不治而议论。是以齐稷下学士复盛,且数百千人。”“不治而议论”,就是不从事实际的行政工作,而专以发表议论为务。这清楚地表述了稷下学宫所具有的政治和学术相结合的双重性质。但齐滑王即位后,“矜功不休,百姓不堪,诸儒谏不从,各分散”(《盐铁论·论儒》)。随后,燕将乐毅率五国军伐齐,齐国虽然亡而复兴,但已国力大衰,齐襄王重建的稷下学宫,也已不复往日的盛况。最后,稷下学宫在秦军的隆隆战车之下永远成为历史。

稷下学宫最盛时,曾达数千人之多。当时稷下学宫所聚集的学者可以分为两类,一是齐国本土的学者,如淳于髡、田骈、尹文等,一是异国游学之士,如宋钘、慎到、环渊等。这些异国学者来自四面八方,带来了列国的学术与文化,他们在学宫中极为活跃,这诚然促进了齐国文化的繁荣,但同时也对齐国固有思想文化造成了巨大的冲击。面对如潮水般涌入的异国思想文化,齐国本土学者不甘于这种喧宾夺主的局面,于是以昔日英雄管仲为旗帜,共同创作了齐学的结晶——《管子》一书。他们一面收集、追记和整理管仲的遗说佚闻,一面又托管仲之名并结合当时的现实来阐发自己的学术思想。他们的学术思想各有所长,同时也难免受到来自异国的各种思潮的影响,故而《管子》书才得以集中地、全方位地反映战国中期学术思想的概况。

2. 齐法家

《管子》书虽杂,但综观全书,又可以明显地感到书中具有法家的基本倾向。这一方面是对战国政治舞台上变法图强这一主旋律的反映，另一方面又是由管仲本人思想的特点和齐国长期以来的政治实践决定的。《管子》书中的法家思想人们习惯上称之为“齐法家”，它同作为主流的三晋法家有两点显著的不同：第一，它吸收了流行于齐国已久的道家思想，用道家哲理论说法家政治，为法家找到了形而上学的依据，从而以其较强的理论性而有别于刀笔吏式的三晋法家。第二，它受到了来自近邻邹鲁之地的儒墨等思想的影响，吸收了他们的长处，论证了礼法并用的重要性，从而以其较温和的面目而有别于冷冰冰、阴森森的三晋法家。

3. 黄老道家思想

《管子》中的《心术》上下、《内业》《白心》《枢言》《宙合》《九守》等篇，由于侧重于以道家哲学论说法家政治的理论建设工作，并同时注重吸收别家，特别是儒家，因而在《管子》书中格外引人注目，通常被视为《管子》中的黄老学派的作品。

在中国哲学史上有着极其重要地位的《内业》四篇中的精气理论，更是稷下学宫中佚名齐地学者的突出贡献。精气论是齐国传统的行气养生思想同老子的道论相结合的产物。精气论的主要贡献有两点：其一是以精气论道，丰富发展了古代的道论；其二是以精气论心，深化了古代的心性学说。这两点均具有鲜明的战国中期的时代特色，对当时的学术思想发生了重大的影响。

4. 阴阳五行思想

在《管子》中，《幼官》《幼官图》《四时》《五行》《轻重己》等一组阴阳五行家言的文章，也以其独具的特色而格外引人注目。这组文章的作者们正是齐宣闵时期对齐国帝制运动最为热衷的一批佚名的齐稷下学者。他们为了配合齐国的帝制运动，对阴阳五行思想大加发挥运用，完成了阴阳与五行的合流，在中国文化史上影响甚巨。

（原载龚书铎总主编：《中国文化发展史》，廖名春主编：《先秦卷》，济南：山东教育出版社，2013年9月版，第151—159页）

循必然以窥天道

——试析阴阳家理论的逻辑结构

主 持 人：朱晓江

主 讲 人：李若晖

学术点评：施旭、尤东进、张天杰、赵定东、沈松华、吴芳

文稿整理：熊静文

时　　间：2016 年 4 月 25 日下午

地　　点：仓前校区恕园 17 幢 507 学术期刊社会议室

朱晓江：大家好！今天来的差不多都是新朋友，以前参加过我们这个活动的今天只有张帆，所以我先简单介绍一下今天参加我们讨论的各位朋友。复旦大学哲学系的李若晖教授，李老师最近在我们学报主持“中国哲学的真实建立”系列讨论，给我们许多帮助，今天他要讲的题目是“循必然以窥天道——试析阴阳家理论的逻辑结构”。

今天我们的话题是“东与西：概念的使用与文化的制约”。在我们以往的讨论中，有好几次都感觉到同样一种困惑，就是我们现在做研究，离开了西方的学术话语以后，我们还有没有能力再来讲

自己的话？很多老师都对这个问题表示悲观。上一次我们讨论"新文化与旧传统"，最后的问题，也指向了"概念的使用"。我们现在所使用的概念究竟是中国文化自身固有的，还是融合了很多西方的学术思想资源？它离我们本来的距离有多远？这些问题其实不只存在于我们的讨论中，目前也有许多学者在关注。比如清华大学罗钢老师的《传统的幻象：跨文化语境中的王国维诗学》，这本书最后有几段给我的冲击很大。他讲到王国维的"意境说"，"意境说"以前大家普遍认为是中国的概念，但罗钢通过极其细致的文本对照研究，认为王国维意境说的思想源头是在德国哲学，由此他反省说："'意境说'的理论家们其目的原本是在西方文化的冲击下重建民族美学和诗学的主体性，然而结果是完全丧失了自身的主体性；他们的初衷是与民族的诗学传统认同，结果是与一种西方美学传统认同；他们力图克服近代以来中国所遭遇的思想危机，结果却是更深地陷入这种危机。"在这本书里，罗钢的思考还不止于"意境说"，而是更进一步，提升到了整个中国现代学术传统的高度，他通过反省胡适"整理国故"运动以来用西方的思想方法来改写和重构中国学术传统的进程，认为当代学术存在两大问题：第一个问题是"通过所谓'现代阐释'使我们逐渐习惯于用'西方这一家或那一家的理论'来'阐明中国古典'，以至于使我们不再能够'离开某种西方的思想架构，而直接面对中国的文学、思想、历史'，使我们与自己的文化传统越来越隔膜，越来越疏远"；第二个是"它通过所谓'现代转换'，使西方文化思想逐渐渗透和内化为我们对自身民族文化身份的体认和对自身文化传统的想象，最终生产出一种以西方文化为范型，与西方文化具有高度同质性的'中国文化传统'"，这种"由'外来之学说'建构起来的'中国古代传统'，在不知不觉之间窃取了‘本来民族之地位’，这就造成了空前的民族文化认同的危机”。这个话是说得比较重的，我读到这些文字的时候想到两个问题：一是我们现在讨论中国文化传统的时候需要示其本源，也就是说我们还有没有能力或者说还有没有可能通过我们的研究，把中国传统文化的本来面貌直观地呈现出来；另一个问题是这种“示其本源”的研究是否仅仅局限于把本来的面貌展示出来？也就是说如何看待新文化运动以后这一百年跟之前两千年时间的对接问题。我觉得这是我们这个时代必须回答的一个极其重要的问题。如果在这个问题上我们没有自己的答案，那么我们这个时代的学术价值及特性就都很难描述；而我们如果要建设新文化，那么如何看待古今中西思想资源之间的关系问题，也一定是个大问题。我们所追求的仅仅是一个“还原”吗？单纯的“还原”是必要的吗？新文化运动以后的这一百年又如何融入传统？今天这个话题的讨论正是基于这样的思考而来，希望通过对概念的讨论来看看概念背后的文化制约，而这种文化制约反映的是文化融通的问题，或者说是文化之间的关系问题。

接下来我们还是先请发言人，有 30 分钟左右的时间，之后，我们针对报告一起讨论。

李若晖：谢谢！非常高兴有机会到杭师大来向大家学习，我就不多讲客套话了，直奔主题吧。

首先我讲一下我写这篇文章的基本背景，也就是说我为什么会想写这样一篇文章。我现在在复旦大学给研究生开课，讲的都是司马谈的《论六家要旨》，已讲了四年多。讲课内容主要是通过严格地读文本，把文本的内在结构呈现出来，并把这个结构逻辑化，由此来建构一个逻辑运演式的文本推演。我的意思是你不要跟我讲书上面写的某一个字，在我这里是逻辑推演出来的意义在书上显现为某个字。每一个字都是根上面长出来的叶子，如果你不能把从根到叶的脉络理出来，只拿一片叶子给我看是毫无意义的。讲是讲了这么久，但是写得非常慢。因为写跟讲不同，我要把这个逻辑完全理清楚。

今天这一篇是发表出来的第一篇，是讲《论六家要旨》的阴阳家部分。在这篇文章里，我着重要处理的不单是把一个非逻辑性的文本逻辑化，而且要找到这个文本自身对逻辑的思考。也就是说作为框架性的逻辑和作为知识内容的逻辑，两者要保持一致性，并在一个叙事逻辑当中同时呈现出来，通过框架性的逻辑运演来呈现知识性的逻辑内容。我思考的有几个基点，第一个是中国古代无哲学，因为我认为只有符合逻辑推演的才能够称为哲学。哲学不是一种知识，如果我们要指定某一个知识内容作为哲学，那么这是错误的。比如说，在西方哲学史上，冯特虽然被称为“心理学之父”，但他本人并不接受这个荣誉，因为他坚持认为自己是哲学家而不是心理学家，把他说成一个分支性的自然科学的学者，他认为是对他的贬低。这一点就清晰地表明，如果我们把一定的知识内容视为哲学，随着学科的发展，可能有一天这个知识内容就不被人承认为哲学了。所以即便是今天我们所认可的哲学知识内容，几百年后也可能作为某某学科的先导而不再被视为哲学内容。因此真正的哲学建构首先是一种哲学能力的培养，这种能力就是逻辑运演的能力，而这种逻辑运演的能力不同于逻辑学的逻辑，逻辑学的逻辑是没有知识内容的逻辑，但哲学的逻辑运演是包含知识内容的逻辑运演。打一个最通俗的比方，我们在中学学物理学，公式背下来，但做应用题是另外一码事。这样，站在一个古今中西的分殊点上，我们来反观古代哲学和我们今天所谓的中国哲学，即各种中国哲学史或者说在中国哲学专业里面教授的东西，我认为严格说来都不是真正的哲学，它只是一种知识。大家所说的哲学是把一种知识称为哲学，但是如果严格按照何为哲学来反观的话，它并不能够被称为哲学。

那么我们要做的，就像刚才朱老师所提的，撇开西方话语，回过头去看原汁原味的中国思想是一个什么样子，这只是一个基本层面。也就是说我们必须回到古代去，达到一个原汁原味的古代，但仅此是不够的。这就如同说我们发掘一件文物，把它放到博物馆里展览，我们去参观，感慨一下祖先真伟大、文物真精美，然后就仅此而已了。尤其是在今天，有一些自称大陆新儒家的人，有一种盲目复古的倾向。如果我们在学术上强调这样一种原汁原味的古代并且到此为止的话，就会加剧这种倾向。我把这些盲目复古的人称为“义和团儒学”。如果一种文化要获得延续，或者说要严格地保持原汁原味，最好的办法就是灭绝，在废墟里面它们会原汁原味地保存下来；但如果一种文化要获得发展，那么它就不可能盲目地追求原汁原味，它必然要面向未来，要解决我们今天面向未来的问题，这才是有生命的文化。严格地盲目地追求原汁原味，是不可能指引文化的未来的。因此，我们很有必要思考这种文化如何通向未来。而且还有一个非常重要的方面，就是这种文化并不能仅仅局限于解决中国的问题。当你处在今天这样一个地球村的世界里，如果你只想解决中国的问题，你就无法解决中国的问题。一种文化要使自己生存下去，最好的办法是获得人类的认同，获得人类的认同是这种文化得以生存的最好的自我证明。也就是说，当你面临愈为深刻的生存危机的时候，愈应该思考你以何面目立足于天地之间。不是说我已经活着，就不能死。不能够用“我已经活了五千年”来作证明，这不是论证，这是强证。

那么如何面向未来？首先我们要把古代带回到今天，使古代成为我们今天面向未来的真实资源，也就是说我们要作为中国人来面向未来。打个比方，现在有很多华人到美国，他们的下一代在美国出生，是移民第二代，他可以不懂一句汉语，不懂任何中国文化，完全作为一个地道的美国人成长起来，这对他来说没有问题。但是如果我们今天讨论的是我们作为中国人如何面对未来，那么我们就无法抛弃我们的文化。所以在这样一种情况下，我们面临的最主要的问题是如何把古代带到今天。我认为，中国种种问题有一个根本性的原因，就在于没有属于我们自己的最为基本的哲学话语平台，这个平台是讨论各种具体问题的理论平台，其他的各个分支要基于此，我们缺乏的是这个东西。这就类似于说中国古代无科学，实际上是混淆了科学与技术，我们常常用中国古代技术的发达来论证中国古代有科学，但是不要忘了，我们虽然有技术、有思想，却没有西方式的分科科学，我们没有独立的物理学理论，没有独立的化学理论。我们缺的是这个。如果我们今天要构造一个中国的法学、中国的社会学，那么最终它要建立在一个中国哲学的平台上。这个中国哲学的平台能够成立并且能够用来解决今天中国面向未来的问题，也就是中国文化如何现代化的问题。关于这个问题，很重要的一点是我们要找到它知识之下的逻辑框架，把这个逻辑框架带到现代来，以这种逻辑框架来运演知识，达到知识自身内在生命的生长。古人没有讲过这个话，但是我们可以通过逻辑运演把古人没讲出来的话在今天讲出来。并且如果我们以这种逻辑学的眼光看待古人的论述，我们会发现古人的话有可能偷换概念，洋洋洒洒几千字，用的是同一个字，对应的却不是同一个概念。如果我们用逻辑来运演，我们可以从他的初心出发，用确定的概念来重新运演出他本来应该讲出的一套知识。这就是对中国哲学的真实发展。下面我就用最简单的方式，大概十分钟时间，对我今天这篇文章作个介绍。

首先是“道”的两种写法如何做出区分：一个是一条道；一个是一个十字路口。我认为这两者的区分就在于选择的有无。《说文》所谓“一达谓之道”，道路规定了行动的方向，你在上面没有选择，只能跟着道走，所以“道”也就是引导，也就是指导。而那个“衜”字——从“人”从“行”的道，是在一个十字路口，人去选择路。选择背后所包含的实际上是你是否对自己的必然性有清晰的认知，当你真正认识到自身行动的必然性时，对你来说，所有的选择都是虚幻的。我们以这个认识为基础，接着讲。在老子那里，“道”是不可知、不可言的。但是当道家在战国时期要转型为黄老道家的时候，它要进入现实政治，那么以“不可知、不可言”为基点就不具有操作性。所以这个时候道家选择了一个中介，即以“天道”作为中介。“天道”是“道”在天上的显现，实际上就是天象，对于作为现象的必然性规律的认知就是“天道”，但是这个“天道”本身并不直接就是道。在这里，我们看到，司马谈对于阴阳家的分析，核心就在对于必然性的认知。实际上，司马谈这里的论述分为两节。“四时、八位、十二度、二十四节”，这个是未必然也。但这里“必然”不是一个词，是未必这样，“然”是一个代词，不是我们说的“必然”这个词，注意一下这是古汉语的一个问题。那么下面“春生夏长，秋收冬藏，此天道之大经也”，就是必然的。所以司马谈对于阴阳家的分殊是在必然性的有无上，这是一个很有趣的分殊。

我们接着分析，在这里，我们得出阴阳家论述的三重必然性。首先是作为春夏秋冬四时的必然性，这个必然性指的是春夏秋冬的次序，但这个次序是一个知其然而不知其所以然的次序。它仅仅是因为在我们经验所形成的心理认知框架内，每年如此，我们多少个世代，祖祖辈辈所见的四时之序从来如此，没有变易，我们就默认它永远如此、必然如此。但明年、后年是不是绝对这样，其实我们没有底，我们不知道，因为我们讲不出道理来。所以这样一种必然性是一种偶然性的必然性。那么第二个层次，我们要超越这种偶然性的必然性，追寻一种必然性的必然性，这就是类型和属性的必然性。把春天的九十天看成九十个个体，这九十个个体组成一个类型，有一个共同的特性，就是“生”。所以，“春”和“生”这样一种类型属性的对应就是一种必然性的必然性。再进一步，虽然必然性的必然性在司马谈看来已经是很高了，但在阴阳家那里仍然不是最高的，因为它受制于经验，它仍然是在描述一种经验性的事物。在阴阳家看来要彻底地摆脱物的束缚，达到一种超越于万物之上的“道”的追寻。它要求摆脱所有的经验之物，这种对所有经验之物的摆脱就是一种绝对性的必然性。这种必然性的获得就是数的计算，我们看到阴阳、四时、八位等这些，背后包含的是一个计算的过程，也就是 $1\times2=2, 2\times2=4, 4\times2=8, 4\times3=12, 8\times3=24, 12\times2=24$。这个过程实际上是统合了以往的两种数数性的宇宙生成论：一是《老子》的“道生一，一生二，二生三，三生万物”，二是《周易・系辞传》的“易有太极，是生两仪，两仪生四象，四象生八卦”。把这两者结合起来，做一个数值的计算，达到一种绝对的必然性，超越于经验之物上的必然性。但是这样一种必然性如何来指导人事？所以它最终还是要与经验性事物相结合。而这个结合点就是类型数量，以数的计算结果的数值来规定类型该有多少个数量，这也就是四时、八位、十二个月、二十四节气。为什么刚好是这几个数字呢？因为这几个数字是按照宇宙生成图式计算出来的数值结果。

当然，最后还有一些相关的其他内容，如果有必要的话，讨论的时候我再来说。这里，我基本上就讲了一个文本背后的构想和这篇文章对阴阳家三个逻辑层次的基本讨论，不足之处请大家多多指教！

张帆：刚才李老师讲了中国传统哲学，大家注意到没有，他讲中国传统哲学有一个特点，他所用到的“哲学”这个词以及“逻辑”这个词，全都不是中国传统学术当中使用的词汇。所以大家可以发现，我们现在在学术表述的过程当中，都是用外来的或者说是现代的学术概念来解释传统，这是中国近现代学术转型发展到今天的一个无法躲避的事实。今天如果我们不用这些词，基本上就没有办法来表述传统。但这里有一个过程，就是从用传统语言或传统词汇来解释传统，到今天用西方的或者外来词汇来解释传统有一个过程。这是一个语言表述转换的过程，也是一个学术转型过程的表现。

施旭：想问一下李老师，在理解中国文本的一些问题的时候，您的意思是不是说我们要找到文本内部的结构、逻辑关系，然后以此为依据来认识文本中相关的概念及思想。如果是这样，那我觉得在方法上，它还是从文本到文本，并没有从文本之外的更广阔的视域来认识文本。这是关于文学文本的一个方法论的问题。

李若晖：我的基本考虑是逻辑运演最好是封闭体系，这样相对而言做起来要简单些。如果是开放的，就要做成一个复合型逻辑体系，那样难度要大些，容量也不太好把握。所以我采取的方式是从一个严格的文本出发，也就是把它作为一个封闭体系，我们在进行逻辑运演时要从内部伸展出去，慢慢引出它知识内容所涉及的所有东西，相当于伸只手去拉进来，而不是说我看到的都是相关的，把他们凑到一起，再去研究它的逻辑。我有一个比方，就是说到底是种子发芽长成大树还是厨师做菜把东西杂凑？这是两种不同的做法。我觉得从逻辑上来说，我更倾向于封闭体系，它更加适合逻辑自身的运演，这是我的一个基本思路吧。可能这个思路也有问题，但是我的看法是任何一个方法都不是万能的，有所得必有所失，这个无可奈何。

尤东进：李老师的文章提到偶然性的必然性和必然性的必然性，好像是根据形式逻辑演绎方法和归纳方法，是吗？

李若晖：不是，这个用的是莱布尼茨的概念，跟那个完全不同。而且如果是严格意义上的形式逻辑的话，亚里士多德意义上的形式逻辑是没有归纳的，只有演绎。

朱晓江：我感觉李老师在讲这个概念的时候是有能力和当下呼应的，就是虽然逻辑运演要求封闭，但它的指向应该不是在一个比较封闭的体系当中，关于这一点，能不能请李老师再详细解说一下？

李若晖：是这样的，有一些概念，写单篇文章的时候只能在重点突破的那一点上去突破，不可能说在非重点的地方把大家公认的概念也都颠覆了，单篇论文不可能完成这样的任务。我现在是在做中国古代思想里对必然性追求的研究，因为我们现在一讲中国古代哲学，一般认为中国没有这种东西，而是以功夫论作为中国哲学的特色去向西方人推广。那么中国古代到底有没有这样一种对于必然性的追求？如果有，对必然性的追求走到了哪一步？它的成败原因在哪里？今天我们怎么看待它？我要做的是这些。至于说基于对必然性本身的研究，并不在我的范围内。我在这里对必然性概念的借用只能借用到在康德十二范畴表的模态范畴的意义上，不可能借用到现代的模态逻辑意义上去，那种形式分析没法放到这里来用。所以这里也有一个边界，我用的基本上就是莱布尼茨、康德等人的初步的模态范畴的研究，当然，关于偶然性和必然性，我们很容易联想到休谟人性论中对于心理惯性的分析。这些是我讨论的一个哲学背景，之所以能够用进来，实际上还是基于对哲学的一个普遍认识，也就是说，但凡是人，在思维上总有一个普遍共性、普世原则。而且在康德那里，普遍性与必然性是证其一得其二的，普遍必然性是连用的。所以我就这么用了，但我用得很隐蔽。

尤东进：那需不需要特意注明一下？

李若晖：这可以不用说明的，我只是借用了必然性这个概念，并没有创造新概念，仅是就着他们旧有的一般运用的体系。就相当于你编一本教科书，也不会把具体谁说的都一一注明，没有这种必要。任何一个读我文章的人也不会来指责我剽窃莱布尼茨。如果要说明的话，又要另外专门讲一下背后所用的必然性的哲学框架，使文章多出一部分来，反而不好，没那个必要。

尤东进：还有那个数字的推演，道生一，一生二，二生三，这个"二生三"是不是被抛弃了？还有哲学上讲一分为二，一分为三，您怎么看？

李若晖："一分为二、一分为三"那个东西不是我们现在要讨论的。至于"二生三"，也有很多的生法，《老子》这一章的解释有很多分歧。有人说前面的那个“一”加上“二”得到“三”;更主流的是王弼的说法,“道”是“一”,称之为“道”,就有“道”之“言”,“道”与“言”为“二”。每个人的解释途径都是不同的,“二”和“三”,老子的本义究竟是什么,谁也讲不清。阴阳家计算的“数”究竟是哪来的,我们也找不到,实际上只是一种推测。关于阴阳家的直接文献,99%都失传了,而像司马谈这样的评述阴阳家的文献就作为原始材料、第一手材料来使用了。这是无可奈何的事情,不像儒家、道家那样有专门著作留下来,阴阳家有著作,但全部失传了。

尤东进: 但如果从文本、“三”的界定讲,它不是实实在在的“三”的意思。

李若晖: 我有两个解释。第一阴阳家大量吸收道家和易学的知识内容。第二,从道家、易学合流,到黄老,到阴阳家,再到汉代儒家,尤其是汉代儒学今文经学、谶纬之学,像我们在《汉书·艺文志》里看到的,它背后是一个数术体系。这种数术体系最重要的组成部分就是数的计算,这种数的计算附带了一个极大的宇宙模式的展开,而这种宇宙模式的展开是从黄老、阴阳到阴阳化的儒学、经学、谶纬之学等这些的一个共同基底。所以我们这里援用易学和老学来做这样一个数术性的计算,并没有超出阴阳家知识的许可范围。如果你要拿证据来,没有证据,找不出任何文献。除非我们不说话,如果要说话,就只能这样,没有办法。

赵定东: 今天这个话题比较有意义,谈东西,其实也是一个今古的问题。我是学哲学的,主要想针对李老师的报告提一点看法。李老师讲到中国传统哲学的去向问题,从总体上我非常赞同。有两点给我印象很深:第一是批评一味复兴中国传统儒学的观点。上次我们在上海参加一个长三角博士点的论坛,会上有老师说西方的书我一概不读，并且还得到好几位老师的附和，我感到很惊诧。第二是提到站在当下，复兴中国的学术，应该要有世界的眼光。这两点我十分认同，李老师还提到一个问题，就是如何把中国传统带到今天。从大的视野上讲是要有中国自己的哲学，对吗？但回顾整个传统，我们中国的哲学不能称为正统意义上的或西方意义上的哲学，这主要在于中国没有逻辑。所以李老师围绕有没有逻辑的问题展开学术研究，试图建立、挖掘或者说恢复其内在的逻辑，我不知道我的理解对不对？刚才施老师的提问，李老师回应说要立足于各家、各派的文本来阐释它的逻辑，把它作为一个封闭的体系。我就想问一下，您认为文本中的逻辑是它本身就有的呢，还是您以一种六经注我的形式自己建构起来的，或者说事实上您已经有了自己的建构，然后借助传统的资源来进行自我的诠释？顺着这一点我再问一个问题，如果说没有的话，那么这个建构的过程、六经注我的过程是不是意味着要学习西方？刚才您也提到莱布尼茨、康德、休谟，是不是说要建构中国的哲学就要把西方的精华拿过来？

李若晖：第一个问题，梁漱溟已有过思考，当然他称之为中国的形而上学。他在《东西文化及其哲学》里面整段打着重号来讲要建构我们中国自己的形而上学，要发掘中国古代的形而上学。也就是说，除非你认为古人说话是彻底的胡说八道，前言不搭后语，那咱就不必谈了，古书也不要读。但人说话总是有条理，两句话之间总会有一个联系，不说两个概念，两个名之间总有一定的关系吧。但凡你承认这个最起码的底线，那么你就可以问他是如何从第一句话到第二句话的，这两个名之间、两个词之间究竟有什么样的关系。问题就在这里，我们要区分两个层次，古人说话有条理和按照逻辑说话是两个不同的层次。古人说话有条理，但没有按照逻辑说话，说明他缺乏对条理本身的研究。那么我们今天就是要补上这一课，也就是说通过文本的内在联系、结构来找出逻辑，比方说，他讲一件事情，从哪里讲起，是如何来论证的。我们最基础的方法是西方的新文论，比如说叙事学、文本细读，可以从这些入手去研究。

施旭：我觉得你这种理论方法可能和你要表达的思想有点矛盾，一方面是要反对复古，向现代化的方向走，但走向现代化的概念、理念、方法还是局限于古代的文本。

李若晖：因为是这样，我们要把古人带过来。虽然说我们是要超越，但首先要回到文本，回到文本去建构它，把它逻辑化建构出来之后，带到现代来。也就是我们把古人的思想用现代逻辑重新说出来，这实际上就已经是把它带过来了。那么我们怎样保证我们说出来的就是古人的思想呢？这就要严格回到文本，用各种方法去探讨，小学考据的方法、文本细读的方法等，全部都用上，最后给它来一个点石成金式的逻辑化。比如说在我这篇文章里面，对阴阳家两大层次的划分，这是司马谈做出来的，以必然性的有无作为划分的依据。我们正是从这里入手，透过司马谈的划分来达到司马谈的思想，看到司马谈框架里面的阴阳家，最后把阴阳家的三种必然性的层次揭示出来。这样，就像我文章最后一部分所做的，就可以看到和西方哲学相比，中国哲学对于必然性的追求，它的欠缺究竟在哪里。

施旭：有一点我是同意的，刚才您说到这只是方法的一种，确实如此。但是我还是希望从现代的眼光来看待它，我们不要忘记一个文本的意义还是需要我们主观地去赋予，即使是逻辑，也需要我们带着现代的文化对它进行解读。

李若晖：这个是当然的。

赵定东：李老师，我再补充一下。古代的文本，比如《论语》，它当然是有条理的。但我想问的是，这个条理是不是等同于我们哲学意义上的逻辑？还有施老师刚才也说到类似的问题，文本的意义是一种赋予，那么首先是我要有意义，那我的意义从哪里来？

李若晖：条理可以提升为逻辑，但这就要看你自己的眼光。你要做到什么份上取决于你的修养。我只能说这是一个很高妙的方法，也是很危险的方法。比如《论语》第一章，"学而时习之""有朋自远方来""人不知而不愠，不亦君子乎！"怎么样来解读？我们从最后说起，"人不知而不愠，不亦君子乎"，这两个分句都是否定，如果我们把否定去掉，就成了人不知而愠，就不是君子。这样，我就要问，人对你愠，如何可能？这个"愠"区分于什么？"愠"首先区分于"怒"，不"愠"不是微怒，而是不怒，没有发出来。愠积于心，就是当场不发作，以后找机会。所以是"愠"，而不是"怒"。"愠"首先不是区分于"悦"，你心里头勃然大怒，很生气，但可能还是笑眯眯的。笑里藏刀，这不是君子。而且最麻烦的是什么呢？笑里藏刀具有与君子表面的相似性，就是说他会把自己伪装成不怒，与那些怒了的武士型君子不同，但是武士型君子是心口如一、表里如一的，具有君子最起码的修养。真正的里外都不怒，那才是真君子。像这种只能说是道行很深的真小人。那我现在是在区分概念，通过概念区分来阐发什么是君子，你可以不同意我的概念区分，但是你承不承认我的概念区分是有意义的？

赵定东：可以这样说，您对《论语》第一章的解读和朱熹解读《四书》是类似的路径，您这种区分我是赞同的，这种方法对中国现代哲学的建构也比较可行。为什么呢？因为它是符合我们现代人的，就是把一个东西讲明了。比如我们读《吕氏春秋》《论语》《老子》，要是没有现代西方背景的这一套，很难理解清楚。我刚才提到朱熹解读《四书》，他的路径也不是完全立足于儒家，而是充分吸收佛家和道家的东西，再来解读。李老师讲的，我刚说了非常赞同，但前提是你有充分的西学背景或者西学修养。我的意思是我们还是要融入当代最精华的思想，以古释古是不通的，还是要用现代的概念。

陕庆：我理解李老师，刚才李老师举的“愠”的例子，我还比较明白。之前，我会觉得像阴阳家、《易经》《老子》这种，便于把它逻辑化，但《论语》，很难说把它逻辑化，如果有人这样说，我可能会很警惕，会想你是不是把一个东西打成死结了。但刚才您举到“愠”的例子，我觉得不仅是一个逻辑化的问题。其实我们对“愠”和“怒”是不敏感的，但古人是明白的。比方说孔子在说这些话的时候，他很清楚，但我们就不清楚了。李老师一提醒，我才觉得。像我们还是学人文学科的，那平常人连“愠”这个词都不会去用。我觉得这不是一个西学的问题，而是一个时代变迁的问题。当然，这个跟西学有关。比方说，“晴”和“朗”是两个东西，但我们会说“晴朗”。我当时看章太炎的时候，他有一章讲翻译。他说我们以六千汉字，当然是常用字了，来应对几万的英文单词，但我们一般人在翻译、在使用的时候是偷懒的，我们拿一个东西就直接应对。结果是什么？我们不理解原来的词了。这个也可以回应施老师刚才提的问题，是保守还是新的问题，其实这是呈现出来的最表面的一个东西。

赵定东：但我感觉学术界还是有不少研究中国哲学的人，专注于经学，以古释古，这个还是值得警惕的。

朱晓江：不好意思，我要打断一下了。最后我们要留一点时间给我们的同学。你们有什么想法，有什么问题，都可以说出来。

同学一：我是来自法学院研二的学生，我对今天讲的内容其实并不了解，我是看到这个题目过来的，就是“东与西”。我觉得自1840年以降，中国处在古今中西的交汇口，那么这个时候我们每个研究社会科学的人其实根本走不出这个东与西的纠缠。像我自己，一边是西方法哲学，一边是中国法制史。我们法学界，早在十年前，就有人在反思，复旦大学的邓正来老师写过一本书叫《中国法学向何处去》；最近2014年清华大学的许章润教授，又写了一本书叫《汉语法学论纲》，也是说我们的法学不能跟西方的话语权走，要挖掘中国的法学传统。但是所有的老师好像都没有做下去。所以我就在想，如果你的思路是对的，怎么不做下去呢。所以刚才李老师谈的那个路子，我想问下您，现在国内有没有人做下去？

朱晓江：人文学院的陈兆肆老师就有一本《清代私牢研究》，已经出版了。

学生一：我的导师是於兴中，於老师做的跟李老师很像，西方法制学讲合理性、正当性，在古代是不谈的。我们中国谈的是仁义礼智信，在法律里面也是一样。我们现在做的就是把古籍里面义、情、信之类的概念找出来，然后再结合现代法学去阐释。这其实和李老师那个路子很像，但真正做下去的人似乎也不多，所以我就想了解国内有没有人在做类似的研究。

李若晖：首先第一点，这个援用西方的路子无法大改。当初中国之所以会援用西方，是因为国际条约体系的问题，包括像治外法权这些。他们就认为你们中国那些不能称之为法律，用那些野蛮的东西来管西方文明的人，对他们来说是一种侮辱。所以他们要求治外法权，同时逼迫清廷改法律。你只有改行西法，才能够融入国际法体系，在此基础上我们才能够签订所谓的“平等性条约”。当时中国学日本，日本很快改西法，跟西方换约，通过谈判的形式把很多不平等条约解决掉了。而中国参与的一个重大的国际交涉事件，就是曾纪泽通过单纯外交途径和俄国人讲法律，让他们把已经吞进去的伊犁吐了出来。这件事对清廷的触动非常大，不用一兵一卒，靠着三寸不烂之舌收回伊犁。所以清廷开始大规模改律，改律过程中最关键的争议是沈家本和劳乃宣的争议，就是礼法之争。所谓的“中华法系”这个词，很多人提出质疑。瞿同祖的整个法律体系都是建立在“礼法之别”上，但是他的这个“礼法之别”其实是很有问题的。我以前专门写过一篇文章《郡县制时代——由权力建构与社会控制论秦至清的社会性质》讲这个问题，2011 年发表在《文史哲》上，里面就是从“礼法之别”开始讲起。如果大家感兴趣的话，会后可以去看我这篇文章，这里就不浪费时间重复了。就是说我认为的“礼法之别”跟他是完全不同的，中国法律的基本特征我不认为是“援礼入法”。我在做一个儒学转变的研究，包括先秦儒学、汉代儒学，实际上都是一个情志规范的过程。所以到了“援礼入法”的时候，“礼”也不再是儒家的那种“礼”了，完全是另一码事，他那个“援礼入法”是准五服以治罪。丧服体系实际上是战国时期提出来的，在孔子的时候没有丧服体系，而且中间还经历了一个对“丧服”重新改造的过程，但这个扯远了。其实以“法律”这个词对应 law，是有问题的。“律”在某种程度上可以对应，但“法”是另外一个概念。法家称为“法”，但是它造出来的是“律”，不是“法”。去年在人民大学开一个法家的研讨会，我在会上说，新法家用《说文解字》来讲“法”，完全是错的。《说文解字》说“法，刑也”，但那个“刑”，你去看段玉裁的《说文解字注》，从整个的对于“法”字的使用来看，“刑”不是“刑罚”的“刑”，而是“范型”的“型”、“模型”的“型”。这个“法”是“效仿”的意思，有一个范型给你效仿，这叫“法”，而不是说把你抓去打板子杀头的刑罚。他们拿《说文解字》来大讲“法”，完全是错误的。法家虽然称为法家，但背后实际上是周礼体系。那么“律”跟“礼”及“礼”当中的“刑”怎样区分？我的解释是“律以刑名”，也就是说“律”是定罪名。打个比方，我现在做皇帝或者做官员，你胡作非为，我就把你拖出去打五十大板，这个是直接对应“罚”，是“罪”与“罚”的对立。但是如果是因律断案的话，你胡作非为，犯了什么罪、怎么判处你，必须以罪名为中介，就是法学上讲的刑罪法定原则，必须依法来断。比方说，以前醉驾，按照交通肇事罪，最多只能判 7 年，现在公安部出台一个法律解释，以危害公共安全罪来判，最高可以判 12 年。这就是说公安部没有资格修订法律，他只能在刑罚的既有罪名框架中把这种行为归入于不同罪名之下，来获得罪刑的提高。“律”就是定罪名，必须依律判案，就是名实合一。法家讲“循名责实”，你的罪行适合于哪个罪名，罪名定下后，罪罚就相当于自动生成了，那么这样整个断案过程就技术化了，就是这样。

朱晓江：我想我们还是要刹车了，时间已经 5 点了！今天的讨论很激烈，话题也讲开了。但由于时间关系，我们只能结束，谢谢大家的参与，有些问题我们会下还可以再继续讨论！

（原载朱晓江主编：《乐学集》第三辑，杭州：杭州师范大学学术期刊社编印，2018 年 10 月，第 46—89 页）

法　家

春秋以来,旧的社会制度逐步解体,社会发生了深远的变化,等级制度逐渐被打破,一些贵族失去了土地和爵位,有的平民却凭着才能和运气,胜利成为新的显贵。通过侵略和征服,大国的领土越来越大,为了进行战争,这些国家需要一个强有力的政府,也就是高度集权的政府,其结果,政府的机构和职能比以前越来越复杂了。

新情况带来了新问题。自孔子以来的诸子百家共同努力希望解决的就是这些问题,可是他们提出的解决方案,多是不够现实、不能实行的。各国诸侯需要的不是仁政的理想纲领,而是如何应付他们政府所面临的新情况的现实方法。

当时有一批人对现实政治有着深刻的理解,还提出了治理大国的法术。这些法术把权力高度集中于国君一人之手。还有些"法术之士"则更进一步,将他们的法术理论化,于是形成了法家思想,也就是组织和领导的理论和方法。[①] 其代表人物为商鞅、申不害、慎到、韩非。

---

① 参看冯友兰:《中国哲学简史》,北京:北京大学出版社,1996年第2版,第134—136页。

一、商鞅及其学派

商鞅的生平,见于《史记·商君列传》:“商君者,卫之诸庶孽公子也。名鞅,姓公孙氏,其祖本姬姓也。鞅少好刑名之学,事魏相公淑座,为中庶子。”公叔座死后,鞅入秦,说秦孝公,得任左庶长。于是“定变法之令”,后说孝公破魏,“封之于商十五邑,号为商君”。及孝公卒,太子立为惠文王,车裂商鞅。世传《商君书》,《汉书·艺文志》著录为二十九篇,今传二十四篇。其书虽不尽商鞅自著,但仍为商鞅学派产物①。下面即据此概述商鞅的思想。

1. 政治

商鞅正式变法之前,秦孝公曾召开一次御前会议,讨论变法,这次会议的记录,就是今本《商君书》的第一篇:《更法篇》。商鞅针对大夫甘龙所说“圣人不易民而教”的谬论,指出了政治的时代性:“法者,所以爱民也;礼者,所以便事也。是以圣人苟可以强国,不法其故;苟可以利民,不循其礼。……夫常人安于故习,学者溺于所闻:此两者所以居官而守法,非所与论于法之外也。”商鞅还认为,体认时代的变迁,并且为之更制法律和政策,才是贤知者,只有那些愚暗无能的人才拘于古礼旧法:“知者作法,而愚者制焉;贤者更礼,而不孝者拘焉。拘礼之人不足与言事,制法之人不足与论变。”

同时,商鞅敏锐地意识到,对于行政体系自身的建设是何等的

---

① 参看郑良树:《商鞅及其学派》,上海:上海古籍出版社,1989 年版,第 3—162 页。

重要。首先应当杜绝营私的“邪官”,《商君书·垦令篇》:“邪官不及为私利于民,则农不败;农不败而有余日,则草必垦矣。”“官无邪则民不敖,民不敖则业不败。”另一方面,则是精简机构,《垦令篇》:“……则官属少而民不劳。……官属少,征不烦;民不劳,则农日多。农日多,征不烦,业不败,则草必垦矣。”

2. 经济

商鞅的经济思想和政策,一言以蔽之,就是“重农抑商”。

为了达到重农的目的,商鞅不惜采取各种方法,裁抑商人及商业活动。在《垦令篇》中,商鞅开列了各种抑商措施。如,“商无得粜”①,即商人不许卖粮:“商不得粜,则多岁不加乐;多岁不加乐,则饥岁无裕利;无裕利,则商怯。”提高奢侈品价格:“贵酒肉之价,重其租,令十倍其朴,然则商贾少,……商贾少,则上不费粟。”这样,连高级消费也一并抑制了。其他还有废除旅馆的经营、加重商品销售税,商家的奴仆必须服役等,这都是旨在裁抑商人,减少商人的数量和活动。

更重要的则是重农。《垦令篇》总共提出了二十个办法来达到这一目的,可归纳为如下数项:第一,增加农民的数目。裁抑商人,正是为了让他们务农:“商怯则欲农”。此外,“逆旅之民无所于食,则必农”;“余子不游事人,则必农”。第二,逼迫农民专心务农。除了强迫各行业转为农民外,还必须使所有正在务农的人能专心务农。最直接的办法就是禁止农民购买粮食,逼迫他们自食其力:

---

① 此出“粜”字原作“籴”,学者多谓此与下文“农无得籴(原作粜)”之“籴”字误倒,今据改。参看蒋礼鸿:《商君书锥指》,北京:中华书局,1986年版,第8—10页。

“农无得粜。农无得粜,则窳惰之民勉疾。”其他办法还有很多,如:“博闻、辩慧、游居之事,皆无得为,无得居游于百县,则农民无所闻变见方。农民无所闻变见方,则知农无从离其故事,而愚农不知、不好学问。愚农不知、不好学问,则务疾农”,即通过愚民来使农务农。

3. 法律

在《商君书·开塞篇》中,商鞅认为人类社会很早以来就是“其道亲亲而爱私”,在一个由众人组成的社会中,由于这种各亲其亲的感情和各有私心的贪欲,秩序就会发生混乱。所以,应当由“圣人”来对土地、财产、男女进行“分”,要以带有惩罚和奖励措施的、由权力强制保证的“法”来整理秩序,亦即:“分定而无制,不可,故立禁。禁立而莫之司,不可,故立官。官设而莫之一,不可,故立君。”君主实行专制,“王者以赏禁,以刑劝,求过不求善,籍刑以去刑”。他主张“不可以须臾忘于法”,一方面禁止那些不切实用而好高骛远的理想主义,使一切都纳入实际的法制规范;一方面提倡按照法律规则制裁和监督官吏和民众,把所有人的心灵与行为都严格管束起来,从而达到“任法而国治”(《商君书·慎法篇》)。这就是说,希望达成一个严格、有效的官僚管理系统,形成整齐、规范的社会秩序,以取代早期的基于血缘亲情的伦理规范,取代基于心理自律的道德自觉①。

---

① 葛兆光:《七世纪前中国的知识、思想与信仰世界》,上海:复旦大学出版社,1998年版,第261—262页。

4. 军事

商鞅是一位非常重视军事的政治家，除了本身带过兵、打过战之外，也写下了许多军事著作，可惜全部都遗失了。《商君书》中有《战法》即《立本》两篇，也许可以略微弥补这方面的缺陷。

在《战法篇》中，商鞅开宗明义就强调政治上的胜利才是战争胜利的根本，是成就王业的基本条件："凡战法必本于政胜。"那么什么是"政胜"?《立本篇》说："若兵未起则错法，错法而俗成，而用具。此三者必行于境内，而后兵可出也。"反之，"恃其众者谓之葺，恃其备饰者谓之巧，恃谋臣者谓之诈"。人多势众，不过乌合之众；装备精良，不过投机取巧；阴谋诡计，不过是行骗。这些，都是不可靠，不能持久的。

5. 商鞅学派

马来西亚学者郑良树先生将商鞅死后的商鞅学派分为四期。

第一期，紧跟在商鞅车裂之后约二十年间，是商鞅学派在思想上的开拓时期。本其紧跟在商鞅车裂之后，应该是和商鞅关系最密切的嫡传直系弟子活动的时期。因此，他们的许多观念和思想都直承商鞅，并且还保有着商鞅原来的思想和特色。最典型的例子就是农战与重刑厚赏。

第二期，约始于秦惠文王更元八年，终于秦庄襄王三年，前后计七十年。本期距商鞅时代渐远，因此，学派内部开始产生不同观点，《去强篇》与《说民篇》主张"重刑轻赏"，可说是学派中的异议者了。

第三期，约始于秦始皇元年，终于秦始皇二十六年天下统一，前后共二十六年。本期距离商鞅的年代就更远了，因此就更敢于提出异议，以便适应不同的时代和政治背景。韩非在本期逝世，他与商鞅学派的关系应当是互相影响。

第四期，始于秦始皇统一天下的始皇二十六年，终于嬴秦灭亡，为期不过十一年光景，非常短暂。这可说是商鞅学派的尾声，政权一统，学术竞争匮乏，学术自由也相对减低了。因而此期只有对于君权至上与法律的讨论，其他农战、刑赏等相对都成为次要话题。

最后，随着秦王朝的覆灭，尤其是汉人的“过秦”，商鞅学派最终也走向了消亡。

二、申不害和慎到

与前期法家代表人物李悝、吴起等人由儒转法不同，申不害、慎到的学说，大抵是从道家方面转变来的。战国中后期，适应社会变革的需要，不少思想家的学说都逐渐向刑名法术靠拢，这是当时学术发展的一个趋势。

申不害与慎到两人虽然在变法改革的具体实践活动中影响不大，成效不显著，但申不害讲的“术”、慎到讲的“势”却对法家的思想理论作出了重要贡献，且为后来的韩非子所吸收。

1. 申不害

申不害，郑国京邑人。《史记·老子韩非列传》：“故郑之贱臣。学术以干韩昭侯，昭侯用为相。内修政教，外应诸侯，十五年，终申子之身，国治兵强，无侵韩者。申子之学本于黄老而主刑名。著书二篇，号曰《申子》。”《汉书·艺文志》著录《申子》六篇，今仅有《大体篇》因被《群书治要》引用而得以残存。

申不害的主要建树，在于帮助君主使用统治之“术”，以加强中央集权统治。申不害所讲的“术”，包括两个方面，一是指对臣下举拔任用、监督考核、赏罚激励的一系列手段和方法，正如《韩非子·定法篇》所说：“术者，因任而授官，循名而责实，操杀生之柄，课群臣之能者也。”另一则是指君主暗中窥测、防备、控制群臣的一种技巧，亦即《韩非子·难三篇》所说：“术者，藏之于胸中，以偶众端，而潜御群臣者也。”

2. 慎到

慎到是赵国人，关于他的生平事迹，古籍中没有详细的记载，只知道他是齐稷下先生之一。《汉书·艺文志》著录《慎子》四十二篇，今仅存辑本七篇。

在慎到的理论中，法是一切行为的标准，《慎子·威德篇》：“法虽不善，犹愈于无法，所以一人心也。”而君主执法的前提条件则为“势”：“尧为匹夫，不能使其邻家；至南面而王，则令行禁止——由此观之，贤不足以服不肖，而势位足以屈贤矣。”有了势与法，一个中等的君主就可以“抱法处势”，“无为而治天下”了。

三、韩　非

商君的“法”、申不害的“术”、慎到的“势”，形成了法家的三大派别。到战国后期，各诸侯国的变法改革已经使整个中国社会发生了重大转变，法家的影响也在日益扩大。对各国变法改革实践加以全面总结，对法家内部各派学说加以整理，这一切随着战国末年天下统一的趋势越来越明显，已是刻不容缓了。完成这一历史使命的，就是韩非。

1. 生平与经历

《史记·老子韩非列传》："韩非者，韩之诸公子也。喜刑名法术之学，而其旨归于黄老。"与李斯俱事荀卿，韩安王不能用，"故作《孤愤》《五蠹》《内外储》《说林》《说难》十余万言。"安王五年秦攻韩，韩使非使秦，秦因留之。秦始皇十四年，李斯、姚贾毁之，遂下狱死。今存《韩非子》五十五篇，与《汉书·艺文志》著录之数相合，其中虽有后人增益，但大体可信。

2. 法论

在商鞅学派那里，有一种法制至上的思想倾向。《商君书·君臣篇》："明王之治天下也，缘法而治，按功而赏。"按照他们的逻辑，法律不但可以限制君主超越限度的肆意妄为，同样也可以限制官僚的犯上作乱。但他们没有意识到，在君主与法律的矛盾中，起主导作用的不是法律，而是君主。因此，韩非敏锐地指出了法治的内部矛盾，即君主集权制度与新生的成文法之间的矛盾。对于君主来说，他一方面要利用成文法，加强自己的权力；另一方面，由于他的私欲无时无刻不在膨胀，因此注定要突破成文法的限制，在法律之外寻求活动的广阔空间。从本质上说法律是无法限制君主的。基于这一认识，韩非指出并批评了商君之法的偏颇。他一方面把握住了当时的成文法的王权性质，因而提倡法治；另一方面又看到了他与王权的矛盾。可是针对这种矛盾，他不主张用法律限制君权，而是主张维护君主的最高权威，认为在保卫君权方面，法律尚有不足，非但不足，有时甚至有害，因而君主不能迷信单纯法治，为了整治奸臣，还必须在法律之外另想办法。

3. 术论

申不害的“术”，是一种实现王权的秘密方法，但在韩非看来，它脱离了法治的轨道，因而必然走向阴谋。这种特务统治虽可奏效一时，去无法维持长久。韩非推崇申不害的学说，但对单纯术治却提出批评：“申不害虽十使昭侯用术，而奸臣犹有所谲其辞矣。故托万乘之劲韩，七十年而不至于霸王者，虽用术于上，法不勤饰于官之患也。”①这说明，战国时代的君主虽然获得了立法权，但是，由于他们只注意到了成文法使君主便宜行事的一面，而忽视了法律的稳定性、一致性的一面。在这样的基础上实行阴谋权术，结果必然使法治更加混乱，国家无法安定。这样的治术必然走向自己的反面，无法达到加强集权的目的。

4. 势论

韩非认为，慎到之“势”乃是自然之势，认为：“势必于自然，则无为言于势矣。吾所为言势者，言人之所设也。”②例如，尧舜和桀纣这两类君主，他们自然之势相同，但贤者在位则天下治，不肖者在位则天下乱，治乱的原因显然不在势，而在贤不肖，这是慎到思想中无法弥补的逻辑破绽。韩非由此提出了人设之势。在他看

---

① 《韩非子·定法篇》。
② 《韩非子·难势篇》。

来，尧舜和桀纣都是千世一出的极端现象，绝大多数君主都是上不及尧舜，下不至桀纣的“中人”，因此应当用法来弥补单纯势治的不足，即以形式上作为国家意志的法来表达并规范君主的意志。这样做，既确保了王权的最高利益，又照顾到行政工作的效率，较之单纯势治以君代政的僵化原则更具有适应性，比起贤治的空想来也更为现实。

5. 法、术、势的循环互补

在韩非所构筑的法理大厦中，法、术、势三者缺一不可，他们是互相依赖、互为补充的。《韩非子·八经》：“明主之行制也天，其用人也鬼。天则不非，鬼则不困。势行教严，逆而不违，……然后一行其法。”明主依法行事，公正无私，因而像天；明主有用人之术，用人而人不知，因而像鬼——这是术的妙用；明主还有权威、权力以加强他命令的力量，这是势的作用。这三者“不可一无，皆帝王之具也”①。

由此，韩非建立了他的中央集权政治理论，这种彻底的君本位思想，在理论上是片面的，在实践上也不利于大一统王朝的长治久安。以法家理论为基本指导思想的秦王朝，在统一后不久，就很快崩溃了。可见韩非所设想的极其严密的统治手段，是行不通的。汉初统治者便吸取教训，实行让步政策。以后的历代君王，则往往儒法并用，而不敢再步秦王朝的后尘，单用法家一家之说了。

（原载龚书铎总主编：《中国文化发展史》，廖名春主编：《先秦卷》，
济南：山东教育出版社，2013 年 9 月版，第 159—165 页）

① 《韩非子·定法篇》。

墨学要论

《韩非子·显学》:"世之显学,儒、墨也。"正当儒者孜孜于礼乐揖让之际,一个"背周道而用夏政"①的学派却突然崛起,与儒家分庭抗礼,天下为之骚然。这一学派的创始人就是墨翟。

一、墨子生平

墨子,姓墨,名翟②,可能为鲁人③。本为工匠,技艺精湛④,早年曾就学于孔门。《淮南子·要略》载:"墨子学儒者之业,受孔子之术,以为其礼烦扰而不说,厚葬靡财而贫民,久服伤生而害事,故背周道而用夏政。"又据《吕氏春秋·当染》:"鲁惠公使宰让请郊庙

---

① 《淮南子·要略》。

② 《汉书·艺文志》班固自注,《吕氏春秋·当染》高诱《注》,参看杨俊光:《墨子新论》,南京:江苏教育出版社,1992年版,第2—8页。

③ 《吕氏春秋·当染》高诱《注》。另葛洪《神仙传》以为宋人,张知寒先生《略论邾娄文化与儒墨》以为墨子生于滕国(今山东滕州),载张知寒主编:《墨子研究论丛》,第二辑,济南:山东大学出版社,1993年,第509页;徐希燕先生《墨学研究》认为墨子生于鲁阳(今河南鲁山),见徐希燕:《墨学研究》,北京:商务印书馆,2001年版,第7—14页。

④ 《墨子·贵义》穆贺以"贱人"称墨子,墨子亦自认。又墨子善制木鸢,见《韩非子·外储说左上》《淮南子·齐俗》。

之礼于天子，桓王使史角往，惠公止之，其后在于鲁，墨子学焉。”可见墨子为学礼也曾转益多师，并由此得以跻入士阶层，故曾仕为宋大夫。① 其后墨子自立门户，聚徒讲学，游说诸侯，创立“墨者”团体，自任首领，称“巨子”②。

墨子及墨家学说，主要保存在《墨子》一书中。其书《汉书》卷三十《艺文志》著录为 71 篇，今存 53 篇。但各篇的时代、作者，学术界仍有争议。③ 今仅撮要概述墨学思想于下，而不去细分墨子、墨学、别墨、墨子后学。

二、伦 理 思 想

《荀子·非十二子》谓墨子“尚功用”，于墨学可谓深得要领。墨子正是以利天下为己任。墨子的最高道德规范是“义”，《墨子·贵义》曰：“万事莫贵于义。”而“义”就是“利”。《墨子·经上》：“义，利也。”“孝，利亲也。”“功，利民也。”《耕柱》：“义可以利人。”进而，“善”也被理解为“可用”。《墨子·兼爱下》：“焉有善而不可用者？”因此能利天下者即具备善之质量，成为“仁人”甚至“圣人”。《兼爱

---

① 《史记·孟子荀卿列传》《汉书·艺文志》。但梁启超有所质疑，见其所著《墨子学案》，上海：上海书店，1992 年版，第 2 页。

② 参看《庄子·天下》。杨俊光先生据“《墨子》书中对墨子专称‘子墨子’”，认为墨子在世时“还无‘巨子’之称”，并说“第一任巨子宜为墨子临终时所指定，以后遂为制度。”《墨子新论》，南京：江苏教育出版社，1992 年版，第 21 页注①。但《吕氏春秋·上德》田襄子也称巨子孟胜为“孟子”，可见称“子墨子”也是采用了当时对老师的通行称呼。杨说根据不足。

③ 参看胡适：《中国哲学史大纲》，卷上，上海：商务印书馆，1936 年版，第 151—152 页；梁启超：《墨子学案》，上海：上海书店，1992 年版，第 6—7 页；杨宽：《墨学分期研究》，载杨宽：《杨宽古史论文选集》，上海：上海人民出版社，2003 年版，第 653—686 页；杨俊光：《墨子新论》，南京：江苏教育出版社，1992 年版，第 38—49 页；徐希燕：《墨学研究》，北京：商务印书馆，2001 年版，第 21—26 页。

下》："仁人之事者，必务求兴天下之利，除天下之害。"《贵义》："从事于义，必为圣人。"而以治天下为事的圣人则提出了禁恶而劝爱的兼爱说，提倡"兼相爱，交相利"(《墨子·兼爱中》)，并最终实现"非攻"。但墨子书中，"一再暗示人之性恶"①，因此人必须与自身的种种欲望斗争，《贵义》："必[去六辟]②：必去喜，去怒，去乐，去悲，去爱，[去恶]③，而用仁义。"因此墨子反对一切感官享受："虽身知其安也，口知其甘也，目知其美也，耳知其乐也，然上考之，不中圣王之事；下度之，不中万民之利。是故子墨子曰：为乐非也。"(《墨子·非乐》)

三、经济政治思想

当务之急，墨子认为："民有三患：饥者不得食，寒者不得衣，劳者不得息，三者，民之巨患也。"(《墨子·非乐上》)因此，墨子要求"节用"："凡足以奉给民用，则止。诸加费不加于民利者，圣王弗为。"(《墨子·节用中》)而一切浪费莫过于厚葬。于是墨子又提出了"节葬"："衣三领足以朽肉，棺三寸足以朽骸，掘穴深不通于泉，流不发泄，则止。"(《墨子·节葬下》)但这些又由谁来做呢？墨子认为："国有贤良之士众，则国家之治厚；贤良之士寡，则国家之治薄。"(《墨子·尚贤上》)因此，必须尚贤："古者圣王之为政，列德而尚贤，虽在农与工肆之人，有能则举之。高予之爵，重与之禄，任之

① 萧公权：《中国政治思想史》，载刘梦溪主编：《中国现代学术经典·萧公权卷》，石家庄：河北教育出版社，1999年版，第115页。
② 据吴毓江说移正原错入上文者。见吴毓江：《墨子校注》，北京：中华书局，1993年版，下册，第679页。
③ 据俞樾说校补。见[清]俞樾：《诸子平议》，北京：中华书局，1954年版，第208页。

以事，断与之令。”(《墨子·尚贤上》)这爵、禄、权三者，墨子称之为“三本”(《尚贤中》)。只有给予贤人三本，才是真正的尚贤。墨子三本的实质可归纳为三点：第一，是为士人打通进入政界之路，提高士人的经济地位与社会地位；第二，是造就一个新的官僚集团，实行官僚政治；第三，这也是一种高级文化政策。① 而尚贤之极，则是“选择天下贤良圣智辨慧之人，立以为天子，使从事乎一同天下之义。”(《墨子·尚同中》)对于这样的天子，必须“尚同”，即“上之所是，必亦是之；上之所非，必亦非之。已有善，傍荐之；上有过，规谏之。上同义其上，而毋有下比之心。”所谓“下比”，就是下属朋比为奸，互相勾结，搞小圈子。

四、神学思想

既立天子，“然则奚以为治法而可？”在相继否定了父母、学、君三者之后，墨子认为“莫若法天”(《墨子·法仪》)，于是，“且今天下之士君子，中实将欲为仁义，求为上士，上欲中圣王之道，下欲中国家百姓之利者，当天之志而不可不察也。”(《墨子·天志下》)同时，“鬼神之能赏贤而罚暴也，盖本施之国家，施之万民，实所以治国家、利万民之道也。”(《墨子·明鬼下》)而这上天、鬼神，也就成为墨子学说的终极根据。例如《天志上》就说：“当天意而不可不顺。顺天意者，兼相爱，交相利，必得赏；反天意者，别相恶，交相贼，必得罚。”由此而来的，则是后世研究者对于墨学是否是宗教的讨论。

① 参看刘守华主编：《中国政治思想史·先秦卷》，杭州：浙江人民出版社，1996年版，第453页。

实则墨子思想可以看成一种世俗宗教：它既具有鬼神对于包括天子在内的一切世人的否定性，又没有彼岸世界的超验层面；既承袭了原始宗教的人格神，又反对命运的前定，亦即“非命”。在此，原本属于氏族的鬼神具有了对于类的人的普遍关怀；在此，原本超于自然的天成为人世间的现实存在。所有人的现实利益，既是墨子行动的起点，也是墨子学说的终点。

五、论辩学说

墨子对于各个领域的问题提出了一系列规则，墨子称之为“法”：“法，所若而然也。”（《墨子·经上》）“意、规、员三也，俱可以为法。”（《墨子·经说上》）“若”是依照、符合的意思。乙依照甲而成其为如此，那么甲就是乙的“法”。[①] 现在，墨子还要给论辩自身立一个法则，这就是“三表”：“有本之者，有原之者，有用之者。于何本之？上本之于古者圣王之事。于何原之？下原察百姓耳目之实。于何用之？废（发）以为刑政，观其中国家百姓人民之利。此所谓言有三表也。”（《墨子·非命上》）这“三表”在《非命中》《非命下》作“三法”。在《墨经》中，还提出了一些论辩的具体方法。如，“假”，《经下》：“假必悖，说在不然。”《经说下》：“假必非也而后假。”与事实违反的假设，与事实凑在一起，必然产生悖谬。但假设虽与现有事实违反，却仍有实现之可能。因此从假设出发，我们仍可推出一些结论来。假设和结论都不符合当前事实，但把二者合起来

① 沈有鼎：《墨经的逻辑学》，载刘培育等编：《沈有鼎文集》，北京：人民出版社，1992年版，第342页。

构成一个假言判断，往往可以说明一些用别种方法不易说明的道理。又如："止，因以别道。"(《墨子·经上》)"彼举然者，以为此其然也，则举不然者而问之。"这是举出反面的例子来推翻一个全称判断。再如"效"是在"立辞"之先提供一个评判是非的标准，再看所立的"辞"是否符合这标准："效者，为之法也。所效者，所以为之法也。故中效则是也，不中效则非也。"(《墨子·小取》)又有"譬"，即比喻："辟(譬)也者，举也(他)物而以明之也。"(《小取》)"援"，即引用对方所说的话来做模拟推论的前提："援也者，曰，子然，我奚独不可以然也？"(《小取》)"推"，这是归谬式的模拟推论。为了反驳对方的某一句话，就用这句话作为类推的前提，得出一个荒谬的、连对方也不可能接受的结论，这就是所谓的"推"："推也者，以其所不取之，同于其所取者予之也。"(《小取》)

六、军事科技

墨家的军事科技来源于其军事实践，而这一实践则主要来自秦国墨者①，这些实践积累主要记载在《墨子》的《备城门》以下各篇中。今撮其要叙述如下。

土木工程。有壕沟和吊桥。在距城门五步远的地方挖掘大壕沟，地势高处挖一丈五尺深，地势低处挖到地下有水处再挖三尺即

① 参看陈直：《〈墨子·备城门〉等篇与居延汉简》，载《中国史研究》1980年第1期；李学勤：《秦简与〈墨子〉城守各篇》，载《李学勤集》，哈尔滨：黑龙江教育出版社，1989年版，第194—09页；初师宾：《汉边塞守御器备考略》，载甘肃省文物工作队、甘肃省博物馆编：《汉简研究文集》，兰州：甘肃人民出版社，1984年版，第142—222页；秦彦士：《出土文献与〈墨子〉城守诸篇考》，载秦彦士：《古代防御军事与墨家和平主义——〈墨子·备城门〉综合研究》，北京：人民出版社，2008年版，第57—84页。

止。在壕沟上架设栈道，栈板上设“悬梁”，即吊桥，装置可以活动的机关。栈板表面铺上密密的草木泥土，使人可以行走，两旁即是沟垒，无法跳越。敌人走栈道，即引发悬梁之机关，吊起悬梁，敌人便可擒拿。又有悬门，在城门洞中作悬门和控制悬门升降的机关，叫作“悬门沉机”。悬门长二丈，宽八尺。门扇涂泥以防火。在壕沟边修筑管理悬门的小屋，约可容一人以操纵之。城墙上修筑各种城楼，如木楼、土楼、发楼、杂楼、屈楼等。

特殊武器。如藉车，用几根长木捆在一起，箍成一根粗木杆，谓之“夫”，长三丈五尺，架在两根柱子之间的支柱上（即以大车轮制成的“困”）。柱高七尺，另有四根埋在地下，木杆顶端有一固定套环，叫“马颊”，可装石块等投掷物。木杆末端系上绳子，战斗时，用力将绳子末端向下拉，使木杆突然撬起，将顶端之石块抛向敌军。这就是后世所谓抛石机。连弩车，是用来专门对付筑台攻城之敌的重武器。连弩车的长度与城墙的厚度相等，有两个车轴，四个轮子，底架距地面八尺，弩臂与车架齐平，架子的两部分由柱和四寸内径圆榫连接的横杆组成。弩用绳或弦系在柱上，中心勾弦叫“牙”，固定发箭的主弦。还有一个瞄准仪，可以上下调整。①

其余还有各种守城设施及器械，就不一一介绍了。总的来说，墨子与孙子不同，他考虑得更多的是战争的性质，因此他的军事战略是防御性的而非进攻性的，其武器装备的设计也是用于防御。“墨家的战略目标是，最大限度地利用小国、弱国的人力、物力，采取政治、经济、军事、外交等多种手段，最大限度地削弱攻掠一方的

① 以上参谭家健：《墨子研究》，贵阳：贵州教育出版社，1995年版，第337—344页。

有生力量,以争取小国、弱国防御战的胜利。”①

此外,现在还有许多学者探讨了墨家的自然科学,但正如沈有鼎先生所说:“中国文字容易望文生义,故颇有人将现代物理学读成《墨经》。我认为这种方法太不科学了,故我对《墨经》的兴趣主要是文字学和语法的。”②故本文对于众说纷纭之《墨经》取阙疑态度。

墨家后学的发展形成了两种倾向,一是向以“巨子”为中心的宗教组织演化,一是从以人文社会为中心转向以技术与逻辑为中心的“别墨”③。从思想层面来说,墨子本人就有很浓重的实用色彩,从本性上就拒斥纯理论的探寻。而在其后学那里,这一思想逐渐发展成对于单纯行动的追求,而巨子制度又强化了行动取代思想的倾向。在此,思想凝聚转化为人身依附,精神追求转化为自我毒害,实践理性转化为技术热情,于是,作为思想流派的墨家渐渐消退,作为准军事组织的墨者渐渐瓦解,秦汉以后,即不复有墨矣。④

(原载《殷都学刊》2005 年第 1 期,第 98—101 页)

① 徐希燕:《墨学研究》,北京:商务印书馆,2001 年版,第 260 页。

② 沈有鼎:《致王浩的信件(1981 年 5 月 11 日)》,载刘培育等编:《沈有鼎文集》,北京:中国社会科学出版社,1992 年版,第 585 页。

③ 胡适:《先秦名学史》,载姜义华编:《胡适学术文集·中国哲学史》,北京:中华书局,1991 年版,下册,第 819 页。

④ 参葛兆光:《七世纪前中国的知识、思想与信仰世界》,上海:复旦大学出版社,1998 年版,第 196—197 页。

古代治理

户籍的产生

现存中国最早的人口数字，见于西晋皇甫谧《帝王世纪》，乃肇始夏禹，以为禹平水土，九州"民口千三百五十五万三千九百二十三人"。这一数字，以至禹时人口统计本身，并非信史，葛剑雄等先生已有考证，兹不赘述。问题在于，皇甫谧为何要将全国人口统计溯至夏禹？推原其意图，当是将他所处时代的社会治理方式上溯至夏禹之时。

夏禹平治洪水之后，划九州，制贡赋，赐土姓，家天下，奠定了此后国家社会治理的基本格局。《左传》哀公七年："禹合诸侯于涂山，执玉帛者万国。"可见禹作为天下共主，所面对的是以族姓构成的诸侯，王朝所需赋役都可征之于诸侯，此时既无必要也不可能统计天下民数。夏禹所建立的孝治合一之传统，有力地将孝德由君王贯穿至社会基层，形成了家国同构的德性政治。裘锡圭先生基于甲骨文研究得出宗法制与嫡长子制均已见于殷商时期，而在古代文化思想中，这些具体政治制度所支撑的孝治传统则始于夏禹。故而孟子要讨论君王的孝治矛盾时，只能将假设场景移至夏禹之前的虞舜之时。

在各诸侯国内部，其社会基层之构成与治理则需掌握户数。

在孝治传统之下，无论是大夫之家，还是平民之户，都是以家主或户主面对国家，国家的赋役也都征之于家主、户主，国家权力并不进入家户之内。因此，此时国家只掌握家主与户主的名籍，而没有户籍。《国语·周语》里，仲山父陈述传统礼制依据百官之职的日常运作与国家常规性籍田蒐狩，就可以“习民数”。实际上，被登录于百官有司，能参与籍田蒐狩，都是政治身份的体现。这种政治身份，既是家主户主为国家所尽的职责，同时也是其在国与家之中地位的确认。

在家户内部，家户主“正夫”之外，往往尚有成年兄弟，这些人口在仅有家户主名籍之时，并不为国家掌握，成为“余子”。尤其对于基层民众来说，一户的常规性授田往往养活不了“余子”，他们便另行垦荒。当西周末至春秋战争规模扩大，国家感受到财赋与兵员的紧缺，只得将余子也纳入国家掌握中，这便是周宣王的“料民”（《国语·周语上》）、鲁国的“初税亩”（《左传》宣公十五年）与楚国的“大户”（《左传·成公二年》）。此后各国逐渐制定了普遍登记所有人口的户籍制度，并在此基础上建立了更为精细的社会治理。如秦献公十年“为户籍相伍”（《史记·秦始皇本纪》附《秦纪》）。

至商鞅变法，颁布“分异令”，“民有二男以上不分异者，倍其赋”（《史记·商君列传》），正式将成年余子单独立户，在中国历史上首次以户籍形式改变了基层社会面貌。

（原载《光明日报》2015 年 12 月 7 日第 11 版）

户的构成

有学者认为中国是在血缘亲属纽带尚未解体的情形下进入国家阶段的，于是早期国家及作为制度的周礼与作为思想的儒学都深受血缘纽带的束缚。虽然作为其背景的人类社会普遍必然的发展阶段已少有信从，但是这一论点本身却仍有影响。实则在周初封邦建国之时，诸侯国及大夫之家往往都是外来的周人挟带所赐殷民统御当地原住民。于是其国与家内部并非血缘亲族，而是仿拟血缘亲族来构建家与国，朱凤瀚先生称之为"拟血缘"。用古典语言表述，便是"周道尊尊"。战国秦汉律令体制下的"户"，也仍然沿袭了"拟血缘"的模式。秦汉户口简中奴婢与家庭成员即登录在一起。张家山汉简《二年律令》有《置后律》，其"后子"即继承人之制当袭自秦律。在可为"后"的人选序列中，女儿、侄子、弃妻之子都赫然在册，甚至在一户绝后的情形下，规定"死毋后而有奴婢者，免奴婢以为庶人，以庶人律予之其主田宅及余财"。毫无血缘关系的奴婢可以免为庶人并立为户主。这是为了竭力避免作为国家赋役基础单位的"户"之数量减少，此制度之根据即模仿"周道尊尊"。

"户"为征发赋役的基础单位。因此在不加赋的情形下，"户"数的多寡决定了赋役的总额。春秋后期晋卿赵简子为了吸引民众归附以争雄，允许尹铎在晋阳“损其户数”(《国语·晋语·九》)，将几户并为一户而仍以“户”为单位照旧额征发赋役，于是百姓负担大为减轻，且有多余人口在赋役之余经营生计。百姓的拥护使得赵氏最终战胜知伯。反之，商鞅变法规定“民有二男以上不分异者倍其赋”(《史记·商君列传》)，将每一户中的余子挤压出来单独立户，从而最大限度地增加户数，也就是以最便捷的方式增加了赋役总额。

如不考虑商鞅的“分异令”，没有奴婢的一般百姓，通常情况下一“户”约为八人。一己与妻子为三口，两兄弟各三口共六口，加上父母，正好八口。若然，父母、兄弟即同产、妻子，乃是日常同居的一家一户。睡虎地秦简《律说》:“何谓同居？户为同居。”秦律中称居于一户中的兄弟为“同居”。尹铎的“损其户数”使得同祖父的三代祖孙叔侄可以同居一户，于无意间开启了后世民间家族累世同居之先河。商鞅“分异令”则逼迫亲兄弟必须分家，余子分家之后的“户”中，由于只有一个壮劳力，应付徭役之外还要养家糊口，往往再无余力顾及父母，从而形成不孝亲的传统，即便在儒学昌盛的汉代也是如此。如江苏仪征胥浦出土西汉《先令券书》，老妪朱凌在临终之际立下遗嘱，概述了六名子女的情况，其中一子“公文年十五，去家自出为生，遂居外，未尝持一钱来归”。

(原载《光明日报》2016年1月4日第11版)

户籍与基层社会治理

关于中国古代基层社会治理，最为著名的提法是温铁军的“皇权不下县”，认为自秦行郡县制以来2000年都是乡村自治，而不是国家针对每一个农户的税费管理。这实际上是此前费孝通“双轨政治”更形象的表述。秦晖虽不赞同，却仍将其完善为“国权不下县，县下唯宗族，宗族皆自治，自治靠伦理，伦理造乡绅”。

事实上，在秦至清的漫长历史中，县下乡绅自治的典型图景，滥觞于宋，而扬波于明清时期。正如秦晖指出，六朝门阀政治并未在乡村形成庞大宗族力量，县下存在着发达的基层组织。秦汉时期乡啬夫、游徼等都出于郡县任命，甚至有禄秩。唐代里正犹得指派差役，被视为膏腴之职。秦汉至隋唐的县令直接参与户籍的编制与赋役的征发，尤其是对编户民的逐一貌阅，即外形（如身高）、身体特征（如色黑）等的仔细检核。户籍内容的更改必须取决于县令。国家权力是真实地下及于乡村的。换言之，“皇权不下县”的可能时段，至多只能包括宋清之间，而绝不能上溯至秦汉。

再进言之，即便以宋至清时期来说，“宗族自治”论者往往也忽视了国家权力的向下延伸。唐中叶均田制崩溃之后，国家不再掌握全国土地，无法授田，叶适尝言：“古者民与君为一，后世民与君为二。"(《水心别集》卷二《民事》)宋代国家既不掌握土地,索性"不立田制""不抑兼并"。在户等上,有田者为主户,无田者为客户,均为编户齐民,身份相等。基于契约的佃农对于地主不再具有人身依附关系,避免了地主的贵族化。因此宋以后的家族囿于一隅之土,纵使族人获致高官,也仅仅是以个体身份入仕,其家族绝不可能成为国家政治力量。这种县下家族成为所谓乡村自治的基础。与县下家族兴起同步,宋代县官佐贰开始走出县城,主簿、县尉等派驻县城之外的地区,在镇、场、寨、堡等建立官治。与此相应,《天圣令》卷二十二《赋役令》规定:"里正唯得依符催督,不得干豫差科。"一般由地方家族长者出任的里正指派差役之权被取消,而上归于县令。掌握各乡户口田地状况,协助县令编制户籍册的乡书手,则在县城获得了办公场所。

与秦汉王朝"舍地而征人"不同,唐代中叶以"两税法"取代"租庸调制",赋税的核心逐渐从人转向地,经由明"一条鞭法",至清朝"摊丁入亩",户口不再具有赋税意义。胡恒的研究展示,与此同时,县下政区开始正式设置,县令佐杂官逐步在县下常驻,尤其巡捕进驻乡村,分管乡堡。

户籍是古代国家赋役与治安之所系。在户籍中,国家权力与民间社会的博弈清晰可见。在秦汉时期,户口掌控成为国家的基础,于是国家权力直接下至乡村,设置吏职。清代户籍的掌控作用丧失,于是国家权力摆脱民间代理,直接设立正式县下政区。只有在唐中叶至明代,赋役处于从人到地的转换之间,民间大家富户得以充当里正、粮长等代理差役,为基层社会赢得些许自治空间。

(原载《光明日报》2016 年 2 月 1 日第 16 版)

隐匿户口

户口之数是古代国家社会治理的基础，因而被赋予神圣意义。《周礼·秋官》记小司寇之职，在每年孟冬之月祀司民星，“献民数于王，王拜受之，以图国用而进退之”。可是，隐漏户口却历代多有。宋徽宗政和三年，详定《九域图志》，蔡攸、何志同言：伏见本所取会到天下户口数，类多不实。通河北德霸二州之数，率三户四口，则户版刓隐，不待较而知之。(《宋会要辑稿·食货》)这是从微观层面质疑户与口的比例关系。从情理上说，不可能二州之地都是三户才四口人，这不可能是正常家庭状态。历代为了获得准确的户口数，几乎不惜一切代价。明洪武三年籍天下户口，除了颁布户帖式，规定隐匿者斩，甚至派出军队去点户勘合。于是我们便可明白有明一代户口变动的怪现象：“太祖当兵燹之后，户口顾极盛。其后承平日久，反不及焉！”(《明史·食货志》)

吕思勉《中国社会史》曾归纳户口不实的原因有四：设官之疏阔、政事之废弛、产业制度之不同、社会组织之复杂。究其实，当以其所言第三点为主：古代田宅，皆受于官。隐匿口数，是自弃其承受田宅之利。后世则不授田，而徒役其身，征其税。有丁有田者，苟能漏籍，即同宽免；贫无立锥者，不能免役，且输无田之税，孰不欲为亡命之徒乎？其所言后世，当为宋以后。但是，两千年来仍然有一以贯之者在。战国时期就有“士卒（此指达到兵役年龄的男子）之逃事伏匿，附托有威之门以避徭赋，而上不得者万数”（《韩非子·诡使》）。之所以如此，正因为国家的压榨要重于私门。可见“苟能漏籍，即同宽免”的情形也同样存在于宋以前。北魏推行均田制，就是为了将附托于豪门的人口吸引出来，为国家获取丁口赋役。皇帝作为国家权力的执掌者并不能直接等同于所谓地主阶级的总头子，皇帝和地主阶级之间存在着争夺人口和赋役的矛盾。地主阶级的存在实际上是给贫苦民众以选择的可能，由此成为皇帝与民众之间的隔热层。于是国家在弱小时，只能以均田制等方式提供优惠政策以与豪门竞争，这以六朝时期为主；在强大时则打击地主阶级，迫使依附民归属于国家，这以明清为高峰。

天下为公实中华政制之本。君相分权则提供了制度保障。南宋监察御史吴猎即上奏直斥宁宗：事不出中书是谓乱政。陛下毋谓天下为一人私有，而用舍之间，为是轻易快意之举！出身士人的宰相成为对于君权的制度制约。但地主阶级的萎伏，使得明太祖以一纸诏书轻易罢废中书省。此后中华大地便成为钱穆所斥“独夫专制之黑暗所笼罩”（《国史大纲》）。

（原载《光明日报》2016年2月22日第11版）

村坊与城乡

城市与文字、货币被认为是人类步入文明的三大标志。但张光直坚持："中国初期的城市，不是经济起飞的产物，而是统治阶级用以获取和维护政治权力的工具。"西周春秋曾经存在普遍的邑居。靠近农田的小邑大约可容纳三十户，墙垣与里胥管理着农人的日出而作，日入而息。先秦至隋唐的大都邑实质上是小邑的聚合。规整的街道分割出类似于小邑的坊里，全城的坊门在鼓声中晓开昏闭。除个别年节，实行宵禁。汉代万户侯、唐代三品以上高官的宅第才能临街开门，其余宅门只能开于坊内。商业被置于固定的集市，在规定的时间内开市。

隋炀帝盲目追求普遍城居，大业十一年诏："今天下平一，海内晏如，宜令人悉城居，田随近给。"(《隋书·炀帝本纪》)结果是"百姓废业，屯集城堡，无以自给。"(《隋书·食货志》)这成为隋末天下大乱的诱因之一。唐武德七年，天下大定，颁《武德律》，行均田令及租庸调制，令"在邑居者为坊，在田野者为村"(《旧唐书·食货志》)，正式规定了村坊制。但此时的村坊只是居住地不同，除大都市工商别籍者外，一般城居者仍受田务农。《通典》卷二唐开元二十五年令："其城居之人，本县无田者，听隔县受。"

在大都市中，商业的力量逐渐突破了坊墙的限制。先是坊里之中出现了店铺，然后店铺为了生意的方便，往往凿破坊墙。代宗大历二年敕“诸坊市街曲，有侵街打墙接檐造舍等，先处分一切不许，并令毁拆。”(《唐会要》卷八十六)但到了宋代的汴京，孟元老《东京梦华录》卷三云：“其余坊巷院落，纵横万数，莫知纪极，处处拥门。”“处处拥门”的夸耀，显然正是针对墙垣森严的坊里而言。宋代汴京猫鼠游戏的焦点已是“侵街”，即侵占街道搭建居舍店铺。真宗咸平五年，以京城衢巷狭隘，诏右侍禁阁门祗侯谢德权广之。德权既受诏，则先撤贵要邸舍，有诏止之。德权面请曰：“臣死不敢奉诏!”上不得已从之。(《续资治通鉴长编》卷五十一)

宋代在法律意义上区分“坊郭户”和“乡村户”。由《庆元条法事类》卷四十八可知，宋代镇、寨、城、市等与县、州并列为坊郭。坊郭户与此前汉唐城居者最大的区别，即在于脱离了农业，正如曾拜相的张商英晚年著《护法论》所言：“通都大邑，不耕而食者十居七八。”此时的“乡村”之意义，便也不单是行政层级“乡”与“村”的并称，更是与城市相对的农村乡下。哲宗元祐二年殿中御史孙升言：“城郭、乡村之民交相生养。城郭财有余，则百货有所售；乡村力有余，则百货无所乏。”(《续资治通鉴长编》卷三九四)乡村生产，城市消费的观念清晰可见。

(原载《光明日报》2016年3月21日第11版)

市籍与商业

殷商时期商王未见买卖行为，而是接受朝贡并给予赏赐。早期“赏”字作“商”(或从“贝”)，此即商业所从得名。商代交换义的“贾”仅见于非王卜辞。当时平民性的个体商业应该尚处萌芽，贾为诸子族内之职官，交换所得通过族长的收族行为分配给族人。由西周中期的任鼎可知周王也加入了交换行列。但是在交换之后，周王还赏赐任大牢、鬯酒等高等级祭品，使任可以进行一次诸侯级的祭祀。可见这并非单纯的等价交换。至于贵族层面的官商行为则日益兴盛。太公封齐，即以商业富国。齐乙公之子鲁且亲自经商(鲁方彝)。郑桓公建国，与商人盟誓，故弦高拚死保郑。战国时的鄂君启节更见证了楚国亲贵鄂君启经商受到楚怀王下令免税的优待。

至春秋战国之时，民间商业已蓬勃兴起，陶朱公即其典范。管仲开始推行“士农工商”四民异业，应该将商贾别立市籍，但未采取歧视性政策。当时在指定的封闭市场内才能经商，所以将商人的户籍称为市籍。商鞅以农本商末，在普遍户籍制下，制定农逸商劳政策，即农以户计赋役，而商以口计赋役，从而极大地加重了商人的负担。秦始皇时更是推出“七科谪”制，将七类人发遣戍边，其中四类与商人相关，即本人有市籍、本人曾有市籍、父母有市籍、祖父母有市籍。汉唐形成了对商贾的制度性歧视。汉高祖时令贾人不得穿丝绸乘车，重租税以困辱之，惠帝高后时市井之子孙不得仕官为吏，武帝时有市籍者及其家属不得授田，且征收财产税，致使商贾中家以上大率破产。唐武德七年令工商授田宽乡减半，狭乡不给；工商出身不能做官。唐律市籍仍须远役，只是每年根据具体情况另行安排。肃宗即位，遣御史郑叔清等按户籍清查江淮蜀汉富商，其财产十收其二，谓之率贷。

安史之乱后，府库无蓄积，朝廷专以官爵赏功。诸将出征，皆给空白告身（即委任状），随意任命官职。其后诸军但以职任相统摄，不复计官爵高下。由是官爵轻而财货重，“大将军告身一通，才易一醉”。为改善财政，刘晏实行榷盐法，后扩大至茶酒等。由官府垄断盐业，专立盐商户籍，卖引于盐商。此前盐市价约十文，榷价三百文，盐商零售价约六百文。盐是刚需，专卖后市价翻了约六十倍，至大历末，朝廷岁入盐利六百万贯。以财雄长的商贾面对贫弱的朝廷，燃起政治追求的烈火。原本商贾被视为贱类，数月之间，有的成为朝廷大官，有的执掌州县。另一方面，城市也在迅猛发展。至唐宣宗大中七年，废州县市印，封闭的市走向开放，市籍也相应被取消。但商人和商业过于依附国家权力，大商巨贾靠获取榷引和承包政府工程赚取巨额利润，小商贩则在商税的重压下苟活：国家对于商业的所有榨取，最终都通过价格压向民生。中国最终未能形成市民社会。

（原载《光明日报》2016 年 4 月 18 日第 11 版）

贱籍与身份社会

商鞅变法奠定了此后中国社会结构的基本格局。学界以往多聚焦于授爵于民的军功爵制所带来的社会流动，但是任何正向社会流动都必须以相对固定的社会等级为依托。商鞅令："僇力本业，耕织致粟帛多者复其身。事末利，及怠而贫者，举以为收孥。"（《史记·商君列传》）国家强制规定农业为民之正业，农民为社会身份的基准。其上，耕而能战者立功受爵；其下，从事商业等其他行业及不尽力务农者贬为奴婢贱民。以战争为魂魄的军功爵制无法为大一统王朝带来安定，承秦之弊的汉王朝最终求助于儒家。董仲舒引孔子"不患贫而患不均"，提出儒家之制：圣者"制人道而差上下也，使富者足以示贵而不至于骄，贫者足以养生而不至于忧。以此为度而调均之，是以财不匮而上下相安，故易治也"（《春秋繁露·度制》）。按照等级获取资源，下不得僭越，上不得贪暴，于是社会各等级得以和谐共生。

汉承秦制，个人等级身份并不固定。魏晋南朝世家大族的特权也只是习俗性的而非法定的。真正以法律形式定社会等级的是北魏。孝文帝太和五年班乞养杂户及户籍之制五条，正式划定良贱等级，并且将工匠列为杂户，与奴婢同入贱籍。至唐律明确规定

“奴婢贱人，律比畜产”，只能“当色为婚”，即同等身份者才能婚配，家生奴世代为奴。奴婢“其有愆犯，决罚致死，及过失杀者，各勿论”。

北魏均田制规定奴婢依良受田，亦即可以通过奴婢多占田地，导致奴婢之制大盛。唐德宗建中元年行两税法，依户等收资产税，占有奴婢越多税负越重。于是奴婢制逐渐转变为典身制计佣折值以赎身，于是奴婢实质上转化为“雇工人”。其历史影响，一方面固然是奴婢制萎缩，另一方面则是“雇工人”一直未能摆脱奴婢制的阴影。受雇期间，主仆名分例于卑幼，罚罪比于奴婢，明律明确规定“若违犯教令而依法决罚，邂逅致死，及过失杀者，各勿论”。显然雇主与“雇工人”之间不存在法律意义上的资本主义式“自由雇佣”。

部分技艺杂户在明清演变为最低等的世袭贱民，如山陕乐户、徽州伴当、宁国世仆、绍兴堕民、广东蜑民等。清世宗雍正元年起陆续开豁贱籍，具有重要历史意义：政权的维系应基于人的解放而非奴役。然而心中贱籍难除。堕民的贱籍身份甚至低于乞丐，虽被开豁，却无以为业，只得仍旧依恃讨赏的“门眷”过活。鲁迅即感慨其童年所接触的堕民，就是为了一点点犒赏，不但安于做奴才，还得出钱去买做奴才的权利。儒学之“均”，既让每个等级都能获取相应生活资料，更令每个人都必须寄生于其所属等级，只得竭力抗拒社会平等。

（原载《光明日报》2016 年 8 月 1 日第 11 版）

古典零叶

“更礼以教”

——《诗·商颂·那》的传笺歧解与经义建构

主讲人：厦门大学人文学院　李若晖教授

主持人：北京大学儒藏编纂与研究中心　李峻岫副研究员

时　间：2018 年 11 月 5 日

地　点：北京大学红二楼

李峻岫：各位老师、同学，下午好。今天是我们《儒藏》中心主办的儒藏讲坛的第五期。我是今天的主持人李峻岫。我们这次有幸请到厦门大学人文学院哲学系的李若晖教授。对于李老师，在座的有些老师和同学是比较了解的，他是北大中文系古典文献专业毕业的博士。李老师的治学领域非常广泛，不局限于文学，还有语言学、政治哲学等方面。李老师最近几年很关注先秦两汉哲学史和中国德性政治史，已经出版多部专著，如《老子集注汇考》《道论九章：新道家的“道德”与“行动”老子哲学的新解读》《久旷大仪——汉代儒学政制研究》，在我的印象中几乎是每年都有一本，是一位非常高产的学者。李老师今天的讲题是“更礼以教——《诗·商颂·那》的传笺歧解与经义建构”。这是李老师最近在做的汉代经学研究，尤其是郑玄经学研究的成果之一。李老师前不久刚发表了一篇关于《小雅·鹿鸣》的传笺歧解与经义建构的文章，那我们今天期待他对商颂《那》这一篇有更为精彩的阐发，下面我们就有请李老师正式开讲。

李若晖：谢谢李老师。非常荣幸，也非常高兴能够回母校与大家一起交流切磋，向大家请教。

首先打一个小小的广告，我在今年的5月份刚刚出版了一本《久旷大仪——汉代儒学政制研究》①。这本书对汉代的今古文的经学，我自己觉得有一个与以往研究不同的看法。它的核心就是认为今古文经学的分歧，实际上是君主制国体之下究竟实行何种政体。我们以往形成一个固定的思路，就是说研究今古文从经书、礼义等一些细节问题入手，去考证今古文经学的区别，但是这样的一种做法，最后得到的结论却是说今古文经学是为了争学官的利用，这种结论在实质上就等于说今古文经学没有根本性的区别。

我的入手点是把今古文经学，也就是汉代经学史和汉代政治制度史结合起来考察，认为今文经学在汉初是没有一套天子礼，因为它礼学的整个体系是依据《仪礼》。我们知道《仪礼》的核心是士礼，是推士礼以致于天子礼的做法。今文经学跟汉承秦制的律令体系始终不合拍。尤其是它在推致的过程当中，表现出今文经学长期浸润社会的中下层，而没有高层政治的决断力，也就是所谓直接以家人之礼的"亲亲"来制定经国大典，缺乏"尊尊"一维。对此我在书里面有些详细的研究，那么这里限于时间我就不展开了。

由此导致朝廷对今文经学极其不满，这个时候代之而起的是

① 李若晖：《久旷大仪：汉代儒学政制研究》，北京：商务印书馆，2018年版。

古文经学。我认为古文经学的兴起与古文经毫无关系，一个重要的表征就是在东汉古文经学最为兴盛的时期，古文《逸礼》濒于失传，没有人传授，没有人研究。所以古文经学实际上是以现行体制为基准，在儒学内构建超绝性的天子之礼。也就是今文经学推士礼以致于天子，导致天子之礼和士礼在结构上是一致的；而古文经学所要建构的是一个今文经文所不具备的单独性的天子之礼，比如说封禅、巡狩等天子之礼，包括明堂、辟雍所行之礼，这些礼是不可能由士礼来推致的。古文经学以《春秋》学居于礼学之上，将《春秋》之"尊尊"替换为秦制之"尊卑"，并进而以《周礼》为核心重建经学，由此糅合古今，形成了郑玄"礼法双修"与何休"君天同尊"的经学体系。至此，今文经学中对天子进行制约的"天囚"学说被抛弃，"丧服决狱"导致作为丧服根基的"报"之双向性伦理被置换为"尊卑"服从的单向性伦理。最终，标志"天下非一人之天下"的君相分权也随着丞相职权的萎缩以至罢废退变为君主专制。

关于何休的"君天同尊"，主要是根据《公羊传》的昭公二十五年子家驹对鲁昭公的批评，"诸侯僭于天子，大夫僭于诸侯"①，但是郑玄的引用多了一句"天子僭天"②。我经过考察，当然主要是根据清人惠栋的考察，这一句话在子家驹的原本，也就是"天子僭于天，诸侯僭于天子，大夫僭于诸侯"，有一个完整的体系。这句话应该是何休注公羊的时候删掉的，何休之所以删除"天子僭天"意在与《左传》"崇君父"争胜，并得以构造"君天同尊"之新经义。由

① [东汉] 何休注、[唐] 徐彦疏：《春秋公羊传注疏》，载[清] 阮元校刻：《十三经注疏》，台北：艺文印书馆，2007 年版，第 7 册，第 301—302 页。

② [东汉] 郑玄注、[唐] 贾公彦疏：《周礼注疏》，载[清] 阮元校刻：《十三经注疏》，台北：艺文印书馆，2007 年版，第 3 册，第 623 页。

此追踪《公羊》"天子僭天"之旧经义，则以天子为天所囚禁，不得僭越于天。"天子"为爵之一位，有职有责。倘若天子背弃职责，以位足欲，役天下以奉天子，即是"天子僭天"。汉儒明确将诸侯贪，大夫鄙，庶人盗窃之乱象归因于天子僭天。因此，"孔子成《春秋》而乱臣贼子惧"之本义当为"子帅以正，孰敢不正"，也就是说它首先是一个正天子的学说。然自武帝尊崇《公羊》之时起，经师即已讳言此义，至何休觍颜删削，遂致斯义湮灭，幸得清儒之力，"天子僭天"一义方重见天日①。

以《周礼》统合群经的努力在郑玄达到顶峰。刘歆就认为《周礼》乃"周公致太平之迹"，郑君更笃信《周礼》为周公所作。稽考郑玄平生业绩，其遍注群经之外，兼注汉律，见《晋书》卷三十《刑法志》②。由此，郑玄构建了一个经律同相，礼法双修的儒学体系。

我认为对郑玄注汉律关注不够，但是我们注意到郑玄没有注《春秋》，当然《世说新语》有个说法，说他把自己的《左传注》稿送给了服虔③，但是我们要注意到郑玄的老师马融也没有注《春秋》而注汉律，所以这有一个结构性对应。因此王充在《论衡·程材》讲以《春秋》"稽合于律，无乖异者。然则《春秋》，汉之经，孔子制作，垂遗于汉"④，实际上是《春秋》与律令合一。因此马融、郑玄师徒遍注群经而不注《春秋》却注汉律，实际上是以汉律在经学体系当

① 参李若晖：《从天子僭天到君天同尊——何休删削〈公羊〉发覆》，《哲学研究》2017年第2期，第48—55页；李若晖：《久旷大仪：汉代儒学政制研究》，北京：商务印书馆，2018年版，第196—235页。

② [唐] 房玄龄：《晋书》，北京：中华书局，1974年版，第3册，第923页。

③ [南朝·宋] 刘义庆：《世说新语》，龚斌：《世说新语校释》，上海：上海古籍出版社，2011年版，上册，第372页。

④ [东汉] 王充：《论衡》，黄晖：《论衡校释》，北京：中华书局，1990年版，第2册，第542—543页。

中取代了《春秋》之位。我们注意到，郑玄在他的《诗笺》当中，屡次以“礼法”来解释“周礼”。这也就是说，既然《春秋》大义已明著于律，亦即费劲曲折阐释《春秋》微言的最终结果就是得到汉律所已明言者，那么自然没有必要空劳心力去注释《春秋》了！

《后汉书·马融列传》记载：“尝欲训《左氏春秋》，及见贾逵、郑众注，乃曰：‘贾君精而不博，郑君博而不精，既精既博，吾何加焉！’但著《三传异同说》。”[①]我们可以看到，马融也是遍注群经而不注《春秋》，当然也是有另外的原因可以解释的，但是我们如果跳过这样一个外在性的原因，看他注律之后客观形成的经学体系，那么显然律是居于《春秋》之位。而且师徒有着共同的结构对应，对于这一点我们不应该轻轻放过。

程树德的《九朝律考》专门有一则就是讲魏晋之世，礼律并重[②]，这样一个礼律并重，显然来源于郑玄的以“礼法”释“礼”。所以我的《久旷大仪》这本书目前来说有一个最大的缺陷，就是讲了何休的“天子僭天”，但是对郑玄讲得不够深入，这个当然有一个原因，就是我觉得对郑玄可能要大动干戈。如果大动干戈的话，将不是这样一本书在结构上所能容纳的。因为若把郑玄做出一个很大部分来，放在这本书之中，会使这本书显得头重脚轻，结构不对应。

我在本书出版了之后，我觉得以后专门把郑玄作为一个专题来做，可能更加合适。这样的话，实际上我可以把《久旷大仪》看作郑玄研究的一个导论。做郑玄研究从哪里入手比较好？我考虑来考虑去，可能还是从《诗经》入手比较好。有以下几点考虑：

---

① [南朝·宋]范晔：《后汉书》，北京：中华书局，1965年版，第7册，第1972页。
② 程树德：《九朝律考》，北京：中华书局，2003年版，第232页。

第一，郑玄曾经两注《毛诗》，但是今天的《毛诗笺》是他晚年作品，他晚年的著作即便不视为他的定论，至少也代表着他比较成熟的看法，早年郑玄对于三礼的注释有很多，至少有相当一部分在《诗笺》里面，观点有了改变。

第二，我们关注郑玄的经学，就是具体的经书的研究上经文的注释上，对于汉代经学有一些什么样的改变，而三礼注是郑玄完整，但是其他汉注是不完整的，这是一件无可奈何的事情。那么刚好《诗经》是有毛传与郑笺相对，我们比较容易对比着看，通过毛郑的歧义比较容易上手，更容易得到体系性的理解，其他的零章断简偶尔的一两个字词的差异，我们看不出双方的经义建构在哪里。

第三，我们还应该注意经学的核心是十三经，十三经注疏的核心当然是孔颖达的《五经正义》。在《五经正义》里面，真正是由郑玄为主的，纯汉学为底的，其实就是《诗》了。因为《礼记》在西汉的时候，它不是一部正经，《尚书》是依据伪古文孔传，《周易》是用的王弼注，这已经进入玄学，《左传》是用的杜预注。所以就是说这几种注疏，要么不是汉儒所作，要么不是大经，所以从《诗经》入手是最合适的。今年我在《哲学动态》发表的关于《诗经》的文章，也是我写的第一篇诗经研究的论文。因为始终找不到入手点，讲一些人云亦云的话也没什么意思。

我们先来看《诗经・鹿鸣》小序中提到的"《鹿鸣》，燕群臣嘉宾也"[①]。

如果按照毛传的解释，应该标点为，"宴群臣，嘉宾也"。以嘉

① ［西汉］毛公传、［东汉］郑玄笺、［唐］孔颖达疏：《毛诗注疏》，载［清］阮元校刻：《十三经注疏》，台北：艺文印书馆，2007年版，第2册，第315页。

宾解释为群臣，这样的话群臣和嘉宾是同一拨人，是一体的，是一拨人的两个不同称呼。因此，毛传所阐释出来的经义，“君以宾之位待群臣，群臣方以臣之分报君”。宾之位是高于臣之位的，乐毅《报燕王书》就明确讲“先王过举，厕之宾客之中，立之群臣之上”[①]。群臣当以臣之份(位)报君，这就意味着君不以一己之智治国，而是尊重群臣，倚仗群臣治国，由此必然导向虚君。

若依郑玄的标点，应该是“宴群臣、嘉宾”，嘉宾和群臣是两拨人，不是一拨人，是群臣邀请贤人来赴宴而成为嘉宾，然后在宴会之上将嘉宾置于周之列位而成为群臣。依据郑玄的经义，乃是国家制度中只许、只存在君臣之份，你不能以臣为宾，要么就是宾要么就是臣。绝对不许有非臣之宾师，于是他的君主乃至一个绝对的君尊臣卑的观念。[②]

现在我们来看《那》篇。[③]《那》小序最关键的一句话就是“祀成汤”，但是我们看到郑玄恰恰没有解释“祀成汤”。前面的《鹿鸣》的小序，最关键的就是“宴群臣嘉宾也”。但是郑玄笺的篇幅全部是在解释“币帛筐篚”一句，对于“宴群臣嘉宾”也是没有一个字的注释。

那么对小序，我们问几个问题。

第一“祀成汤”是以何种方式祀？

我们看到孔颖达的正义明确指出毛郑的解释歧义。毛以终篇

---

① [西汉] 司马迁：《史记》，北京：中华书局，2013 年版，第 7 册，第 2935 页。

② 李若晖：《“忠臣尽心”：〈鹿鸣〉传笺歧解与经义建构》，《哲学动态》2018 年第 5 期，第 36—44 页。

③ 本文所引《那》经、序、传、笺、释文、疏，除特别说明者外，皆见[西汉] 毛公传、[东汉] 郑玄笺、[唐] 孔颖达疏：《毛诗注疏》，载[清] 阮元校刻：《十三经注疏》，台北：艺文印书馆，2007 年版，第 2 册，第 788—791 页。下文不再逐一出注。

皆论汤之生存所行之事。郑以“奏鼓”以下，言汤孙太甲祭汤之时，有此美事，所以毛讲的是“诗在礼中，祀汤之礼用叙汤之诗”，也就是说祭祀成汤的事情没有出现在诗篇当中。《那》的诗篇所歌咏的是成汤在活着的时候祭祀他自己祖先，诗人站在后世祭礼当中把它歌咏出来用以祭祀成汤。所以祭祀成汤的不是《那》诗的内容，而是对于《那》诗在礼之中的运用。《那》诗的内容不是祀成汤，而是《那》的运用，用于祀成汤。这个祀成汤的礼在《那》诗之外，而不在《那》诗之内。《那》诗的语句与祀成汤无关，所以“祀汤之礼用叙汤之诗”，这是我的一个总结。

郑的意思乃是诗之言就是祀成汤的，“礼在诗中，诗所叙者祀汤之礼”。郑所理解的《那》诗之言祀成汤，就是说《那》诗就是在歌咏对于成汤的祭祀，祀汤之礼就是《那》诗诗句的内容。所以“诗所叙者就是祀汤之礼”，这是毛郑对祀成汤这句话的不同理解。

那么由《小序》看到第二个问题。“至戴公之时，其大夫有名曰正考父者，得《商颂》十二篇于周之太师。此十二篇以《那》为首。”

我这里提前声明一下，就是说今天由我来讲《诗经》，并不是说把《诗经》放在一个大的平台下来讲。我今天只就毛郑如何理解《商颂》进行讲解，同时把毛郑为何这样解释讲清楚。至于毛郑在整个《诗经》学上所讲的是否正确，那有待高明，不是我这个讲座的任务。

郑笺所记载：“礼乐废坏者，君怠慢于为政，不修祭祀、朝聘、养贤、待宾之事，有司忘其礼之仪制，乐师失其声之曲折，由是散亡也。自正考甫至孔子之时，又无七篇矣。”我们来看孔疏的解释：“知孔子之时，七篇已亡者，以其考甫校之太师，归以祀其先王，则非烦重芜秽，不是可弃者也。而子夏作序，已无七篇，明是孔子之前已亡灭也。”这就是说不是孔子删诗删掉了，而是孔子见到《诗》的时候已经亡逸了。商颂有亡逸，正考甫得十二篇，到孔子的时候又亡七篇，那么我就要问，孔子为什么不尽力去搜求？

我以为这是孔子有意为之，否则他尽可以再去周太师那里，就算周太师处也有散逸，但是不可能周宋散逸的诗篇是一致的。所以孔子得到了五篇，虽已亡七篇，他就用这五篇编成商颂，不再去重新搜求。之所以如此，就是说孔子认为颂之亡，在政不在书。假设要商颂再搜集起来，若他的政不行一样会亡，又何必去搜。就如同对于一个败家子而言，不是没完没了地给钱，品性不改即便给了再多的钱也会被败光，那就让败家子去败了好，没有必要给钱。所以这也是《诗·大雅·抑》篇所谓“无言不雠，无德不报”，汉人的理解就是报当如之，不如非报也。

第三，我们要提出一个问题，为什么要特别点出是周太师以《那》为首？

得知周太师以《那》为首，孔颖达特别指出来，是周太师先以《那》为首，孔疏提到“且殷之创基，成汤为首，《那》序云‘祀成汤’，明知无先《那》者，故知太师以《那》为首也”。

我们可以作出一个推论，就是殷礼所传的商颂不以《那》为首，否则特别强调“周太师以《那》为首”就是无意义的话。既然要特别声明周太师以《那》为首，显然就是说明殷礼之《商颂》与周礼之《商颂》的篇首是不同的，不以《那》为首。也就意味着殷礼商颂不以汤为首，当时殷礼商颂仍然以汤的先祖为首，即所谓“殷道亲亲，周道尊尊”。我们看周道尊尊的理解就是“殷之创基，成汤为首”，这是周道尊尊。就是商朝的开创者是商汤，所以商颂以成汤为首。

第四，我们来看殷道亲亲的说法。《礼记》所记载，《礼记·祭法》"殷人禘喾而郊冥"[①],则殷礼的商颂应该以喾居首。这是一个推测,不一定正确,但是有一点我想应该是可以确定的,就是殷礼的商颂,不是以汤首,也就是说祭礼不以汤为首,篇章不以《那》为首。我们可以看到这个在《周颂》有结构对应。周颂篇首第一首就是《清庙》,清庙就是祀文王!显然周太师编商颂以《那》为首,乃是摹仿《周颂》,重编《商颂》,以周礼改造殷礼。

那么下面我们进入《那》篇的诗句,整个《那》就是一章,没有分章。《那》篇毛传"烈祖汤有功烈之祖",有两种不同的标点。

北大本:烈祖,汤,有功烈之祖也。[②]

《儒藏》本:烈祖,汤,有功烈之祖也。[③]

上古本:烈祖,汤有功烈之祖也。[④]

李学勤先生主编的《十三经注疏》标点和《儒藏》的标点是:"烈祖,汤,有功烈之祖。"上海古籍出版社版的标点是:"烈祖,汤有功烈之祖。"

显然,汤后面加一个逗号,是以郑笺来理解毛传。这是一种现代理解,即以求文本原意作为所有注释的当然目的,而忽略古代注释家各自有各自的经义建构的目标。不要轻易以郑去理解毛。依照郑玄,把这个"烈祖"理解为汤,然后说汤是有功烈之祖,这个标

---

① [东汉] 郑玄注、[唐] 孔颖达疏:《礼记注疏》,载[清] 阮元校刻:《十三经注疏》,台北:艺文印书馆,2007 年版,第 5 册,第 796 页。

② 十三经注疏整理委员会:《十三经注疏》,北京:北京大学出版社,2000 年版,第 6 册,第 1686 页。《毛诗正义》为龚抗云等整理。

③ 北京大学《儒藏》编纂与研究中心:《儒藏精华编》,第 23 册,北京:北京大学出版社,2010 年版,第 1416 页。《附释音毛诗注疏》为郑杰文、孔德凌校点。

④ [西汉] 毛亨传、[东汉] 郑玄笺、[唐] 孔颖达疏、[唐] 陆德明音释:《毛诗注疏》,朱杰人、李慧玲整理,上海:上海古籍出版社,2013 年版,下册,第 2112 页。

点，放在这一句来看，还是可以的。

我们看后面孔《疏》对于毛传的解释。“汤之上祖有功烈者，谓契、冥、相士(土)之属也。”很显然，这个烈祖不是指汤，是汤之祖。“美汤之祭而云‘烈祖’，则是美汤之先公有功烈者，故云‘烈祖，汤有功烈之祖’。汤之前有功烈者，止契、冥、相土之属也。”

所以我们回过头来看，上海古籍社版的标点是正确的，是汤的有功烈之祖。

我想，在孔《疏》只能作出这样理解的时候，却只依照郑玄的理解(而不顾毛传的原意)，把标点要那样断开。那么对于郑玄来说，把这个“烈祖”理解成汤。我们看到，也是《周颂》的《雝·小序》所提到的太祖，郑玄也认为是文王。

> 《周颂·雝·小序》：《雝》，禘大祖也。
>
> 郑笺：禘，大祭也。大于四时，而小于祫。大祖，谓文王。

同样的，至少在郑玄这里有一个结构对应。《周颂》在《斯文》的小序还讲到“郊祀后稷以配天”，孔《疏》把它分开了。就是说南郊祭天的时候以后稷为配，这是周祖；在明堂里是祭文王。孔《疏》所言：“后稷之配南郊，与文王之配明堂，其义一也。”我们看到，孔《疏》把它们(南郊和明堂)分别开来，然后加个其义一也。这个根据应该是《汉书·郊祀志》的“郊祀后稷以配天，宗祀文王于明堂以配上帝”①。我们看到，郑玄也把禘礼理解成为郊祭天，所以孔《疏》的这种理解未必符合郑玄的原意，就是说把后稷放在南郊祭天，然后把文王放在明堂祭上帝，这种分别未必符合郑玄的原意。

---

① ［东汉］班固：《汉书》，北京：中华书局，1962年版，第4册，第1193页。

当然这只是我们推测，可能背后还有很复杂的东西，我才疏学浅，也不敢过多挖掘。

关于禘祭祭天，我想这是一个很复杂的问题，我们这里没有这个时间过多辨析。那么引这一段时我们要注意的是什么？

> 马昭云："《长发》，大禘者，宋为殷后，郊祭天以契配。不郊冥者，异于先王，故其诗咏契之德。"

那么宋郊是以契配，大家注意宋郊是以契配，契是所谓殷人的始祖，而周人的始祖是后稷。周人祭天的时候是以后稷配。现在马昭认为，殷人祭天，宋为殷后，郊祭天，以契配。实际上，这是模拟周礼的格局，然后把殷礼以喾配改为以契配。所以我们看，孔颖达认为"而马昭虽出郑门，其言非郑意也"。

我们要看到，马昭为何要有以契配的说法，就在于他要以秉承郑玄的经义，把以周礼改造殷礼的原则贯彻到底，不是以喾配，而是以契配。这是对周礼后稷配的一个模拟。马昭作为郑玄的弟子所言，要么就直接就是秉承师说，要么是郑玄未曾明言，但是马昭心知其意。马昭至少是根据郑玄的经义推出来的，不是他自己瞎编乱造的。

好，那么我们再看下面的汤孙这句，第一句"汤孙，毛无《传》"，但是下文"于赫汤孙"，毛《传》的解释是"盛矣，汤为人子孙也"，就是说毛传认为，"汤孙"还是指的汤。但是我们看孔《疏》的解释：毛以此篇祀成汤，美汤之德，而云汤孙，故云"汤善为人之子孙"也。以上句言"衎我烈祖"，陈汤之祭祖，故以孙对之。子孙祭祖，而谓祖善为人之子孙。等于汤后人祭祀的时候，歌《那》诗，是认为汤能够善为人之子孙。孔《疏》："犹《闵予小子》言皇考之'念兹皇祖，永世克孝'也。"这也是讲皇祖能够孝。

孔《疏》所言:"此篇三云'汤孙',于此为传者,举中以明上下也。"

毛《传》认为汤孙就是汤,郑玄认为汤孙就是汤的孙。

> 孔《疏》:《殷本纪》"汤生太丁,太丁生太甲"。太甲,成汤嫡长孙也,故知汤孙谓太甲也。孙之为言,虽可以关之后世,以其追述成汤,当在初崩之后。太甲是殷之贤王,汤之亲孙,故知指谓太甲也。

这个等于说是汤的后人祭祀汤歌《那》诗,是认为汤能够善为人之子孙,"犹《闵予小子》言皇考之'念兹皇祖,永世克孝'"。这也是讲皇祖能够孝的意思。"此篇三云'汤孙',于此为传者,举中以明上下也。"出现了三次,在第二次的时候作解释是举中以明上下,他解释为什么刚出来的时候不解释,所以毛传是以"汤孙"就是汤,那么郑玄不同,郑玄认为汤孙就是汤的孙,所以是太甲。

孔颖达认为:"汤生太丁,太丁生太甲。太甲,成汤嫡长孙也,故知汤孙谓太甲也。孙之为言,虽可以关之后世,以其追述成汤,当在初崩之后。太甲是殷之贤王,汤之亲孙,故知指谓太甲也。"孔颖达这个话是把郑玄的幽隐之意发掘无余,最关键的是"以其追述成汤,当在初崩之后"。也就是说太甲祭汤,作《那》诗,这个是在汤刚刚死的时候,那么这就会有一个问题了。

那我们回来看《史记·殷本纪》的说法:

> 汤崩,太子太丁未立而卒,于是乃立太丁之弟外丙,是为帝外丙。帝外丙即位三年,崩,立外丙之弟中壬,是为帝中壬。帝中壬即位四年,崩,伊尹乃立太丁之子太甲。太甲,成汤嫡

长孙也，是为帝太甲。①

《史记》是说汤崩之后，太子太丁的两个弟弟先后继位，中间经历多少年？经历了七年之久，然后等到中壬死后，伊尹再回过头来把太丁之子太甲立为天子。这个跟刚才孔颖达所说的，“以其追述成汤，当在初崩之后”是完全不同的。那么怎么理解？我们看《史记正义》引《尚书·序》云“成汤既没，太甲元年”。没有外丙和中壬这两个殷王，商汤死后直接就是太甲以嫡长孙继位。

我们看看《史记》里的这段话：“殷道亲亲者，立弟。周道尊尊者，立子。殷道质，质者法天，亲其所亲，故立弟。周道文，文者法地，尊者敬也，敬其本始，故立长子。周道，太子死，立嫡孙。殷道，太子死，立其弟。”②

表面上看这只是古史记述的不同，但实际上是殷周礼制的不同。郑玄之意一定是汤死后，太甲继位，祭祀成汤之时作《那》篇。所以太甲是以嫡长孙继位，不传给太甲的叔叔(太丁的两个弟弟)，不传弟，子死传孙。所以这不是像张守节所说的“信则传信，疑则传疑”问题，这个后面还是一个殷周礼制的歧异。郑玄是坚持要以周礼来改造殷礼，所以郑玄把汤孙解为太甲，是较之周太师和毛传更为彻底的以周礼来改造殷礼。

我们看来看郑玄的《周颂谱》：《周颂》者，周室成功致太平德洽之诗。其作在周公摄政、成王即位之初。

这也是一个模拟。武王崩后，周公作为弟弟不能继位，要让成

---

① [西汉]司马迁：《史记》，北京：中华书局，2013年版，第1册，第128页。《史记》卷十三《三代世表》亦于汤后书“帝外丙。汤太子太丁蚤卒，故立次弟外丙。帝仲壬，外丙弟。”之后方为“帝太甲，故太子太丁子。”第2册，第624—625页。

② [西汉]司马迁：《史记》，北京：中华书局，2013年版，第6册，第2528页。

王继位。周的太祖是文王，成王刚好是文王之嫡孙。郑玄以商颂之太甲比拟周颂之成王，太甲刚好是汤之嫡孙，所以商颂作在伊尹摄政，太甲即位之初。孔颖达的《正义》中将《那》认为成汤初崩之后，祭祀成汤所作的这个《那》篇。所以是伊尹摄政，太甲即位之初，完全是在模拟周颂。

那么我们再看秦制，这是第三个制度，秦制和周制还不同。我们来看《史记·秦始皇本纪》的记载：

> 二世下诏，增始皇寝庙牺牲及山川百祀之礼。令群臣议尊始皇庙。群臣皆顿首言曰："古者天子七庙，诸侯五，大夫三，虽万世世不轶毁。今始皇为极庙，四海之内皆献贡职，增牺牲，礼咸备，毋以加。先王庙或在西雍，或在咸阳。天子仪当独奉酌祠始皇庙。自襄公已下轶毁。所置凡七庙。群臣以礼进祠，以尊始皇庙为帝者祖庙。皇帝复自称'朕'。"①

我们可以看到，在秦制当中严格限定，天子礼只能用来祭祀天子，天子的先祖不是天子者，不能以天子礼祭祀。这是秦制和周制不同的地方。所以以始皇庙为极庙，始皇以前的历代秦公秦王，不是天子，不能用天子礼祭祀。我们再看这样一个原则，在汉代的庙议当中逐步落实下来。在汉元帝的时候，丞相韦玄成与群臣曾经发生过一次非常激烈的庙议，我在《久旷大仪》一书里面专门有一章来讨论这次庙议，限于讲座的时间这里我就不展开了，详细的内容大家可以参看。

韦玄成在庙议中提到："周之所以七庙者，以后稷始封，文王、

① ［西汉］司马迁：《史记》，北京：中华书局，2013 年版，第 1 册，第 334 页。

武王受命而王,是以三庙不毁,与亲庙四而七。”这是一个周制,周制始祖的后稷和受命立国的文武是不毁的,是三祖。“非有后稷始封,文、武受命之功者,皆当亲尽而毁。”高祖曾经尊他的老爸刘太公为太上皇,但是“太上皇、孝惠、孝文、孝景庙皆亲尽宜毁,皇考庙亲未尽,如故”。① 这是以亲尽为理由而毁,注意不是以尊尊,而是以亲亲,所以韦玄成的说法是典型的今文经学的推致论,也就是说从士的祖庙推到天子的祖庙,每加一级多两个庙,然后每加一级多两个祖,亲尽而毁的一种制度。

这就是一个简单的以士礼来推天子礼。那么我们看这种观点受到尹更始等人的反驳。我们注意,韦玄成的经学背景是鲁诗,而尹更始的经学背景是《穀梁传》,就是说在今文经学之内是《春秋》学对《诗》学提出了批评。

“皇考庙上序于昭穆,非正礼,宜毁。”这什么意思?这个皇考庙是宣帝的父亲,就是所谓的史皇孙,汉宣帝的父亲。巫蛊之乱,汉武帝的厉太子刘据兵败自杀。他的儿子史皇孙,也被乱兵所杀,留下一个宣帝,但是还是婴儿养在诏狱之中。那么作为宣帝的父亲是否该有庙,如果按照亲亲的原则,显然应该有庙,元帝是宣帝的儿子,他是元帝的爷爷,但是按照尊尊的原则,史皇孙不是天子,不应该在天子庙中受到祭祀,就不能够享受天子礼,这就是秦制的原则“天子仪当独奉酌祠始皇庙”,因为这是二世的诏书,这个时候对秦二世而言需要去祭祀的天子只有秦始皇一个人。它的原则说只有立为天子者,死后能够受到天子礼的祭祀。

这个原则现在被用来讨论皇考庙,皇考不是天子,“皇考庙上

① [东汉]班固:《汉书》,北京:中华书局,1962年版,第10册,第3118页。

序于昭穆，非正礼，宜毁”。我们看汉制，高祖以上无庙，高祖以下非天子不得立庙，这就是秦制只有天子才能够享受天子礼的祭祀的原则。如果按照周制的话，后稷就不是天子。以秦制来看周制，后稷就不是天子，不该立庙。文王不是天子？不是，文王天子都不是，不能做太祖。所以这个原则进一步落实下来，又成为东汉历朝的基本原则。也就是说在东汉重新确立天子庙制之后，光武帝建武十九年，《后汉书》卷三十五《张纯列传》记载："今禘祫高庙，陈序昭穆，而舂陵四世，君臣并列，以卑厕尊，不合礼意。"光武帝的亲生父祖是臣而不是君，不能祀于汉之祖庙之中。曾经被尊为太上皇的刘太公，该不该立庙呢？"昔高帝以自受命，不由太上，宣帝以孙后祖，不敢私亲，故为父立庙，独群臣侍祠。"把这两个问题解掉。汉高祖的爸爸和汉宣帝的父亲，这两个没有立为天子的父亲怎么处理？单独立一个家庙，不用天子庙，立家庙由群臣祭祀。由群臣祭祀是什么意思？皇帝本人不祭祀，因为皇帝是天子，天子不能去祭祀臣，君不祭臣，只能由群臣替皇帝去祭祀他们。皇帝本人作为天子，不祀非天子，那么光武帝亲生父祖就仿照这个礼仪，是"别为南顿君立皇考庙，其祭上至舂陵节侯，群臣奉祠，以明尊尊之敬，亲亲之恩"①，是这样来处理的。群臣奉祠，皇帝本人不祭，就成为东汉的一个定制，整个东汉都是这样处理的。

我们来看看商颂里面也有祭祀先祖的诗，首先就是契作为殷祖。

> 《长发》：玄王桓拨。
>
> 毛《传》：玄王，契也。
>
> 郑笺：承黑帝而立子，故谓契为玄王。

---

① ［南朝·宋］范晔：《后汉书》，北京：中华书局，1965年版，第5册，第1194页。

毛《传》把玄王解释为契就完了，我们来看郑笺怎么解释的：

> 孔《疏》：笺以契不为王，玄又非谥，解其称玄王之意。玄，黑色之别。以其承黑窟立子，故谓契为玄王也。以汤有天下而称王，契即汤之始祖，亦以王言之。《尚书·武成》云："昔先王后稷。"《国语》亦云："昔我先王后稷。"又曰："我先王不窟。"韦昭云："周之禘祫文、武，不先不窋，故通谓之王。"《商颂》亦以契为玄王，是其为王之祖，故呼为王，非追号为王也。

就是说将契称呼为"王"，乃是一个通俗的称呼，并不是在朝廷典制的尊称。也就是说契不是天子，也没有被追封为天子。这就跟秦不祭非子、不祭襄公一样。郑玄以《那》为太甲祀汤，而非汤祀契等先祖，贬契不得称王，实际上是将本于秦制的汉制原则引入，进而将商颂礼制从周礼转向汉制。所以《那》诗实际上是三代礼制的重叠，既为《商颂》，首先它是殷制；周太师重加编次，以及毛传之阐释，乃以周礼改造殷礼；郑玄则不仅将周礼之改造贯彻得更为彻底，更进而以本朝的秦汉之制再次改造《商颂》之周礼阐释。

郑玄把汤孙解释为太甲，把《那》篇的商汤祭祖解释成太甲祭祀汤，实际上是不允许商汤以天子去祭祀其作为非天子的先祖，而必须以作为天子的太甲去祭祀作为天子的商汤。这就是一个汉制原则。等同于把光武帝的亲生父祖从宗庙里拿开，等同于把汉高祖的父亲刘太公、把汉宣帝的父亲史皇孙从宗庙里拿开，天子不再祭祀，所以我们看到郑玄的改动。那么郑玄为了能够达到目的，在《诗经》注释上也下了很多工夫，做了很多很细致的改动工作。郑玄很多改易毛传的工作，实际上就是为了把这个改造礼制，他不但解释了几个关键词，比如对"烈祖""汤孙"等词重新解释。

毛《传》是“诗在礼中”，郑笺是“礼在诗中”，所以他必须把整个《诗》的语境叙述从“诗在礼中”转换为“礼在诗中”，那么就必须对很多相关的诗句也重新作出解释。所以整个《那》篇的毛郑歧异，我都应该从这个角度去理解他的经义建构，他不是基于一个所谓的正确训诂，找到这个词的真正意义，不是以此为目的，而是以新的经义建构的目的去重新解释语句。这个也是我们读郑笺所特别应该注意的地方。我们常常看到很多学者一研究就说毛怎么样，然后郑怎么样，然后说去找他们的训诂根据，乃至于考古、文物怎么怎么样，费很大功夫来考据和研究，以回到《诗经》的原意看毛郑谁讲得更好，通过搞锦标赛的这种做法，去理解(毛郑歧异)。我觉得他们不是锦标赛，不是比谁对《诗经》的解释更好更正确，而是指他为了当时的政治目的而建构的经义体系来重新解释诗句。

我们来看《那》的诗句：“汤孙奏假，绥我思成。”

毛《传》把“假”解释为“大也”，郑玄把“假”解作“升”。孔颖达有一个很复杂的注释：“言汤之能为人子孙也，奏此大乐，以祭鬼神，故得降福。”我们看王肃的理解也同意毛。王肃认为：“汤之为人子孙，能奏其大乐，以安我思之所成，谓万福来宜，天下和平。”对于郑玄把“假”解作“升”，孔颖达认为：“郑以‘奏鼓’以下皆述汤孙祭汤之事。烈祖正谓成汤，是殷家有功烈之祖也。汤孙奏假，谓太甲奏升堂之乐。绥我思成，谓神明来格，安我所思得成也。于赫汤孙，美太甲之盛。顾予烝尝，谓嘉客念太甲之祭。汤孙之将，言来为扶助太甲。唯此为异。其文义略同。”

孔《疏》还提到：“以奏者作乐之名，假又正训为升，故易传以奏假为‘奏升堂之乐’，对鼓在堂下，故言‘奏升堂之乐’。”《释文》有一个有一点莫名其妙的解释。《释文》：“假，毛古雅反，郑作格，升也。”

我认为“郑作格”并不是郑玄写作格，因为郑笺明确写了“假，升”，而是说郑把“假”读作“格”，此与郑笺文异而义通。郑以钟鼓在堂下，琴瑟在堂上。《关雎》之“琴瑟友之”，“钟鼓乐之”，郑笺以为同时之事：“琴瑟在堂，钟鼓在庭，言共荇菜之时，上下之乐皆作，盛其礼也。”

从语法上看，原诗“奏假”中“奏”的宾语是“假”，而“奏升堂之乐”中“奏”的宾语是“乐”，并且“升”甚至都并不是直接修饰“乐”的，“升堂”才是“乐”的修饰语。因此在语法上郑玄把“奏假”理解为“奏升堂之乐”就已经对不上了。郑玄把“假”解为“升”，为了解释“升”又把“升”解释成“升堂之乐”，在这一过程中语义实际上已经发生了转移，而各种问题和矛盾也随之出现了。虽然郑玄将“假”解作“升”是有问题的，但是毛《传》中将“假”解作“大”却是可以说得通的。“大”是指“大乐”，可以作为乐的一种特征来指代乐。以特征来代替事物本身，在修辞上就是“指代”。但是不能说“升”就可以指代“升堂之乐”了，这在语法上是对不上的。之所以郑玄非要易传，即在于要将诗句解释为祭祀的过程，即通过“奏堂下之鼓”使神明来到庭中，再通过“奏升堂之乐”使神明来到堂上，此即“神明来格”。陆德明可谓洞悉郑玄阐述的经义，认为神明之来应该是“降”而非“升”，他认为神是从天上降下来的，而不是从地底下升上来的，我们从来都说降神，哪里有说升神的呢？因此谓郑读“假”为“格”，即取“来格”之意。这虽然与郑氏经义相符，却与经文的语言学意义并不贴切。

我们来看王肃的解释，王肃曰：“汤之为人子孙，能奏其大乐，以安我思之所成，谓万福来宜，天下和平。”这是与毛《传》的解释一样的。最后的“以安我思之所成”与郑玄的“乃安我心所思而成”则有很大的不同。郑玄的核心是“所思”。不同于“思”，“所思”指的是“思的对象”，即后文所说的“神明来格”中的“神明”，因为于祭之时所思为神。而王肃这句话的中心是“所成”，即接下来他所谓的“万福来宜，天下和平”。由此可以看到，郑玄致力于将经文解释为祭祀过程，所以他的重点是神明这一祭祀对象，即所谓的“祭如在，祭神如神在”；王肃则将经文理解为称颂成汤功业，所以他关注的是“万福来宜，天下和平”这一结果，也就是“所成”。但是这只是字面上的区别，背后还有更深一层次的区别：按照郑玄的理解，太甲祭汤的时候一门心思想着汤，便会如“仪刑文王”一样效仿汤施政，这有利于他一以贯之地阐释他暗中引入秦制，从而以汤为殷商之极庙。而照毛诗的解释，汤祭祖先是“汤不居功”，即汤立为天子以后祭祀祖先，是将功归于宗庙，这种不居功的表现所以能够达到王肃所说的“万福来宜，天下和平”。

那么需要注意的是，如果把郑、王的解释放回《诗经》原文里去，郑玄把“思”解作“所思”在一定程度上是偏离原文的，但是王肃把“成”解作“所成”却是可以的。即“安我思之成”与“安我思之所成”是对应的，但是与“安我所思而成之”实际上是不同的。前者“安”对应的是“成”，后者中“安”对应的却是“所思”。即“绥我思成”按照毛和王的理解其结构是“绥成”，“我思”是作为“成”的描述语、形容语；按照郑玄的解释则语法意义变成了“绥我思而后成”。再换一个角度说，即毛和王将这一句读作“绥/我思/成”，而郑将之读作“绥我思/成”。显然，前一种读法要顺畅得多——即“安”的是“成”而不是“思”，何况在郑玄这里还不仅仅是“思”而是“所思”。“成”和“所成”是过程和结果的关系故而二者可以视为一体。但是“思”是不等于“所思”的，一个是“我的心理状态”，一个是“我思的对象”，这是两个不同的事物。在郑玄的体系下，“思”这一动作指的是太甲，“所思”指的是太甲思的对象，即汤，二者并不指同一个人。所以在这里郑玄实际上也是有所改动的。

毛《传》未释“绥我思成”，我们用的是王肃的解释。毛传没有给出专门的文字解释，意味着他认为文句没有文字之外的意义。这是读毛《传》特别需要注意的一点，毛没有给出注释不代表他没有作解释，他的解释就是经文字面意义，或者是传世旧说。如《诗·小雅·角弓》：“莫肯下遗”，毛无传。郑笺：“遗读曰随。”释文：“遗，王申毛如字，郑读曰随。”孔《疏》释经曰：“小人皆为恶行，莫肯自卑下而遗去……郑唯以下二句为异，言……故莫肯自谦虚，以礼相卑下，随从于人者。”孔《疏》又释《笺》曰：“笺以遗弃之义不与谦下相类，故读曰随。随从于人，先人后己，以相卑下之义也……此二句毛不为传，但毛无改字之理……故别为毛说焉。”①正是其例。

根据毛的原则，他没有改字就是如字读，我们后世就可以根据如字读来述毛说。所以毛传对于“绥我思成”没有注释，但是王肃讲出一番意思来，大家都认为是符合毛意的。

那么接下来我们看可以孔颖达的《正义》后面讲出一个无尸之祭来。

我们知道正常的祭通常都是要有一个尸主，这个尸通常是以被祭之人的嫡孙来担任的。但是孔颖达为何讲出“无尸之祭”呢？这是有原因的。

---

① ［西汉］毛公传、［东汉］郑玄笺、［唐］孔颖达疏：《毛诗注疏》，载［清］阮元校刻：《十三经注疏》，台北：艺文印书馆，2007 年版，第 2 册，第 505 页。

"孙行"的"行"应读作 háng,与后面的"孙列"是同一个意思。孔《疏》为什么要讲到有无"尸"的区别?"有尸"是对尸而祭,这样的话是有一个活人作为"尸"出现在祭祀中的,便不需要再通过"尸"来想象祖先的音容笑貌;"无尸"的时候才需要去想象一个神的音容笑貌。同时,"尸"为嫡孙,自然就应当是太甲。如他人祭汤,则以太甲为"尸"。问题在于郑玄既以此诗为太甲祭汤,断无以己为尸的道理。所以孔颖达以为当是无尸之祭,这就是孔颖达为什么要讲一个无尸之祭。

下面的诗句,毛《传》没有解释嘉客。

《那》:我有嘉客,亦不夷怿。自古在昔,先民有作。温恭朝夕,执事有恪。顾予烝尝,汤孙之将。

毛传:夷,说也。先王称之曰自古,古曰在昔,昔曰先民。有作,有所作也。恪,敬也。

郑笺:嘉客,谓二王后及诸侯来助祭者。我客之来助祭者,亦不说怿乎。言说怿也。乃大古而有此助祭礼,礼非专于今也。其礼仪温温然恭敬,执事荐馔则又敬也。顾,犹念也。将,犹扶助也。嘉客念我殷家有时祭之事而来者,乃太甲之扶助也,序助者来之意也。

郑玄解释嘉客是"二王后及诸侯来助祭者"。王肃的解释和郑玄不同,孔《疏》记载:"《笺》以汤孙为太甲,故言太甲之扶助。《传》以汤为人之子孙,则将当训为大,不得与郑同也。王肃云:言嘉客顾我烝尝而来者,乃汤为人子孙显大之所致也。"

这就相当于周德有"越裳氏重译来朝",这么一个意义来解释嘉客。"所致也",招致也,所谓的远来人朝,而不是诸侯助祭。那么郑玄把它解释成诸侯助祭，同样的是为了模拟周颂格局，周成王祭祀诸侯助祭祀，二王后来助祭。所以郑玄要讲什么？谓二王后及诸侯来助祭者。所以这也是比照周颂来解释商颂。

下面我来说说“更礼以教”。《商君书·更法》记载的秦孝公最早开始变法，曾经有过一次庭议。秦孝公在开启变法的时候，讲过这样一段话。

> 孝公平画，公孙鞅、甘龙、杜挚三大夫御于君。虑世事之变，讨正法之本，求使民之道。君曰：“代立不忘社稷，君之道也；错法务明主长，臣之行也。今吾欲变法以治，更礼以教百姓，恐天下之议我也。”公孙鞅曰：“臣闻之：‘疑行无成，疑事无功。’君亟定变法之虑，殆无顾天下之议之也。且夫有高人之行者，固见负于世；有独知之虑者，必见骜于民。语曰：‘愚者暗于成事，知者见于未萌。民不可与虑始，而可与乐成。’郭偃之法曰：‘论至德者，不和于俗；成大功者，不谋于众。’法者所以爱民也，礼者所以便事也。是以圣人苟可以强国，不法其故；苟可以利民，不循其礼。”孝公曰：“善！”①

大家读这段话的时候往往注意到“变法以治”，但是秦孝公还讲“更礼以教”。我们注意到，这个格局（礼法相备的格局）正是郑玄所要达到的目的，他的礼法之制。

所以，在《那》这样一篇里面，郑玄把“更礼以教”作为一个最为根本的原则贯彻到底，不但以周制彻底改造殷制，而且还要进而以秦制来改造周礼。实际上，我们知道秦制的核心是法而不是礼，所

① 《商君书》，蒋礼鸿：《商君书锥指》，北京：中华书局，1986年版，第1—3页。

以以秦制改造周礼所形成的礼，事实上就是礼法之教。这就是郑玄注《那》篇所要达到的经义建构。

《那》为《商颂》之首，据《小序》乃是周太师所定，则《商颂》原当以祀嚳之诗居首。周太师乃是以周礼改殷礼。毛《传》承之，以《那》为汤祀先祖，于是合血脉与功业为一。郑笺以《那》为太甲祀汤，是取秦汉极庙之制改释，崇功业而废血脉，将"更礼以教"作为原则贯彻到底。

好，那么今天我就讲到这里，请大家多多指教，非常感谢。

李峻岫：谢谢李老师的精彩讲解。各位老师和同学看看有什么问题想向老师请教的。

同学甲：李老师好，我是来自中国人民大学哲学院的学生。您刚才提到，郑玄将"更礼以教"作为注解的一个基本原则，或者说来达到他自己的一个理论目的，我在想他这样做法是不是基于一种现实的考虑？因为《论语》提到礼也需要"因革损益"，需要根据现实的情况进行一些调整。李老师的讲座中提到，假如天子的父祖不是天子，就不能以天子礼来祭祀之，汉代人会这样主张，然而周人并不如此，比如后稷不是天子依旧要被祭祀。并且在宗法分封制的情况下，会非常强调天子具祭祀先祖的权力，因为只有通过祭祀的始祖，才能获得权威。从周代的宗法分封制到秦汉的郡县制有一个很大的转变，请问李老师怎么看这个现实政治制度变化与礼制的关系？

李若晖：当然也是有这方面的原因，实际上就是说秦制的。我们讲两点，秦制是这个尊君卑臣，对吧？就是说哪怕皇帝的父亲，假设不是天子，那么皇帝也不能够祭祀。这是一个，就是说尊君卑臣的。《周礼》里面也是尊爵的，对吧？但是一个限域，是什么呢？我们读先秦典籍，比如说郭店简《六德篇》里提到“为父绝君，不为君绝父……门内之治恩掩义，门外之治义断恩”。在家里面是讲究血缘、讲究亲情的。就是说假使天子和父亲同时死了，子女当为父服丧不为君服丧。因此说天子不祭非天子的父亲，事实上是在门内，就是义断恩，也就是说把国家原则贯彻到底。

这也就是我的《久旷大仪》这本书里面所提到的，我们以往的一个理解，我把它颠倒过来。要说我们以家的原则来构造国，如何如何进行的，但是我们实际上以国的原则来构造家，在家里构造的是君臣，而不是父子。曾经有学者，比如李泽厚先生，讲中国是在氏族血缘没有断裂的情况下进入了国家，所以在国家里面保留着大量的原始血缘的残余，导致了中国的国家形态与西方不同。那么还有比如说金景芳先生，认为我们的国家发展超越了氏族之后，就不再是以祖庙来团结国家，而是以地缘性的社稷来团结国家。

这些说法实际上都是基于一种西方的史学框架来理解中国。我们举一个例子，就是说孔子讲“子生三年，然后免于父母之怀。夫三年之丧，天下之通丧也”。他是怎么论证的？子生三年，然后免于父母之怀，所以你要报这个三年之丧。那么我可不可以问一个问题，我觉得不是钻牛角尖的，就是说假如父母没有抚养子女，子女是否要报父母三年之丧？回答这个问题的是董仲舒。《春秋决狱》里面有一个案例，就是说有一个人乙，就是甲生了乙，甲没有抚养乙而由丙抚养乙长大。长大后的乙不知道丙是养父，也不知道甲是生父。有一天甲过来跟乙讲“我是你爸爸”，乙就以为甲是在占他的便宜，结果一怒之下就把甲给打了。后来这个案件闹到了官府。我们知道秦汉律令有规定，父告子不孝，这个子罪重可以杀头的。那审理这个案子关键在哪里？关键在于得确认这个甲到底是不是乙的父亲。这个案子后来到了董仲舒那里，他怎么处理呢？他认为没有养就不是爹，打了活该。谁说儒家重视血缘的？儒家认为的父子，是在父位者和在子位者成为父子，生和养是构成父位子位的关联性之一，所以中国古代的这种所谓的血缘建构是一种模拟血缘，而不是真血缘。就是说我们用模拟血缘这个概念可以包含血缘和非血缘。只是我们日常见过的绝大部分父子是血缘父子而已。中国历史是超越血缘性的，国家结构是以模拟血缘方式来构造，而不是以社稷的方式来构造。我觉得我们就是说要颠覆传统的这个理解。

李峻岫：我想向李老师请教一下，您在讲座中提到郑玄以周礼代替殷礼，又以秦汉之制来改造周礼，跟"更礼以教"的关系能不能进一步阐释一下？

李若晖：他认为周太师的时候，就根据周礼把商颂重编了。原来不是以《那》为首，而周太师就根据周礼编出一个以《那》为首来，他不重编《那》，他不重编商颂的次序，对吧？但是他通过对于《那》的解释，就是说把汤以天子祭非天子的先祖的经义给取消掉了，太甲祭汤就是完全符合汉制的，只有天子只祭作为天子的父祖，不祭不是天子的父祖。这样的话，就等于说是用汉制重新解释了商颂，也就是为汉制找到了经典依据，你说这个汉制是从哪来的，我拿给你看，商颂《那》应当如此解释，可见自从殷商期开始，就已经有这样一个原则。是不是？这是有经典依据的。那不然的话你可以说汉承秦制，这个秦制非经乱法，那我现在根据我重新理解重新解释的《那》，汉代的制度就不是一个非经的，不是一个反儒的，而恰恰是先儒圣典，那不就有经典根据的，那不就是"更礼以教"吗？

学生乙：我想请问老师，对于祭祀中的“万舞”，我觉得有一点很奇怪，无论祭祀哪个祖先，为何要去跳万舞，这在《左传》里有一些记载。这个万舞是不是指一个有挑逗性的舞？

李若晖：你说的那个万舞，是为了勾引息妫，息妫本来要嫁给息侯做夫人的，她出嫁的时候经过蔡国对吧，结果被蔡侯调戏了，引发息蔡之间国家纠纷。后来息侯向楚国求救，楚国趁机把息国给灭了，然后把息妫纳为自己的夫人。《左传》记载了万舞的事情，跳万舞来显示男性力量，相当于说孔雀开屏，那这个万舞本身的话，就是一个舞干戚之舞，如此而已。我们知道，就是说因为这个祭天或者说祭始祖，就是说禘祭或者郊祀的时候，需要文武之乐，以文得天下是先文后武，以武得天下，就是先武后文，但是当时在后世，比如的周礼体系里面，他的文舞是“箫韶”，武舞是“大武”，也就是武王伐纣之乐，那么显然武王伐纣之乐不可能在商朝作为武舞。那商朝武舞就是万舞，是这么一回事。

学生乙：还有一个问题就是《那》“绥我思成”，您刚刚讲的时候，在毛《传》里面没有解释，然后王肃的解释是“我思”是一种状态，不是我所思考的对象。但我还是觉着郑玄的解释更符合语法。假如用郑玄的来解释，就是赠予，我思考的意见那个对象成功或者是随我思。如果按照王肃的解释，就是我思考那种状态成功，王肃的解释就变得非常奇怪，我想这个思能不能按照那个“今我来思”的“思”直接当作一个助词。

李若晖：那你这个等于把毛郑都改。我之前说了，不是我所要做的工作。我在讲座中只关注毛郑怎么想的，至于毛郑的说法是否正确，那个是你做的工作，不是我做的工作。谢谢。

李畅然：郑玄有一个解经的现象，就是说是遇到古籍相关的记载不一样的时候，他就习惯性会把它当作三代的礼制的不同，以这种模式去解释。那么为什么，他在这个问题上他就一定要用周礼？

李若晖：所以我就说了，郑玄注三《礼》的时候跟最后一次注《毛诗》的时候，他的思想已经不同了。他注《礼》的时候，只是想把自己的礼讲出来，所以遇到不同的话是以不同时代的礼来解释掉，就是说使它不会构成我的障碍就完了。郑玄在注《诗》的时候是这样的思路，一定要把所有的不同都纳入我的框里来解决掉。所以我为什么觉得一定要从《诗》入手来讲郑玄的"更礼"，因为他的做法已经不同了，他已经不是说把不同就留在那里，我只不过是把你讲成什么是虞礼、夏礼、殷礼之类。现在的思路不一样了，他一定要把这些不同全部纳进来，在一个框架里重新予以解释，不是一个这个礼、一个那个礼，就是只有一个礼。我觉得郑玄注《诗》厉害就厉害在这里。郑玄已经把自己变成了经学领域的秦始皇。

李畅然：那当然。但是从文字的解释来讲的话，比如说那个"汤孙"，（郑玄）讲的那个汤是一个很好的子孙，我觉得毛传的解释反而是有点怪，从《诗序》来讲的话，好像也有一些不一样。

李若晖：我今天的讲座主要来讲他们（毛郑）各自的构建的经义是什么，至于说你觉得他们解诗不对，那是你做的工作不是我做的工作。我在讲座中也提到一些毛郑解释一些语法上的问题，但我主要是指出来他的不圆融问题，这个是说他有不圆融的问题，就等于说他用这个去强解释有不圆融的问题。

李畅然：我的另一个问题，制度的改变，郡县制和分封制有一个大的逻辑不同，分封制的祖先虽然没有做天下的共主，但如果他的祖先得到分封的话，在分封制的情况下他确实是做了君了。

李若晖：不是天子，他只是诸侯。

李畅然：从他那个国家来讲的话，他完全是可以受祭祀的。

李若晖：关于郑玄我就说了，他要把秦制作进来。秦制就是规定了，“天子仪当独奉酌祠始皇庙”。就是汉光武帝的这个四世祖也是个诸侯，同样不会对他进行祭祀。假设你说讲汉制本身不合理，这个就不是我要考虑的问题。郑玄以郡县制的制度套到分封制，对于这种做法我只是指出来，这是一个历史事实，就是郑玄解释的，郑玄之所以一定要把汤孙解释为太甲，就是不允许汤去祭祀他的祖先。这个背后是秦汉现实制度的考虑。他的这种礼制是哪来的？我要考虑的是这个问题，至于说秦汉的这个礼制是否合理，可不可以做一种通融性的改造，这个是你的工作。

杨韶蓉：我想争取一个提问的机会，能跟李老师交流的机会太难得了。我问一个我现在读书比较关注的一个问题，我觉得问您可能是最恰当的。我就想请您给我们解释一下，范晔在《郑玄传》里头就提出了郑玄之学，也就是说范晔在写《后汉书》的年代，郑学已经是一门学说。郑玄的学说一直到清人那里都是非常重要的，在清代许郑学说可以说是风行天下。一直到今天，仍有很多学者非常关注郑玄的学说，比如说过去张舜徽先生对郑玄的校雠学方面有很深的研究，解释得非常详细，最近非常引人注目的学者像桥本秀美、华喆等人，那基本上都是想去给大家解释郑玄的这个体系正确体系，是吧？我想请教一下李老师，您给我们讲讲从范晔的时代开始郑玄的体系有哪些要素，直到今天经过您的研究之后，您觉得郑学是哪些要素构成的，我们还能不能把它给研究清楚说明白。

李若晖：这是足够若干学者穷尽一生的题目，不是我在这里短短几句话能够言明的。就是说到了郑玄这里，经学才真正跟王朝政治真正合一的。

杨韶蓉：可是也有一种说法，郑玄是一个独立学者，他因为没有这个入仕的背景，所以他基本上这一辈子没真正做官，所以他是一个纯学者，正因为如此，所以才建构起了郑学。您觉得他跟王朝体制的结合是否真的如此紧密？

李若晖：可以说是一种没有必然性的解释。

我们看以赛亚·伯林写过一本书，《自由及其背叛》，这本书分六章来写六个人，其中第六个是麦斯特。麦斯特，他一生其实也是颠沛流离，最多是做过他那个小公国驻莫斯科的外交官，但是他的所有的思想学说全部聚焦在怎样建构一个强大的国家机器。他的著作最让人毛骨悚然的地方，是以最伟大的词汇歌颂那个拿起斧头砍你头颅的刽子手。这就是他作为一个民间学者的主动行为，他也没有因此获得任何官方的报酬。

杨韶蓉：就是说那您觉得您经过研究郑玄，他的这个体系中有哪些要素，您觉得可能是我们当代人能够说得清楚？

李若晖：我不知道您具体说是哪方面？

杨韶蓉：比如说像张舜徽先生，他就在这个校雠学方面，桥本和华喆作为师徒二人，从礼学入手，对郑玄的礼学体系来做了很多的研究。

李若晖：我觉得我在做的工作是在剥郑玄的皮，他们做的研究的对象是研究郑玄的皮儿，我做的工作是剥郑玄的皮。

杨韶蓉：剥完这层皮后我们要看到是怎样的一种情形呢？

李若晖：就是说他们是在郑玄的经学解释上，经典解释的这层皮，就是说怎么样把这层皮做到富丽堂皇，做到巧夺天工。而我是把这些皮剥开，让你看到里面血淋淋的东西。用戴震的话就是说"人死于法，犹有怜之者，死于理，其谁怜之"。他这一套体系成为王朝政治的话是要杀人的，而且是光明正大的数其罪而诛之。

甘祥满：我说两句我的感想，因为我对于这个诗学、礼学都不懂。您在和杨老师的这个交流中也提到，通过您层层的解剖和分析，您认为郑玄对《诗经》的解读是有意建构一种政治制度，是吧？您把郑玄定位为一种狂热的政治建构型的学者，对吧？我是这么理解的，从您今天的讲义或者从您其他以前的著作来说，他（郑玄）用周礼去替换殷礼，在他对《诗》的诠释中。但是无论是周礼还是秦制，或者是后世的汉制，对于学者来说都是一个先行的、事实的、社会的存在，对不对？他只是去说明解释，但是解释一定是有目的的，或者说他是一种现代派，主张一种诠释，和毛传或者王肃他们所主张的传统派的解释，有学派意义上的分歧。但是你要说他是一种有抱负的，要以某种方式来建构某种制度，那我就有这样一个疑问，就是一个建制无论你是作为一个真正的改革者，还是作为郑玄这种学者，建制一定要基于现有的制度期待和展望未来的社会实行的制度与现行的有所差异。那么我现在看到的是，郑玄注疏中所出现的这些新的、不同于以往的传统解释的经义，都只是过去的或者现在存在的。如果是建构的话，他应该表达和现行不同，也许更好的一个制度，这是我的一个疑问。

由此我就说涉及郑玄的身份定位的问题，就是说他只是一个附和现行政治制度的经学家，还说他有更高的期望，他以一个学者的身份，以"更礼以教"的方式，寄望后代甚至于今人？

李若晖： 可以分两方面来说。一方面来说我们已经讲了，他是在经学体系里面；另一方面是以汉律替代《春秋》，最后达到一个礼法双修。这个礼法双修就是一个新体系。对不对？

甘祥满： 这个体系只是在一个经学层面，仅仅在学术层面是一个新体系？

李若晖： 郑学也付诸实践了。在魏晋时期，我们看到大量的以礼法成为人的规范的双轨，大量的判决直接就是礼法同时引用。这个的话我想前辈学者有很多的成果，我们都是可以参考的。所以为什么我在这本书中讲汉代经学的经义建构，最后一直是讲到杜预，因为杜预是司马师的女婿，同时也是平吴的主将，又是经学家，《春秋》学的大师，还是《晋律》的注释者。这几重身份合一，所以真正是在杜预这里的话，才做到了《春秋》与律的圆融，他教学生的话都是经律同教。我认为正是在杜预这里完成的一个就是转向——儒学宗师从孔子转向周公。儒学的着重点不再是六经，而是制礼作乐，周礼和汉律，礼律合一，以礼为律的一个过程。所以就是说，郑玄的事业在杜预这里达到顶峰。为什么说晋初平吴之后，西晋君臣认为能够致太平，就是基于这样一种观念，但是我就说他们最大的问题就是"无其德而行其事"。《中庸》治国九经才行末二，"怀诸侯"而八王祸国，"柔远人"而五胡乱华，已致社稷倾覆，神州陆沉，黎民涂炭，中华之脉几绝于一旦，这都是"无其德而行其事"。

李峻岫： 谢谢大家。今天李老师通过对《商颂·那》中毛《传》郑《笺》的传笺歧解与经义建构进行分析，让我们看到在汉代经学中《诗经》的主旨是如何被解读的，尤其是毛郑各自如何构建经义，以及他们之间的差异，同时李老师也将郑玄解经体系的目的和特点给揭示出来，让我们获益匪浅。我想本次讲座的内容非常丰富，还包括了汉代儒学政制中的很多关键性的问题，包括宗庙祭祀、今古文经学等问题。我们相信大家都会有很多的启发，我们今天再次感谢李老师非常精彩的讲座。

（原载《儒家典籍与思想研究》第十一辑，北京：北京大学出版社，2019 年 3 月，第 42—63 页）

老子之道物

——以《老子》第二十五章“周行而不殆”一语为核心

北京大学政治思想研究中心“秩序与历史”学术论坛总第 13 讲

主讲人：复旦大学哲学学院　李若晖教授

主持人：中国社会科学院政治学研究所助理研究员　王利

时　间：2009 年 11 月 6 日

地　点：北京大学陈守仁国际研究中心伟利楼 202 室

王利：今天是北京大学政治思想研究中心“秩序与历史”学术论坛 2009 年第 3 期，总第 13 期。今天，我们特别高兴邀请到了复旦大学哲学学院的教授李若晖，请他为我们作一个报告，题目是“老子之道物”，副标题是“以《老子》第二十五章‘周行而不殆’一语为中心”。简单地介绍一下李教授，他原来就是我们北大中文系的博士，现在在复旦大学哲学学院任教授，主要研究领域是先秦两汉文献、语言、思想等，有一系列的论著，还有很多的论文发表。我是社科院助理研究员，北大政治学系博士后王利。现在，我们就以热烈的掌声邀请李教授给我们作报告。

李若晖：《老子》是一部重要的中国古典著作。我有一个基本认识，就是古典不应该成为我们现代中国人的负担，古典应该成为我们现代中国人很好的思想资源，是能够帮助我们生活得更好的。由此，我们所面临的主要问题，就是“古典如何回到现代”。就我个人的一点粗浅体会，应该是两条腿走路，一方面我们必须回到古典，所谓“回到古典”，必须有一套严格的学术方法回去，而不是说任意性的，要真正能够回到古典。这条道路，你可以说考据、小学，也可以说语言、文字、文献等。通过对语言、文献、文字这方面的严格的学术考证，能够争取理解两千年前，就是达到对两千年前先贤的同情之理解，真正回到当时，理解当时的哲人遇到了什么问题，他们在想些什么，他们是如何来说、如何来写，他们给我们留下的究竟是什么。所以我不太赞同现在一些时髦的做法，随意以某种西方思想来解读中国的某部经典。我觉得这实际上对于两者都是伤害，既不能让古典回到现代，也不能让西学立足中国。但是仅仅如此，显然是不够的。我们回到两千年前之后，还要能够把古人带回到现代，成为我们现代的真正思想资源。如果仅仅是考据功夫，可以让我们回到两千年前，但是我们也就只能够停留在两千年前。如果这样的话，那么我们的古典实际上在某种意义上，与古巴比伦、古苏美尔人留下的东西没有什么区别，它是一个断裂了的纯属于古代的、与我们今天无关的东西。我们虽然常常以我们五千年文明延续下来没有断绝而感到自豪，但是我个人认为，我们的五千年文明其实是充满了断裂的。对古典的延续、保存、发扬，反而不如西方人做得好。虽然西方在国家民族上是断裂的，但是在哲学思想、精神上是连贯的。

古典如何回到现代？必须实现古典的哲学言说。冯友兰先生曾经在他的《新原道》一书当中区分"照着说"与"接着说",[①]我们谈古代哲学,如果仍然是以古代哲学的言说方式来言说,就是"照着说";能够引入西方哲学的一些论证方式,帮助中国古代的哲学、古代的思想,实现现代性的言说,就是"接着说",但是所说的问题仍然是中国的。如果我们撇开中国古代的思想,完全按照西方的来讲,而不理睬中国,实际上是另外一种照着说,照着西方说。照着古代说没有中国之现代,照着西方说没有现代之中国,只有接着说才是真正有中国之现代或者现代之中国。但是在此不是直接引入西方哲学,我倒觉得这应该像苏格拉底所说的"助产士",也就是说,我们学习西方哲学是帮助中国的古典思想言说,而不是直接替中国古典思想生一个现代的孩子。就像现在生孩子,你可以用中医的传统方法接生,也可以用西方现代医学接生,但是不管你用哪一种方法接生,你生出来都应该是一个中国的孩子,你不能说我用西医接生,生出来就成了金发碧眼的。

今天我选了《老子》当中的一句话,通过对它的"回去"以及"回来"的解读,我们做一个小小的实验。

第二十五章说道:"寂兮寥兮,独立不改,周行而不殆,可以为天下母。"[②]其中"周行而不殆"这一句话在传统的,就是说传世本《老子》当中,一直被视为天经地义的。但是很有趣,在马王堆帛书的甲本和乙本当中上下文都有,唯独缺这一句话。[③] 于是有学者就直接认为,"没有这一句,意思不完整,当是帛书抄漏了"[④],因为

① 冯友兰:《新原道》,载《三松堂全集》,第五卷,郑州:河南人民出版社,2001年版,第127—128页。
② 王弼本。
③ 甲本第140行,乙本第239行。
④ 古棣、周英:《老子通》,长春:吉林人民出版社,1991年版,上册,第59页。

老子的原文理所当然是要有这句话的，帛书没有显然是错误的。当然也有相反的观点。高明先生就认为："帛书甲、乙本'独立而不改'一句，今本作'独立而不改，周行而不殆'，对文成偶。类似的问题，如前文帛书甲、乙本'企者不立'一句，今本作'企者不立，跨者不行'，对文成偶。今本二十三章'希言自然'一句，奚侗、马叙伦据此故疑原亦为对语，今有脱漏。帛书甲、乙本'企者不立''希言自然''独立而不改'皆为独句，而今本多为骈体偶文。如果问，帛书甲、乙本为何同将此诸文下句脱掉，如此巧合一致，甚难思议。其实不难理解。骈体偶文，乃六朝盛行文体。验之帛书足以说明，类似这种偶体对文，非《老子》原有，皆六朝人增入。"①对古典文献的研究很少能够找到一个验证的机会，但是很凑巧，偏偏这个机会还是让我们碰上了。马王堆帛书出土二十年以后，在湖北荆门郭店又出土了一批竹简，其中就有战国时期竹简写本《老子》。

郭店本的文字与今本相比少了很多，只有一千多字，但是恰恰它也有这一章，而且也有上下文，也是唯独没有"周行而不殆"这一句②。如果仅仅是马王堆帛书没有，说帛书抄漏了，还有道理，郭店本也没有，我们就必须认真思考，不能够仅仅把它作为一个抄手偶然的错误来对待，至少我们现在已经不能排除这种可能性，就是早期某些《老子》文本没有这一句。

现在我们来看"周行而不殆"这一句话，它在文本理解上最重要的分歧，历代注释最主要的分歧是在"周"和"殆"这两个字的词义的理解。我们首先来看河上公注："寂者无音声，寥者空无形，独

① 高明：《帛书老子校注》，北京：中华书局，1996 年版，第 349 页。
② 甲篇第 21 简。

立者无匹双，不改者化有常。道通行天地，无所不入，在阳不焦，托阴不腐，无不贯穿，而不危殆也。道育养万物精气，如母之养子。"①对照原文"寂兮，寥兮，独立而不改，周行而不殆，可以为天下母"，其他的话基本上都是一对一地解释，唯独"周行而不殆"这一句话，它用了几句话来解释。这句话解释的篇幅远远超过其他几句，这也是一个很有趣的现象。我们稍微岔开一点，这种现象说明什么？说明"周行而不殆"这一句话本身是具有相当的思想意义，尤其如果它是后世插进去的话，而不是《老子》原本所具有的话，它为什么能够被普遍接受而流传下来，恐怕也是一个重要的原因，因为这句话很重要，所以获得了普遍接受。因此，对于这句话意义的理解就成为关键。我们看与"周行而不殆"一语相关的河上公的解释，是"道通行天地，无所不入，在阳不焦，托阴不腐，无不贯穿，而不危殆也"。由"通行天地""无所不入""无不贯穿"，我们可以想到河上公所理解的"周"的语意是什么，"周"在这句话里面所表达的是道的行动方式。可以看出"周"自身的语义，就是我们现在说的"服务周到"这个"周"，是周遍、周普的意思，或者说得哲学一点，是包含所有可能性。至于说"殆"的意义，河上公表达得很清楚，"而不危殆也"，"殆"显然是危险的意思。

再看王弼注。王弼注于"周行而不殆"予以的解释是"周行无所不至而不危殆"②。"无所不至"和河上公所说的"无所不入"是可以对应的，他虽然没有对"周"作词意的说明，但是很显然他理解的"周"应该同河上公是一致的。他也使用"危殆"这个词来解释

① 《老子道德经河上公章句》，王卡点校，北京：中华书局，1993年版，第101页。
② ［三国·魏］王弼：《老子道德经注》，楼宇烈：《老子道德经注校释》，北京：中华书局，2008年版，第63页。

"殆",可见他所理解的"殆"同样也是危险。就是说,河上公和王弼在语义理解、甚至解释的行文上都基本是相同的,没有什么歧义。后世之注,如李霖《道德真经取善集》引钟会《老子注》:"道无不在名曰周行,所在皆通故无危殆。"[①]葛玄《老子节解》:"谓圣人行一于身,周流四支百节九窍百脉之中,故曰周行不殆也。"陆德明《老子音义》亦曰:"殆,危也。"成玄英《道德经义疏》:"道世不在,名曰周行。所在皆通,故无危殆。"李荣《道德经注》:"无处不在,周行也。用之不勤,不殆也。"陈景元《老子注》:"且道之用也,散则冲和之气遍于太无,敛则纯精之物藏于黍粟,周流六虚,应用不穷,故曰不殆。"蒋锡昌《老子校诂》释此句曰:"'周行'者,言道无所不至;三十四章,'大道氾兮其可左右',即此所谓'周行'也。"[②]即用河上公、王弼之解。

对"周"的另一种解释,如许抗生先生说:"从'道'本身来说是不能作'周行'的,这是因为'道'既是至大无外,又是至小无内的,不可能在空间中作'周行'的,'道'弥漫于整个空间中。所以简本和帛书本皆无'周行而不殆'句。"[③]刘笑敢先生说:"'周行'的说法会导致机械性圆周运动的误解,传世本所加并不准确。"[④]任继愈《老子绎读》也译为"循环运行永不停止"[⑤]。刘先生讲得尤其明白,所谓"周行"的说法"会导致机械性圆周运动的误解",无疑他认为《老子》说的"周行"并不是机械性的圆周运动,但是会产生这种

① 蒙文通《晋唐老子古注四十家辑存》已辑录,载蒙文通:《道书辑校十种》,成都:巴蜀书社,2001年版,第179页。
② 蒋锡昌:《老子校诂》,上海:商务印书馆,1937年版,第167页。
③ 许抗生《初读郭店竹简老子》,载姜广辉主编:《中国哲学》第二十辑,沈阳:辽宁教育出版社,1999年版,第97页。
④ 刘笑敢:《老子古今》,北京:中国社会科学出版社,2006年版,上册,第286页。
⑤ 任继愈:《老子绎读》,北京:北京图书馆出版社,2006年版,第55页。

误解，很显然他不是把“周”理解成周遍的意义，周遍的意义是不可能产生所谓“机械性圆周运动的误解”的。他理解的“周”的意义是周匝，也就是循环、一周，运动的终点又回到了起点，所以才“会导致机械性圆周运动的误解”。许抗生先生虽然没有明确提到，但是从他的整个论述来看，“不可能在空间中做周行的，因为道弥漫于整个空间当中”，“周行”与“弥漫”构成对立，也是指转圈式的运动。严灵峰先生就讲得更加清楚了：“周行，周，副词。《广韵》：‘周匝也。’《说文》：‘匝，周也。从反之而周也。’徐锴曰：‘日一日行一度，一岁往反而周匝也。’行，动词。《说文》：‘人之步趋也。’钟会曰：‘无所不在曰周行。’按：《易·系辞传》：‘日月运行，一寒一暑。’又云：‘往来不穷谓之通。’此谓宇宙本体之循环运动也。”①他直接把“周”解释成周匝，任继愈先生译为“循环运行永不停止”，都是在转圈循环圆周的意义上来理解“周”，相当于说“周而复始”的“周”的意义，转一圈回来又重新开始，就是无穷无尽的循环。

我利用电脑检索，在先秦汉魏典籍里除了《老子》这句话之外一共还找到 5 个“周行”。《汉书·成帝纪》：“传以不知，周行天下。”颜师古注：“言递相因循，以所不知之事，施设教命，周遍天下。”《论语·微子》：“楚狂接舆歌而过孔子，曰：凤兮凤兮，何德之衰。”何晏《集解》：“孔曰，比孔子于凤鸟，凤鸟待圣君乃见，非孔子周行求合，故曰衰。”孔曰，这就是所谓的伪孔安国注，打的孔安国的名义，但是当然不是西汉初年的那个孔安国。何晏是汉魏时人，曹操的养子。这个注释既然早于他，应该是在汉代形成，更可能是

① 严灵峰：《老子达解》，载严灵峰：《经子丛著》，第一册，台北：台湾编译馆中华丛书编审委员会，1983 年版，第 127 页。

东汉。孔子周行求和就是指他周游列国，周游列国也不是转圈的意思，是遍游列国。《诗·大雅·江汉》："于疆于理，至于南海。"郑玄《笺》云："召公于有叛戾之国，则往正其境界，修其分理。周行四方，至于南海，而功大成事终也。"很显然，这个"周行"也不是转圈，而是说一个国一个国地去，所以仍然是周遍的意思，和孔子上面说的孔子周行求和、周游列国，周的意义应该是相同的。《左传·昭公十二年》："昔穆王欲肆其心，周行天下，将皆必有车辙马迹焉。"这个"周"同样也是周遍，是天下都要有他的车辙马迹。《三国志·吴书·贺齐传》："林历山四面壁立，高数十丈，径路危狭，不容刀盾。贼临高下石，不可得攻。军住经日，将吏患之。齐身出周行，观视形便，阴募轻捷士，为作铁戈，密于隐险贼所不备处，以戈拓斩山为缘道，夜令潜上。"无路可上，然后贺齐身出周行，观视形便，最后找到一个隐秘之处。显然"周行"不是说贺齐骑着马在山下转圈，而是说深入山中到每一个地方去看，最后找到这样一条隐秘的通道。《后汉书·光武十王列传·东平宪王苍传》："帝飨卫士于南宫，因从皇太后周行掖庭池阁，乃阅阴太后旧时器服，怆然动容。"我们知道光武帝有两个皇后，一个郭后一个阴后，这里的皇太后是阴后的儿子明帝的妻子，帝是章帝，明帝的儿子、阴太后的孙子，东平宪王苍也是阴太后的儿子，是章帝的叔叔，他们俩都是阴太后的后人，所以他们"从皇太后周行掖庭池阁，乃阅阴太后旧时器服"，当然也不是转圈，是到一座一个宫院里面逐个去看。这样看来，"周行"一词的意义，不是周匝，不是圆周，而是周遍、周普的意思。我们可以看第十六章，"知常容"，王弼注："无所不包通也。""容乃公"，王弼注："无所不包通，则乃至于荡然公平也。""公乃王"，王弼注："荡然公平，则乃至于无所不周普也。""王乃天"，王弼注："无所不周普，则乃至于同乎天也。”[①]“无所不周普”显然就是从“周行而不殆”这句话来的。可见《老子》的汉魏旧注，以及汉魏人对于“周行”一语的用法，二者是密合无间的，可以证明“周行而不殆”的“周”应该是周普、周遍的意思。

下面我们看“殆”。刚才已经讲到河上公和王弼都将“殆”解释为“危殆”，是危险的意思。陆德明《释文》亦云：“殆，危也。”[②]但在后世，有学者另立新解。任继愈先生就把“不殆”译为“永不停止”[③]，显然他是以停止来理解“殆”。马叙伦说：“殆借为怠。《论语·为政篇》：‘思而不学则殆。’《释文》：‘殆本作怠。’此殆怠通假之证。或借为已。殆从台声，台从已声也。”[④]借为“怠”当是疲倦[⑤]，借为“已”则是停止之义。但这种解释方式无疑过于含混，文本的意义并不明晰。高亨明确把“不殆”解作“不倦”：“《诗·玄鸟》：‘受命不殆。’郑笺：‘不解怠。’《庄子·养生主篇》：‘以有涯随无涯，殆已。’《释文》：‘向云：殆，疲困之谓。’并以殆为怠之例。不殆犹言不倦也。”[⑥]严灵峰亦曰：“殆，动词。河上公注：‘殆，危殆。’《诗·玄鸟》：‘受命不殆。’郑玄笺：‘不解殆。’钟会曰：‘所在皆通，故曰不殆。’按：殆，通怠；犹言不息也。”[⑦]严灵峰先引用河上公把“殆”解作“危殆”，然后又引用郑玄解《诗经》“受命不殆”的“殆”为

① ［三国·魏］王弼：《老子道德经注》，楼宇烈校释，北京：中华书局，2008年版，第35—36页。
② ［唐］陆德明：《经典释文》，上海：上海古籍出版社，1985年版，下册，第1398页。
③ 任继愈：《老子绎读》，北京：北京图书馆出版社，2006年版，第55页。
④ 马叙伦：《老子校诂》，北京：中华书局，1973年版，第274页。
⑤ 《论语集解》何曰：“不学而思，终卒不得，徒使人精神疲殆。”
⑥ 高亨：《老子正诂》，北京：中国书店，1988年版，第60页。
⑦ 严灵峰：《老子达解》，载严灵峰：《经子丛著》，第一册，台北：台湾编译馆中华丛书编审委员会，1983年版，第127页。

“解殆”，就是“懈怠”，懈怠是松懈、不认真的意思，与疲倦并不相同。接下来所引钟会的话并不完整，见上文引。钟会之意与河上公、王弼所说的“无所不至”和“无所不入”是一致的，也明确将“殆”作“危殆”理解。然后严先生又把“殆”解作“不息”，他在这里又偷换了一次，倦怠和止息是两个意义，止息是停止的意思。前面我们看到任继愈先生译作“循环运行，永不停止”，他的这个“停止”从哪来的？就是从严灵峰的“不息”来的。但是严先生并没有对“不息”之解提供任何语言学论证，因为“不息”和“不殆”不是一码事，不疲倦我也可以不走，疲倦了也可以继续走，这二者没有任何必然联系，从疲倦推不出停止。

此外，蒋锡昌《校诂》：“《说文》：‘殆，危也。’‘不殆’者，言道利而不危。……八十一章，‘天之道利而不害’，即此所谓‘不殆’也。”[①]他虽然是把“殆”解作危，但是他引用第八十一章“天之道利而不害”，实际上跟这句话，跟这个危殆是无关的。“天之道利而不害”是指天不害万物，而这里说的不危殆，是指道自身不危殆，而不是说道不去危害万物。因为“害”在这里是一个及物动词，而“殆”在这里是一个不及物动词。我们在《老子》的注释里经常看到引用其他章节的文字来对这一章进行说解，但是这种引用的时候往往并不贴切。它所带来的误解比说明的问题更多，这种解释实际上是意义不大的。

至此，老子原文的语意我们可以基本上理清，“周”是周普周遍的意义，“殆”是危险的意义，“周行而不殆”的基本语意就是说无所不至，却没有危险。这样，我们也就可以理解“而”的语法意义是什

① 蒋锡昌：《老子校诂》，上海：商务印书馆，1937年版，第167—168页。

么。因为古汉语是一种极其模糊的语言，不具有足够的明晰性。我们对它的理解就是要达到它表意的明晰性。比如说一个“而”，我们说“A而B”，这个“而”可以有很多种语法意义，可以是并列，就是“而且”；可以是转折，说“然而、反而”；可以是递进，“进而”；可以是因果，“因而”。这里，它表示的是转折，就是我们可以把这个“而”替换成“却”，它无所不至，却不危险，它表示意思是一种逆接。

有了这个基本语意之后，我们就进一步了解《老子》这句话究竟表达了什么样的思想内涵。道无所不至，却不危险，它表达的什么？它道不危险。那么反过来，我们就要问了，有没有危险的，就是说有没有谁要是无所不至，就会有危险呢？当然不会是道，那么它只能是物，就是具体之物。我们看河上公的注释。道是“通行天地，无所不入，在阳不焦，托阴不腐，无不贯穿，而不危殆也”。关键是“在阳不焦，托阴不腐”，这句话明确说出道与具体之物的区分所在。焦、腐是危险的具体表现。具体之物，是如果它在阳不焦，托阴就会腐，我们说不怕火的一定怕水，不怕水的一定怕火，就是能够在北极生存的爱斯基摩人，一定没办法到赤道同新几内亚人一起生活，反过来你把一个赤道的非洲人弄到北极去跟爱斯基摩人一起生活，他也活不下去。一物都有适于其生存的环境，相应的也就有不适于其生存的环境，它不是无所不至而不危殆的。如果一物在阳不焦，那么它托阴必腐；如果它托阴不腐，它在阳必焦。只有道才是能够贯通阴阳、无所不入的。在这里我们要问，什么是危险？危险就是一物存在的边界的直接显现，它的内涵就是说但凡有危险之物，它就是一个有限之物，是一个有限性的存在。当你感觉到危险的时候，危险把你生存的边界呈现出来了。那里在起大火，我跟你说危险，别去了，去了会被烧死，也就是你的有限性被实现了。有危险之物，就是有限性之物。而道是无危险的，在阳不焦，托阴不腐，所以道、物之别就在于，任何一物都是有限的，而道是无限的。所以道才能够无所不入，老子的道对于物来说是无。老子其实是明确意识到了道之作为无，比如说"道隐无名"。尤其是，我觉得老子非常高明的一点，他对无还进行了区分。他区分了普通的无和道之无。《老子》的第二章所说的有无相生，我觉得这个有无是指物存在的状态，而不是说像有些人所讨论的那样是至无，因为它上下文都是指的日常生活当中的对立面，"高下相倾""前后相随""长短相形""有无相生"显然也是在这个层面上来说的，是在物的层面上来说的。但是在第二十八章里，老子明确讲到了万物是"复归于无极"。我们都知道万物应该是复归于道，这个"无极"就相当于道，不是普通的无，是无之极，因此"无极"是高于普通的无的极致。从万物存在的层面来说，它的无仍然是存在的一种状态，比如说我现在不在家，我不在家作为一种无，实际上是我有的一种状态，我存在的一种状态，甚至一个人死了也是这个人存在的一种状态，仍然可以作为这个人存在的一种状态来对待。综上所述，道物之分，就是物是有限之有，而道是无限，无之至极。我们知道王弼只注了《周易》的经的部分，《易传》是韩康伯体会王弼之意注的。《易·系辞传》下："或害之"，韩注："夫无对于物，而后尽全顺之道，岂可有欲害之者乎？"说的就是这个道理。

河上公注《老子》第二十五章他处也有相同的表述：

强为之名曰大。

河上公注：大者，高而无上，罗而无外，无不包容，故曰大也。

大曰逝。

河上公注：其为大，非若天常在上，非若地常在下，乃复逝去，无常处所也。

逝曰远。

河上公注：言远者，穷乎无穷，布气天地，无所不通也。

道大。

河上公注：道大者，包罗天地，无所不容也。

河上公在《老子》其他章的注释中也一再重复了这一观点。第十四章：

绳绳不可名。

河上公注：绳绳者，动行无穷极也。不可名者，非一色也，不可以青黄赤白黑别；非一声也，不可以宫商角徵羽听；非一形也，不可以长短大小度之也。

是谓无状之状。

河上公注：言一无形状，而能为万物作形状也。

无物之象。

河上公注：言一无物质，而能为万物设形象也。

第十六章：

知常容。

河上公注：能知道之所常行，则去情忘欲，无所不包容也。

容乃公。

河上公注：无所不包容，则公正无私，众邪莫当。

第六十二章：

> **道者，万物之奥**。
>
> 河上公注：奥，藏也。道为万物之藏，无所不容也。

一而再，再而三强调的，就是道包含一切可能性，而道自身不是任何现实性。

我们都知道王弼是用“有”“无”这对概念建构了他的哲学。“有无之辨”也是魏晋玄学中的核心的部分，所谓“崇有”“贵无”。王弼《老子指略》：

> 夫物之所以生，功之所以成，必生乎无形，由乎无名。无形无名者，万物之宗也。不温不凉，不宫不商，听之不可得而闻，视之不可得而彰，体之不可得而知，味之不可得而尝。故其为物也则混成，为象也则无形，为音也则希声，为味也则无呈。故能为品物之宗主，苞通天地，靡使不经也。若温也则不能凉矣，宫也则不能商矣。形必有所分，声必有所属，故象而形者非大象也，音而声者非大音也。然则四象不形，则大象无以畅；五音不声，则大音无以至。四象形而物无所主焉，则大象畅矣；五音声而心无所适焉，则大音至矣。故执大象则天下往，用大音则风俗移也。

整个这一段就是在讲我们刚才所讲到的道物之分：“夫物之所以生，功之所以成，必生乎无形，由乎无名。无形无名者，万物之宗也。”显然“无形无名”是指道而言，道才能成为万物之宗。道是“不温不凉，不宫不商；听之不可得而闻，视之不可得而彰；体之不可得而知，味之不可得而尝。故其为物也则混成，为象也则无形，为音也则希声，为味也则无呈。故能为品物之宗主，苞通天地，靡使不经也。"相应地，如果道被落实到某一具体之物的层面，那么它就不会是道，也就是说任何一个具体之物，它是有限性的："若温也则不能凉矣，宫也则不能商矣。形必有所分，声必有所属。故象而形者，非大象也；音而声者，非大音也。然则四象不形，则大象无以畅；五音不声，则大音无以至。四象形而物无所主为，则大象畅矣；五音声而心无所适焉，则大音至矣。"等等这些，很显然就是我们刚才所讲的道物之分，一物它是宫就不能同时也是商，它是温就不能同时凉，只有道是不宫不商、不温不凉，那么实际上它也就可宫可商，可温可凉。

王弼于《老子》第二十五章下文之注也可参看：

大曰逝。

王弼注：逝，行也。不守一大体而已，周行无所不至，故曰逝也。

逝曰远。

王弼注：远，极也。周行无所不穷极，不偏于一逝，故曰远也。

王弼他章之注亦颇可并观。第十四章：

视之不见名曰夷，听之不闻名曰希，搏之不得名曰微。

王弼注：无状无象，无声无响，故能无所不通，无所不往。

再看第十六章的王弼注：

知常曰明，不知常，妄作，凶。

王弼注：常之为物，不偏不彰，无皦昧之状，温凉之象，故曰知常曰明也。唯此复，乃能包通万物，无所不容。失此以往，则邪入乎分，则物离其分，故曰不知常则妄作凶也。

知常容，

王弼注：无所不包通也。

容乃公，

王弼注：无所不包通，则乃至于荡然公平也。

公乃王，

王弼注：荡然公平，则乃至于无所不周普也。

王乃天，

王弼注：无所不周普，则乃至于同乎天也。

天乃道，

王弼注：与天合德，体道大通，则乃至于穷极虚无也。

道乃久，

王弼注：穷极虚无，得道之常，则乃至于不穷极也。

没身不殆。

王弼注：无之为物，水火不能害，金石不能残。用之于心，则虎兕无所投其齿角，兵戈无所容其锋刃，何危殆之有乎！

王弼强调了"常之为物"，"常之为物"显然是指"常道""不偏不彰，无皦昧之状，温凉之象"，同样能包通万物，无所不容。"无不包通"，"荡然公平"，"无不周普"，"同乎天"，"与天合德"，"体道大通"，"则乃至于穷极虚无也"，因为是针对王而言，所以它同于天，同于道。"没身不殆"句王弼注："无之为物，水火不能害，金石不能残。用之于心，则虎兕无所投其齿角，兵戈无所容其锋刃，何危殆之有乎！""没身不殆"这一语同河上公对于"周行而不殆"的解释能够对得上，而且这个“殆”也同样理解为危殆，这里也只能作为危殆来理解，疲倦是讲不通的。“水火不能害，金石不能残”，等等这些话，同“在阳不焦，托阴不腐”也是可以对应的。

又如第三十四章：

大道氾兮，其可左右。

王弼注：言道氾滥无所不适，可左右上下周旋而用，则无所不至也。

可以注意者，大概受到《老子》原文“左右”的束缚，王弼加上“上下”，于是便使用了“周旋”一语，这很可能开启了后世将“周行”理解为“圆周”的先河。

还有第三十五章：

执大象，天下往。

王弼注：大象，天象(地?)之母也。[不炎]不寒，不温不凉，故能包统万物，无所犯伤。主若执之，则天下往也。

往而不害，安平太。

王弼注：无形无识，不偏不彰，故万物得往而不害妨也。

王弼也强调了“不炎不寒，不温不凉，故能包统万物，无所犯伤”。

第五十五章：

知常曰明。

王弼注：不皦不昧，不温不凉，此常也。

接下来，再看一则：

杨士勋《春秋谷梁传正义》卷五：“《易·系辞》云：‘一阴一

阳之谓道。'王弼云:'一阴一阳者,或谓之阴,或谓之阳,不可定名也。夫为阴则不能为阳,为柔则不能为刚。唯不阴不阳,然后为阴阳之宗;不柔不刚,然后为刚柔之主。故无方无体,非阳非阴,始得谓之道,始得谓之神'是也。"

这一条也不好说一定是《周易注》,反正王弼应该至少有对《系辞传》"一阴一阳之谓道"这句话的解释。为什么说"始得谓之神",因为《周易》里面还说"阴阳不测之谓神",因为同时既能是阴也能是阳,那么你就不知道它现在到底是阴还是到底是阳,所以既是一阴一阳,又是阴阳不测。这些话显然都是和前面所引从河上公注到王弼注对于道物之别的理解是一以贯之的。此外,《论语·述而篇》中"志于道",邢昺《论语正义》引王弼《论语释疑》曰:

道者,无之称也,无不通也,无不由也。况之曰道,寂然无体,不可为象。

《周易·系辞传》上:"一阴一阳之谓道",韩康伯注:

道者何?无之称也,无不通也,无不由也。况之曰道,寂然无体,不可为象。必有之用极,而无之功显,故至乎神无方而易无体,而道可见矣。故穷变以尽神,因神以明道,阴阳虽殊,无一以待之。在阴为无阴,阴以之生;在阳为无阳,阳以之成,故曰一阴一阳也。

很明显是本于王弼,而又有所发挥。《晋书》卷四十三《王衍列传》总结何晏、王弼学说谓:

魏正始中,何晏、王弼等祖述老庄,立论以为天地万物皆以无为为本。无也者,开物成务,无往不存者也。阴阳恃以化生，万物恃以成形，贤者恃以成德，不肖恃以免身。故无之为用，无爵而贵矣。

的确很好地概括了王弼的道论。

《列子·天瑞篇》也强调了这一点：

子列子曰：天地无全功，圣人无全能，万物无全用，故天职生覆，地职形载，圣职教化，物职所宜。然则天有所短，地有所长，圣有所否，物有所通。何则？生覆者不能形载，形载者不能教化，教化者不能违所宜，宜定者不出所位。故天地之道，非阴则阳；圣人之教，非仁则义；万物之宜，非柔则刚：此皆随所宜，而不能出所位者也。故有生者，有生生者；有形者，有形形者；有声者，有声声者；有色者，有色色者；有味者，有味味者。生之所生者死矣，而生生者未尝终；形之所形者实矣，而形形者未尝有；声之所声者闻矣，而声声者未尝发；色之所色者彰矣，而色色者未尝显；味之所味者尝矣，而味味者未尝呈：皆无为之职也。能阴能阳，能柔能刚，能短能长，能圆能方，能生能死，能暑能凉，能浮能沉，能宫能商，能出能没，能玄能黄，能甘能苦，能羶能香，无知也，无能也，而无不知也，而无不能也。

张湛注：夫体适于一方者，造余涂则阂矣。王弼曰，形必有所分，声必有所属。若温也则不能凉，若宫也则不能商。方圆静躁，理不得兼。然寻形即事，则名分不可相干。任理之通，方圆未必相乖。故二仪之德，圣人之道，焘育群生，泽周万物，尽其清宁贞粹而已。则殊涂融通，动静澄一，盖由圣人不逆万物之性，万物不犯圣人之化。凡滞于一方者，形分之所阂耳。道之所运，常冥通而无待。系夫尽于一形者，皆随代谢而迁革矣。故生者必终，而生生物者无变化也。至无者，故能为万变之宗主也。知尽则无知，能极则无能，故无所不知，无所不能。何晏《道论》曰：有之为有，待无以生；事而为事，由无以成。夫道之而无语，名之而无名，视之而无形，听之而无声，则道之全焉。故能昭音响而出气物，包形神而章光影，玄以之黑，素以之白，矩以之方，规以之圆，圆方得形而此无形，白黑得名而此无名也。

“天地无全功，圣人无全能，万物无全用”等这一串，表达的都是同样一个意思：万物的有限性。它是左就不能是右，是阴就不能是阳，它一旦获得了一种真实的存在，那么这个存在就有一个外形把它束缚起来，它就只能是一种有限的存在——只有道才是无限的。

中国先秦的形名之说，有名是基于有形。《管子·心术篇》讲得很清楚，“物固有形，形固有名”，有形之物可以名之，它就是一个有限性的存在，其形名就不能随便改了。比如说“循名责实”等名家学说，包括儒家正名等，都基于此。道是超越于有形有名之上的。张湛注把这一点讲得非常清楚，所谓“体适于一方者，造余涂则阂矣”，然后也引用了王弼的话：“形必有所分，声必有所属。若温也则不能凉，若宫也则不能商。”仍然是表达了这个意思。

关于《老子》“周行而不殆”一语所表达的思想，已经清楚了。

但正如上文所说，近代有部分学者改变“周”和“殆”的释义，将“周行而不殆”解为“循环运行永不停止”。现在我们要清理的，是在这一理解的基础上，建构的所谓“中国哲学”。

任继愈主编《中国哲学史》即是将“周行而不殆”一语理解为道“永远循环往复地运行着”①。其后，任著总结道具有五个特点，其中第二为“道是最原始的、永恒运动着的物质实体”，根据即是“周行而不殆”②。以道为“物质实体”，任著虽别有所据，但能够永恒循环运行的对象只能是“物质实体”，应该也是一个重要原因。不宁唯是，任著还从这句话中得出了“朴素的辩证法思想”：

> 春秋末期由于所有制发生了变革，因而国家的兴亡、个人的富贵贫贱，都有了极大的变化。作为史官的老子，看到不少“社稷无常奉，君臣无常位”（见《左传》昭公三十二年）的现象，又从当时自然科学的知识中认识到自然界也是独立于人的意识之外不停地运动着。世界的总根源，无所不在的“道”就是“独立而不改，周行而不殆”（二十五章）的。③

如果说任著所得出的辩证法还过于“朴素”的话，孙叔平的就精致得多了。孙氏同样将“周行而不殆”理解为“循环运行，永不停息”④。辩证法的发现紧随其后：

> 有了“道”，有了“德”，世界还是创造不起来的。还有一个问题：“道”是“周行而不殆”的，它从哪里得到的动力？为了回答这个问题，老聃提了一个光辉的命题：“反者道之动。”（四十章）道本身包含着相反的东西，这是它的动力。道是“常无”，又是“常有”，它“独立而不改”，是静；又“周行而不殆”，是动。

---

① 任继愈主编：《中国哲学史》，第一册，北京：人民出版社，1979年第3版，第44页。
② 任继愈主编：《中国哲学史》，第一册，北京：人民出版社，1979年第3版，第48页。
③ 任继愈主编：《中国哲学史》，第一册，北京：人民出版社，1979年第3版，第49—50页。
④ 孙叔平：《中国哲学史稿》，上册，上海：上海人民出版社，1980年，第98页。

一无一有，一静一动，就生变化。①

“周行而不殆”是无限循环，“反者道之动”是包含对立面，二者加在一起，就成了辩证法的“对立面转化”，于是乎，老子就这样被辩证了。

现在我们要看的是这一思想，在思想史上的影响。

《庄子·知北游》即承袭了老子道无所不在的思想：

> 东郭子问于庄子曰：“所谓道，恶乎在？”庄子曰：“无所不在。”东郭子曰：“期而后可。”庄子曰：“在蝼蚁。”曰：“何其下邪？”曰：“在稊稗。”曰：“何其愈下邪？”曰：“在瓦甓。”曰：“何其愈甚邪？”曰：“在屎溺。”东郭子不应。庄子曰：“夫子之问也，固不及质。正获之问于监市履狶也，每下愈况。”

道无所不在，哪怕最卑贱、最肮脏的“屎溺”。庄子“道在屎溺”的命题，对中国哲学的发展产生了重大影响。这一命题有力地避免了由道优物劣的理解所可能导致的道超越于物的超越论，或者道物为二的道物二元论，形成了中国哲学“道物不二”的传统，与西方哲学显相区分。

《庄子·大宗师》讲到古之真人“登高不慄，入水不濡，入火不热”。同样的，在《史记·秦始皇本纪》卢生对秦始皇称述真人，也是说“真人者，入水不濡，入火不爇，陵云气，与天地久长”。其中“与天地长久”，我们可以很容易想到上引《老子》第十六章的“天乃道，道乃久，没身不殆”，这就是“与天地久长”。庄子也好，卢生也好，他们讲的真人都是得道之人，真人所显现出来的特性，就是道

① 孙叔平：《中国哲学史稿》，上册，上海：上海人民出版社，1980年，第101页。

针对物所显现出的特性。你看它同时强调入水不濡、入火不热。如果是一个有形之物的话，或者一个普通人，水火都怕，或者有一个不怕水的物，入水不濡的物，那它入火是必热的。而真人作为体道者，他所显现出来的是道对于物的独特性，所以是水火都不怕，而且他能够做到与天地久长、没身不殆。实际上就是说它仍然是"周行而不殆"。

再看《淮南子·诠言》：

> 洞同天地，浑沌为朴，未造而成物，谓之太一。同出于一，所为各异，有鸟，有鱼，有兽，谓之分物。方以类别，物以群分，性命不同，皆形于有。隔而不通，分而为万物，莫能及宗，故动而谓之生，死而谓之穷。皆为物矣，非不物而物物者也，物物者亡乎万物之中。稽古太初，人生于无，形于有，有形而制于物。能反其所生，故未有形，谓之真人。真人者，未始分于太一者也。圣人不为名尸，不为谋府，不为事任，不为智主。藏无形，行无迹，游无朕，不为福先，不为祸始，保于虚无，动于不得已。欲福者或为祸，欲利者或离害。故无为而宁者，失其所以宁则危；无事而治者，失其所以治则乱。星列于天而明，故人指之；义列于德而见，故人视之。人之所指，动则有章；人之所视，行则有迹。动有章则词，行有迹则议。故圣人掩明于不形，藏迹于无为。

太一就是道。接下来也讲到真人，"能反其所生，故未有形，谓之真人"，强调真人是未有形。真人所显现出来的仍然是道针对物的那种特性，就是说他是以无入有。

这个学说也可以反过来说，就是说所谓"火不热"。《庄子·天下》所讲到的辩者二十一事，其中有一个就是“火不热”。我们看陆德明《释文》引用一云的解释：“犹金木加于人有楚痛，楚痛发于人，而金木非楚痛也。如处火之鸟，火生之虫，则火不热也。”实际上还是入火不热，这个虫鸟在火中它是不觉得热的，因为它适应于火，这个热是指一种无法忍受的热，它不会有这种感觉。再看成玄英的解释：“火热水冷，起自物情，据理观之，非冷非热。何者？南方有食火之兽，圣人则入水不濡，以此而言，固非冷热也。又譬杖加于体而痛发于人，人痛杖不痛，亦犹火加体而热发于人，人热火不热也。”同样他也讲到了这样的比喻，“人痛杖不痛，人热火不热”，如果我们从火的角度来看，火也是一无，就是说火自身是没有热的这个物性的，热不是火之性，不是火的 nature。觉得热的是不能够适应于火的你，火热水冷这是人的感觉，与火无关，火自身是不热的。也就是说，火居于道位，是无，而人的感受居于物位，是众有。王弼也用到“火不热”之说。《论语·阳货篇》：“性相近也，习相远也。”皇侃《论语义疏》引王弼《论语释疑》曰：

> 近性者正，而即性非正；虽即性非正，而能使之正。譬如近火者热，而即火非热；虽即火非热，而能使之热。能使之热者何？气也，热也。能使之正者何？仪也，静也。

近性者正，但性本身并不正；一如近火者会感到热，但是火自身并无所谓热。这个学说，据《淮南子·诠言》“公孙龙粲于辞而贸名”句，许慎注：“公孙龙以白马非马，冰不寒、炭不热为论，故曰贸也。”这一说法遭到了墨家的辩驳，《墨子·墨经》就明确讲“火，热”。《经说》的解释是：“火，谓火热也，非以火之热我有，若视白。”火本身就是热的，就像一张白纸它本身就是白的，不是我在它上面看到了白，不是我感觉火是热的，火自身不热。墨家认为火就是热的，这是火的属性。嵇康的《声无哀乐论》：

> 夫喜怒哀乐，爱憎惭惧，凡此八者，生民所以接物传情，区别有属而不可溢者也。夫味以甘苦为称，今以甲贤而心爱，以乙愚而情憎，则爱憎宜属我而贤愚宜属彼也，可以我爱而谓之爱人，我憎则谓之憎人，所喜则谓之喜味，所怒则谓之怒味哉？由此言之，则外内殊用，彼我异名。声音自当以善恶为主，则无关于哀乐；哀乐自当以情感而后发，则无系于声音。名实俱去，则尽然可见矣。

这是他对声与哀乐的理解，说声，说音乐本身没有哀乐，哀乐的是你听音乐的人。声音无关于哀乐，哀乐是你人听了声音之后的感情，这是你人的事，不关音乐的事，同我们讲的火不热，以及最终道物之分是一致的。

接下来我们再看在这一观念在政治学上的影响，就是所谓对无为学说的理解。完全的无为在老子那里作为一种理想状态可以，但是具体到现实的国家治理层面，如何做到无为？战国中期以后的黄老学说提出一种新的理解，就是所谓君无为而臣有为。君无为实际就是君相当于道的位置，君是一个无，它无形、无名、无为；而臣有为，就是说臣是各个官署，有自己的职责，必须履行各自的职责。相对于道来说，从我们刚才所理解的“周行而不殆”的道物之分来说，臣就相当于一个有形之物，而君就是那个无形、无名、无为的道。由此来构造，既保证道的无为的实现，又保证国家机器的运行，并且在此基础上形成一个君上御臣之术。《庄子·天道篇》：

夫帝王之德，以天地为宗，以道德为主，以无为为常。无为也，则用天下而有余；有为也，则为天下用而不足。故古之人贵夫无为也。上无为也，下亦无为也，是下与上同德，下与上同德则不臣；下有为也，上亦有为也，是上与下同道，上与下同道则不主。上必无为而用天下，下必有为为天下用，此不易之道也。

这就是讲的所谓君无为而臣有为。《管子·心术》：

心之在体，君之位也。九窍之有职，官之分也。心处其道，九窍循理。嗜欲充益，目不见色，耳不闻声。故曰：上离其道，下失其事。毋代马走，使尽其力；毋代鸟飞，使弊其羽翼；毋先物动，以观其则。动则失位，静乃自得。

《韩非子·主道》：

明君无为于上，群臣竦惧乎下。明君之道，使智者尽其虑，而君因以断事，故君不穷于智；贤者敕其材，君因而任之，故君不穷于能。有功则君有其贤，有过则臣任其罪。故君子不穷于名，是故不贤而为贤者师，不智而为上智者正。臣有其劳，君有其成功，此之谓贤主之经也。

《吕氏春秋·分职》：

夫君也者，处虚素服而无智，故能使众智也。智反无能，故能使众能也。能执无为，故能使众为也。无智、无能、无为，此君之所执也。

直到东汉后期刘邵所著的《人物志》，讲人才性的培养，仍然是从这个角度讲。

《人物志·九征》：凡人之质量，中和最贵矣。中和之质，必平淡无味。故能调成五材，变化应节。

《人物志·别体》：夫中庸之德，其质无名，故咸而不碱，淡而不醋，质而不缦，文而不缋。能威能怀，能辨能讷，变化无方，以达为节。

《人物志·流业》：主德者，聪明平淡，达众材而不以事自任者也……若道不平淡，与一材同用好，则一材处权而众材失任矣。

很显然，平淡无味就让我们想到道的无名无形，五材则是有形有名之物。以无名有才能变化应节。

下面，是魏晋玄学中一个核心论题，圣人无情。《三国志·魏书·钟会传》裴松之注引何邵《王弼传》：

何晏以为圣人无喜怒哀乐，其论甚精，钟会等述之。弼与不同，以为圣人茂于人者神明也，同于人者五情也。神明茂，故能体冲和以通无；五情同，故不能无哀乐以应物。然则圣人之情，应物而无累于物者也。今以其无累，便谓不复应物，失之多矣。

圣人无情，圣人就是所谓得道之人，是处于道的位置上，而凡人则是处在物的位置上，凡人是有情的，有情就是说你必然在某一个时候表现为或喜或怒，或哀或乐，而圣人没有喜怒哀乐。何晏认为圣人就是完全表现为无的道，王弼看来圣人则是内道外物，圣人是道物的结合体，他的内心是无情的，但是他外在仍然表现为有情。因为圣人仍然是生活在众人之中的，你从外面看不出他是一个圣人，他外面的表现和众人凡人是一致的。《周易·系辞传·

上》："鼓万物而不与圣人同忧"，韩康伯注："圣人虽体道以为用，未能至无以为体。故顺通天下，则有经营之迹也。"也就是说，圣人虽然体道，但还不是道，不是以至无为体，仍然是一个人，所以其行为依然是有迹可寻，可知可觉的。应该说，韩康伯对于王弼的理解是非常到位的。

我们看下面《世说新语》里面的几则关于圣人无情的故事。

《世说新语·言语》：张玄之、顾敷是顾和中外孙……和与俱至寺中，见佛般泥洹像，弟子有泣者，有不泣者。和以问二孙。玄谓，被亲故泣，不被亲故不泣。敷曰：不然。当由忘情故不泣，不能忘情故泣。

《世说新语·文学》：僧意在瓦官寺中，王苟子来，与共语，便使其唱理。意谓王曰：圣人有情不？王曰：无。

《世说新语·伤逝》：王戎丧儿万子，山简往省之。王悲不自胜，简曰：孩抱中物，何至于此！王曰：圣人忘情，最下不及情。情之所钟，正在我辈。简服其言，更为之恸。

见到佛涅槃的像，顾敷的理解，就是基于圣人无情论来说的，并且他的圣人无情论是基于何晏的学说，而不是基于王弼的学说。《文学篇》王戎仍然是用的何晏学说。

但是也有用王弼学说的。《列子·黄帝篇》：

黄帝即位十有五年，喜天下戴己。

张湛注：随世而喜耳。

黄帝当然是圣人，但是却高兴了。于是张湛就从王弼的角度来解释，说他是随世而喜。就是说黄帝的心中并没有喜，但是所有的人都在喜，他也表现得跟你们一样，他也好像在喜，这显然是基于王弼学说。

我今天就讲这么多。耽误大家时间了，谢谢大家。

张德良：引用其他章或其他书来解《老子》的方法还是可以用。杨树达先生《老子古义》就是很好的例子。

李若晖：引用可以，但是我的意思是说要贴切，像蒋锡昌引用的“利而不害”这句话，实际上和“周行而不殆”说的是两码事，这个就没意义了。引用这种方法当然可以用，但是引用得要贴切，要是讲这个意思才引过来。如果不是这个意思，瞎引，引一大堆放在这里，实际上是让人越看越不明白，这种引就没意义。杨先生的做法主要是先秦两汉古书引用到《老子》某句话，他们在引用的过程当中，从上下文，我们可以看到他们对《老子》的理解。这是古人对《老子》的理解，这个引过来，即便它不贴切，仍然是古人的一种理解。但是蒋锡昌引第八十一章完全是自作聪明地拿到这里来，跟“周行而不殆”没关系的，这个引用我觉得没意义。我不是反对这种方法，就像你出门穿鞋当然是应该的，但是你不能穿不合脚的鞋，我指责你穿不合脚的鞋，并不等同于说我叫你不穿鞋出门。

王利：我来讲几句，若晖这套学问我是一直很赞赏的，也是很多年的朋友了，一直也从他身上学了很多东西。今天他从一个小的句子，包括字法的讲解，深入到了后来对道物的关系，一直纵深到，主要是纵深到魏晋，我觉得是很有章法的，而且我对他的东西觉得做得很扎实。因为做具体的文字解说非我之所长，我想向你探讨几个大的问题。从义理角度来讲我想还是能够探讨一些东西，比如说你开始讲到的这些东西，就是古典和现代的关系，因为我们现在大家都在努力做这个，希望能够激活一些古典的东西，照这个方向理解，所以在谈的时候，因为一个很明显的自觉，就是避免从西学的背景，或者是对西学的名词概念，哲学概念的一些阐发，反过来探究我们古典的东西。但是你又要做一个很大的努力，就是要用，要让古典学说哲学的话。冯先生的逻辑我觉得你是做了一个重新的阐发，照着讲还是接着讲，其实用到了你自己的身上。冯先生还是用新实在论来接宋学，别管是第三期也好，第四期也好，还是要接着讲，他是要接宋学。你的接着讲把它和照着说区分开来，中心在于要让古典学说哲学的话，或者把哲学的概念凸显出来。通过对“周行而不殆”的解析，包括对“周”和“殆”这两个字的解析，揭示出了一个道物论，我想老子道论，是其中的一个部分。但是在道物论中，因为我们是在阐发文本，所以我觉得对道物论的具体内涵是不是可以再进一步探讨，因为你后来讲到了王弼和何晏对道物之间关系的一个理解，魏晋的时候是不一样的。

李若晖：主要是圣人的理解。

王利：这是我跟你探讨的第二个问题，第一个问题就是道和物的关系，因为你谈到了形名学，你要是谈“周”和“殆”，我纯粹是门外汉，你要是谈有限存在、有无之说，兄弟不才，我们也是经常思考这些问题。因为有无的关系，这个时候我就不自觉地引西学的概念，这个没关系，我谈西的，你谈中的，都可以。因为有限存在这个概念，我在听你解释道物之间关系的时候，你对物的理解主要是形名，主要是有形。形这个字，在柏拉图这叫 form，叫形式，是理念出来那个东西，理念那个根叫 idea，就是那个根。

李若晖：有人说要译成“理型”。

王利：对，理型。因为陈康先生译的就是那个型，后来亚里士多德搞出来一个形式因，这个是跟目的因最相关的一个东西，他在这生出来两个东西，一个叫形，一个叫质料，是由形来赋予质料以形式，而他所受到的东西是受目的因引导的。我们先不说柏拉图和亚里士多德之间的对立，单从他们之间对形名的，他那也有一个形名学，这也有一个形名学，我就在思考说，因为这是希腊的这套东西，这是逻各斯，把逻各斯放到了咱们里头道这个位置，逻各斯的形式，目的最高，形式次之，动力次之，质料最低，整个的四因说这一套东西。接下来基督教出来，基督教也有个逻各斯，但是那个叫耶稣基督，他那也有一个道，也是从无中生有的一个道，所以他那有，就是希腊有一个传统，是有一个道物关系，有一个逻各斯和形式，以及质料与它们之间的逻辑关系。到基督教这也有一个关系，就是言成肉身，先有言再成这个肉，然后再有形。我特别想知道，因为如果说有限存在的话，古今的文明，尤其是古代文明，在这个意义上，在谈有限存在的时候，这是通着的，大家都是通着的，所以这是我想要跟你探讨的第一个问题。当然不一定是"周行不殆"这个字词了，就是在老子他的道论里面，从这一脉下来这个道论，在谈道物关系的时候，除了有限存在和以形来确定的物的边界之外，道和物之间是一个什么样的超越关系，这种超越关系跟我们理解的从希腊到基督教这一套新线索的区别何在，这是我想跟你探讨的第一个问题，道物关系在老子这的特指何在，它的规定性在哪里。

第二个问题，我们在谈到道物关系，再往外扩及的时候，你谈到了圣人或真人，因为后来引申的这几个学说，包括真人论、火不热论，这是名词论的一个东西。如果不论的话，真人，包括后来的无为，就扯到了君臣论，有点君王术的感觉。帝王心术，到后来又圣人无情有情论，其实都谈到了一个东西，就是得道的人和道的之间的关系问题。如果得道之人我们称之为真人、圣人或大人，或者什么之类的人都行，它是个人的关系，我就想问，因为我还谈西学。柏拉图、亚里士多德这个系统它叫哲学家，philosopher，这个人和道的关系，我一直把握不到这个道，我冲着这个背影去找这个光芒。

李若晖： Philosophy，最早出自毕达哥拉斯学派，我是达不到的。

王利： 我要跟那个女神，我要追求那个女神，但是我总是达不到它的。

李若晖： 正因为达不到，所以你才能永恒追求。

王利： 对，我就是总是处于一个追问的状态，所以你说你存有这个道，或者存有这个真理，我是对你质疑的，所以说苏格拉底说我知道我不知道什么，重要的不是不知道，而是我知道我不知道，所以我要不断去追求。

李若晖： 辩证法就是在这个基础上。

王利： 是的，就是这个，辩证法是说你把之前的定论给它否掉，所以我告诉你，你知道的是你不知道的东西。接下来到了基督教的传统也是个东西，得道的人是谁呢，是能够有信仰的人，首先是天使，谁也达不到天使，那就是使徒，12 个学生，先是傻乎乎的彼得，后来是保罗，然后把这个教往外传，传出去之后，这个得道之人和道之间有个关系，有个身体性的支架，有个轨道。柏拉图就是古希腊的传统里面，得道的人和道之间也有一个身体性的关系。比如说圣人的这种有为无为、有情无情，还是外有情、内无情、外物内道，别管它是一个什么东西，这当然是个分配比例，或者是质的这种。那么，它在这，就是在老子的道和真人之间，和得道真人之间，它是个什么关系，靠什么来衔接的这个关系，这是我想知道的问题，这是我跟你探讨的第二个问题。

第三个问题，就是我们在探讨这个道论的时候，因为我脑子里，一直想着一个道学，冯先生希望把我们的宋理教称之为道学，而且引了很多的东西，道学，我们知道它重建一套宇宙论或者重建一套新的东西，我就想问一问你说，这一套原生性的，在老子的道物关系，到宋学这是怎么转过去的。就是你这套道物关系跟后来宋学讲的这一套道物，“道心惟危，人心惟微”，就是道心和人心之间的关系，那个时候讲道物，讲什么形式，性命这套东西的时候，这个转折是什么？

李若晖：这个我不太清楚，我就不回答你了，因为你这扯出去又是另外一套东西，而且它还涉及像你说的宋明理学等等这些，太复杂，不是几句话讲得清楚。

王利：好，我们先探讨前面，请教你前面的两个问题。

李若晖：你所理解的，第一个，用一句话来说，就是形，物与形名之间的，你是问这个吗？

王利：我是问道与物之间的关系，因为在你目前的解析中，把道和有无之间作了一个区分，有无之间是一个规定性，道是无之极致，无限之无，道是有限之有，有无之间是一个区分。而你对危殆当时作解释的时候说它是生存的边界等，这其实都是对它有限存在的这样一个描状。这样一个意义上，我希望对道物关系，是否能有一个较为充分的描述，道和物之间，因为刚才我们借用了这几句话，“在阳不焦，托阴不腐”，你说这是道而不是物，是物能干出这种事来，因为它是有限的，它只能占阳或者占阴，包括他们所谓讲的绕口令似的话。

李若晖：你的意思是说，我们刚开始只是从这个话讲了一点，你想有一个完整的老子里面的道物关系。

王利：对，你可以给我们提示一下，我们求知欲很强，你可以给我提示一下老子谈道的道物关系。

李若晖：这一点的话，我周日会专门讲，我那篇文章里头有。我大概讲一下，因为在座不见得周日都来。我认为道物关系，从物的角度来说，万物的整体是作为对于道的显现，道是一个全，而物，万物作为有限之物的话，它是分别者的存在，一个有限的存在，就是说我那篇文章所致力于解决的——不是说提出这一点来，提出这一点实际上以前有很多学者都提到过，冯友兰、汤一介都有类似的这种观点。道是一，物是多，等等这些，不管他用什么语言，表达的大致差不多是这样一个意思。我个人认为，我在这里补了一块是什么，就是说你在讲到了万物的整体为道的显现之后，那我要问的是，万物之一物，或者物类，就是这个有限的物它有没有哲学意义？在老子哲学里面，我是说，在老子哲学体系里它有没有哲学意义？所以我是作了一个推演，基本的意思是说，物类自身是有哲学意义的——我特指在老子哲学里面，鱼作为鱼在水中游，它获得的是鱼的自然性，也就是说每一物类，它的自然性的表达，是作为这一个类的物的自然性的表达。老子的回归自然不抹杀物类，具体到个体的人，甚至你也可以作为一个个体的人来达到道，实际上这就是在回答你第二个问题了。老子是留下了这样一条途径，所以老子说的万物各归其根，那么这个根既是作为一个物类的有，同时又是一个作为道的无，实际上我觉得王弼的那个圣人，王弼的那个有、内无情、外有情的圣人就是这样一个根的显现，他就是从各归其根的物根的显现来的。就像一个婴儿，老子明确讲到这个婴儿在哭，在捉东西，甚至还有生殖器勃起等等这些，就是说作为日常人的行为他一样不少，但是他是一个道的存在。所以就是说王弼的圣人，内无情而外有情，实际上是从这里来的。人是必须要有欲的，人还是要吃饭，要穿衣，要睡觉，要住房子，在第八十章里，甘其食、美其服、安其居、乐其俗。这个说得很明确，而且你也不可能想象说老子号召我们大家去回归自然，去体道，得道过程不等于说叫全人类集体自杀，大家都不要吃饭了，还是要吃饭的。就是说你在得道之后，你仍然是作为一个人在这个世上生存的。那么，如何是得道，它的这个过程就是说少思寡欲，无知无欲，没有对于自我的意识，是一个有我而无我。我们打个比方，王国维写的《人间词话》里讲意境，有以无我之句写无我之境，最低的是以有我之句写有我之境，然后以无我之句写无我之境，以无我之句写有我之境，最高的是以有我之句写无我之境。就是陶渊明《饮酒》诗里面的“采菊东篱下，悠然见南山”。谁在采菊，谁在见南山，我在采，我在见，有一个活生生的陶渊明这个人，他在这个世上生存，他还在采菊花，他还在看南山，有这样一个我在这里，并不是没有，并不是没有一个陶渊明，恰恰是有一个陶渊明。但是这个时候的陶渊明他达到了一种无我之境，他心中已经无我了，也就是说人达到道的方式，就是说外面看起来你仍然是作为一个人在生存，但是实际上你已经达到了一种没有我、没有私、没有一己之私了，就是说像一个动物一样，渴了就喝，饿了就吃，这个动物是一个自然性的。他并没有说，反过来你如果人在欲望上，加上你去追求这个欲望的实现的话，你对这个欲望是有意识地认识到我想要什么的时候，那就不同了。这个时候，比如说我想要吃苹果，我想要吃梨子，我想要吃蛋糕，但是当我这样想的时候，实际上是什么，它直接是对当下之物的否定。一个小孩子手里拿着一个冰激凌在吃的时候，他不会说我要吃冰激凌，他说我要吃冰激凌的时候他手上没有冰激凌。这样的话，对于当下之物的否定，以及对于不在之物的追求，这自然就造成对于物的区分了。而人的欲望对于外物的区分就是知识，我这样理解老子的知，你也可以说就是知识。

王利：我再补充一下，这个问题里面关系到的事。为什么呢，还是对你总纲的一个考虑。这个总纲是什么呢，对于我们今天怎么来处理古典学问的办法，让古典学说哲学的话，因为我们知道对哲学这套东西的探讨是西学背后一个很深的冲动，一个追求。所以哲学，如果按照流俗来讲先问本体，希腊的时候到底什么是世界的本原？开始找出了四个元素，水火土气，后来又找其他的东西，找来找去，找到了柏拉图、亚里士多德这样，苏格拉底一生追问，引出了一个命题叫"什么是"，最后来探讨这个最后的本源。当我们去说这个，让他去说这个哲学话的时候，其实可以发现比照中国的这套东西里面，你看儒家它不会探讨道物的关系，可能说尤其是原儒，孔孟荀的时候，可能不会探讨道物关系，他讨论人和人之间的关系、理和人的关系等伦理性的关系。可能最像西方意义上哲学的，就是这是一块了。老子这是一个很大，包括易学，包括易经，包括易传等的概念。我的内心深处其实总是有着一种忧虑，也是有一种期待，所忧者就是用探究西学本源的方式，来捣鼓出我们这一套东西来，我们从很久前也在探究本体，也在探究世界的本原，当然对世界本原的追问可能是大家共通的，是所有的大文明，或者是称之为文明的这样一个大的……

李若晖：所谓宇宙生成的东西。

王利：对，都是有的，但是我们的追问方式和处理方式可能是不一样的。所忧虑者，就是担心像我们的这种探究将一些像哲学，或者仿佛是哲学的一些东西，不知不觉带上了那条轨道，走上了逻各斯论，或者逻各斯的基督论，带上了这条道路。而且在现代，比如说胡适他们干的这些事之后，已经走上了这条道，就是你不会说中国话了，你必须要用希腊和基督教的话语来说你的事。

李若晖： 我就是希望避免。

王利： 我知道，这也是我的忧虑所在。为什么忧虑这个，特别像把哲学这套东西，说成哲学，比如说胡适的哲学史就是这么写的，之后的哲学史大部分都在写，都在希望说我们原来就有。

李若晖： 冯友兰就明说，我就是在中国的古代这些书里面去找西方的那一套东西可以套得上的，他甚至还说我们可以反过来，到西方的书里面找一个中国的框架套得上的东西，写一个西方义理学。

王利： 没错，是这样的，因为这是受新文化，受西学和中学的比较这种影响，但是这个我们可以思考。

蔡世昌： 不仅仅是影响，现在我们老是喜欢说你看我们有第一，我们有超越，它是一种弱者的立场，他想他们西方有了，我们也有。其实你刚才讲到，李若晖讲他想避免这个东西，其实我觉得让大家都明白，我也觉得我也很反对这些用哲学，不妨称为类哲学，它们是两个不同的东西。比如说拿老子这个东西来说的话，老子他说道，你看道的规定，有像西方的逻各斯或者其他那么丰富吗？我看到自然也有一些，比如说，“寂兮！寥兮！独立而不改”“有物混成”什么的，说它是一个终极性的东西，你很难说，就是难说，不明，他只是强调它的终极意义，其实他只是想对万物否定，他想说道，没法说，只是用通过否定万物。

李若晖：我接着王利说的话，我们现在做这个所谓古典的哲学言说，不是说按照西方的哲学，把西方哲学作为一个知识体系来对待，然后去一个一个找到它的门类，我也是这个意思，要避免这样去做，而是要让中国的古典能够自身言说成为，它自己成为一套独特的哲学。

蔡世昌：而且古人做这个东西，不是说像亚里士多德或者谁，他是格致，他不是去探求世界真正的知识体系，就是用现在话说寻求真理，他是有用，这个用在什么地方，是治国，是平天下。

王利：你说得很好，这就是我要接着说的。我刚才说的是我之忧虑，我的期待何在呢？就是当我们去谈道物论的时候，跟柏拉图去探究理念论，和亚里士多德去探究各个知识门类，就是所谓西方意义上的科学，它是不一样的，包括他们学院的体制，专门弄出来一套东西。而我们这个，你比如说我最关心的就是道物论它背后的，比如说当你说有限、无限、名和实的时候，那么它和中世纪争了一千年的唯实论和唯名论的关系、个案，特殊和一般，冯友兰最关心的这个新实在论这一套东西，一般和特殊之间、名和相之间的关系，是掰扯不清的，就是思辨的这种深度性和繁复性来讲，其有一套东西，当我们去说在一个抽象意义上去谈有无、谈名相的时候，你很难跟他们去问，而他们背后也有所指，他们探究针尖上站多少天使，背后观测的是信仰的大节，我期待当我们去探究这个道物论的时候，不仅仅有一个像一般意义上的有无论、名相论，而要把你刚才说的治国平天下的这个道，这个人道，就是人之道，背后这个东西能否揭示出来，就是道物关系在老子的体系中，它背后关心的，那东西方都知道这个本原或者本真的，最高那个东西是不可说的，老子说了啥，这是重要的。

蔡世昌：我觉得你要了解它的意义的话，最好你要考虑他发言当时的背景，他有什么论题，他有什么相关的知识。

王利：我需要、期望、希望两位能点拨一二，当然我们还需要很长时间的阅读，因为你们已经阅读了很长时间了，我之期待在于说你建立起来一个中国秩序，包括你中国秩序背后的这套东西，比如说我们去谈道和物，这的确是老子的概念，是他道论中一个很重要的概念。有无我们都可以谈。海德格尔还追问为什么存在的存在，不存在的不存在了，德谟克里特这个命题，两千年以后重复地问，他整出来一套存在与时间，整个颠覆了柏拉图，亚里士多德这个传统，他能追问这个，有无存在于虚无的问题，这就是有和无的问题。这个论题西方可以不停倒腾，可以反复追问。我今天有个新的提问方式，我就把这一套话语，我把我的思维方式整个改造了，我们中国秩序在老子这个时候，他探讨道物背后所关涉的这样一个论题是什么论题，我关心这个问题，这个是我之希望，我之希望不在于说，我们看这个西学，从上下两千年看整个的脉络，咱们讨论了很多了，唯实的，唯名的，后来的唯物的，唯心的，争这个实在论的，新实在，旧实在，逻辑实证主义的，到今天的分析哲学，这拨人都在玩这个东西，你玩这个东西不稀罕，关键问题是你背后你关涉的中国秩序的建构性的论题何在，道物背后的论题何在。那你说有限存在和无限存在，圣人，为什么他一下子就拽到圣人身上去了，他不拽物了，不玩物了，不玩物和物之间的门科目章属种之间的差别了，亚里士多德玩的是这套东西，搞动物志搞得那么详细。

蔡世昌：先秦的学问，你看战国诸子百家，它从来不单独谈道，谈道必然跟术联系在一起的，谈道是为了术。这就像说隐士为什么要隐，因为他不能得志于草堂，他隐的时候退是为了进，我说这套就像老子，为什么要设立一个道，道按理说来源于有形有名，后面的人就很容易把它驳倒，当然规定给你设一个，不可纠结的一个东西，不可言说，不说道，但是它能够派生万物，然后它其实再往下，主要展开它这种矛盾性，我觉得说这些之后，实际上还是在用。艺术史上，中国画和西方画也是差别很大，你要拿中国的画和西方的画来比，我觉得就跟中国哲学，或者类哲学跟西方哲学，它是目的，关心的途径和目的不一样。

王利：我知道不一样，我们非常明确知道不一样，不一样在哪？你这个道道在哪，知道一样的话，我就不问了，那 OK 了，人家西方怎么走的，我们怎么走就行了，跟着他们走就行了。

蔡世昌：我也知道，比如说你很懂得西方哲学，假设有一个很懂中国哲学，你们俩都比较来说，各个方面落实了很多，我就再问，你们都知道了不一样之后又怎么样了，是吧。实际上就是说作为一个当代的中国人，你怎么来对待西方哲学，中国人，你怎么对待所谓古典的这些东西。

王利：这个话绕得有点虚了，我关心的问题是道物背后指的是个什么事，你刚才说了一点，它指的是个术，如果你把这个东西引进来就有一个问题，术和物是什么关系，因为道术，术是人搞的。

李若晖：在老子里面还没有谈术，老子应该没有术这个字。

王利：道物背后是一套什么秩序？

李若晖：实际上我觉得他这一套的话，如果我们从秩序的角度来看的话，任何一套秩序它必须有一个对象，实际是一个组织的过程、方式，一个体系的建构过程，它才称之为秩序。但是老子在这里，我觉得他的道物的话恰恰是对秩序的解体，它是反秩序的。也就是说像我们刚才所讲到的那一点，他在这仅仅是一种类比，不是类似于早期的希腊哲学或基督教的那种建构秩序的过程，它更像是路德的新教对于天主教的解构的过程。

王利：解的是谁呢？

李若晖：他回答的不是说像以前一样，比如说我们不说儒家，就是说西周春秋只有这一套周礼秩序，它是一个圣王化成天下，这样一个秩序。而老子在这里，我觉得他开启了每个人可以直接达到道的秩序，这样一个过程，他实际上就是破掉了在天下与国家，在圣王教化当中来达到天下化成的秩序，而是达到开启了一个每个人经由他内心的体验而直接达到道。当然也讲到圣王，老子也讲到，圣人就是圣王，就是王者，因为很明显，他大量的圣人与百姓、与民这种对举。所以一方面老子有这个圣王、君主，他不单讲王，还讲侯等等这些，圣人、王侯应该如何治理国家？以智治国，国之贼；不以智治国，国之福，治大国若烹小鲜，等等这些治理国家的，一方面既继承了西周以来的那样一种，就是说圣王秩序，但是同时也开启了一个个人达道的过程，但是这两者在老子的整体当中如何统合，我现在还没有想清楚。

王利：后来有两条道走，我感觉比如说像老子，像庄子。

李若晖：你说的是后来的几条道路，包括走到术这个路，走到法，刑法这个路，等等这些都是后来的，我就是想在老子，单纯从老子来看，他二者如何统合，这一点我还没有想清楚。

王利：这个很有意思，你刚才讲的这套对我很有启发。假如说一破一立，不破不立，破在立先，破字当头，破立的这个，所破者就是从周礼，西周的分封天下秩序，对天下秩序的一个解构，也是对它的一个应对。

李若晖：包括对礼的摧毁。

王利：对，对礼制秩序，因为那个时候和孔子前后脚，基本上也是一个礼崩乐坏的大场景，这是没问题的。那么，你刚才说到了开启了一个个人达到悟道的一个方式，这里所讲的个人，是个什么样的人，是贵族吗？

李若晖：每个人，他在这里恰恰没有贵族的这个概念，老庄都是讲的万物齐一，没有贵族的概念，唯一不同的人就是圣人，就是王，这是他唯一不同的人。所以第二十五章四大里面到底是人大还是王大，这个在文本上是很有意思的一个，它不是一个简单的文本异文，我觉得它的这种异文恰恰表达了老子思想本身的这种内在矛盾，到底是人大，还是王大。

王利：这个人指的是什么人，一般的人，还是说就是人？

李若晖：每个人。

蔡世昌：与天地相并存的这个人。

李若晖：对，这个人你可以说指那个人，也可以指每一个人，就看你怎么理解，都可以。

蔡世昌：中国古代哲学来讲，诸子百家，没有阶级上的划分，比如说像印度有种姓什么，荀子的途之人皆可以为禹，在路上走的人都可能成为圣王。

王利：你这个不对，这个礼就是等级制，有天子之礼，有士大夫之礼，有躬亲的礼。

蔡世昌：这个还是稍微有点不同。

王利：讲讲，愿闻其详。

蔡世昌：你看他讲到礼的时候，是一套政治秩序，但是比如说要接受王化的时候……

王利：那是礼定了，咱们在谈王化的事，礼定了以后，才有这个。

李若晖：我觉得老子思想里面，这两个方面的东西，他是否意识到了它们之间的内在张力，这也是一个问题，他有没有提出一个比较好的解决途径，或者由此往下，就是说老子对诸子的影响，在这样一个歧义下对诸子产生了不同路径的影响，这都是一个可以做的题目。实际上就是说，在我来看，我个人认为老子本身并不是非毁一切礼，他非毁的是人为之礼，他非毁的是违背自然的礼，那种繁文缛节、违背自然的礼。实际上老子讲究的是自然之礼，就是说合于自然之礼，我们可以看他明确讲到，战胜者以丧礼处之。而且就是说在《礼记·曾子问》里也讲到了老子教孔子礼的几个细节，当然也有很多人对这个真伪有疑义，但是我觉得它至少是一个先秦早期的传说、一个说法。那么这个说法，我觉得它恰恰也是丧礼，就是说在送葬的过程当中出现了日食，我们应该如何来处置。我们知道儒家最重的也是丧礼，甚至在某种程度上，祭礼我们可以认为是丧礼的一个延续和扩展。

王利：你这个说法是一个挺好的思路。

李若晖：他是要回到一种自然之礼，如果我们从自然之礼的角度来看的话，实际上是可以统合圣王的化成天下与个人的得道，从这个角度去统合它。就是圣人的化成天下不是一种有意化成，也是一种自然，我无为而民自定。圣人也是达到了自身的自然化，这种化就是使民都自然化，民都自然化实际上也就是个人都通有，这个国家和君主不是成为个人体道的障碍，而是说他们上下通的，殊途同归。

王利：这套东西比基督教还基督教呢，您问问吧。

闫多莉：我不是搞学术的，这些都不懂，懂一点也是肤浅的。我听了以后也有一些问题和思考，刚才李教授说到无为而治，老子一直说无为而治，好多专家学者认为无为就是不为，君是无为，臣有为，但是我想是不是还有这样一种理解，无为是一种大为，大为到，因为大道无为，大为，这种作为就是从大的方面来做了，所以说它的表象是无为，而实质上是一种大为。比如说康熙斗鳌拜的事件，庄妃在其中做了一件，清朝规定是内宫不许干政，庄妃并没有干政，但是她就做了一件事，跟康熙说了一门亲，让索尼的孙女做康熙的皇后，这样索尼就全心支持康熙，最后斗过鳌拜。这一事件表面上看，庄妃并没有做什么，好像是无为，但是实质上我觉得好像是有大为，这中间在讲管理学的时候，那些教授也提到了，中国在现在企业家的探讨，我们怎么样管好企业，中国企业家要实现道的升华，就是说一般来说，西方说管理企业怎么管，都是在术上下功夫，就是具体的做法。而中国真正管理好一个企业，把你的企业做强做大，就必须是从道上，从宏观里面上，真正到了这一步，就驾轻就熟，举重若轻，就好像是整天啥也没干，但是你的企业就办得特别好，这就是到达一个大道的境界，这是关于无为，我是想着无为到底是不是一种庄子。老子在他这里说的意思是不是还有另外一种意思，就是无为这其中有一种大为在这里边含着，到底有没有，这个我不懂。

李若晖：当然您这种理解的话，比如说我们在老子里面也可以读到，大方无隅，大象无形，在文本作这种理解也不是不可以，但是您举的庄妃的这个例子，实际上它不是道，它是术，更准确说它还是一种术。

闫多莉： 她本身做的是个术，但是她是上升到道的境界了。

李若晖： 但是这个的话，不管怎么说它显现出来的还是一种术。作为老子的无为的理解，我个人的理解，就是说我刚才讲到了无我无欲，老子后面是说无为而无不为，如何来理解既无为又无不为，也就是说当我达到了一种自然性的存在，比如婴儿，成天又哭又闹，又吵又叫，要这要那，几个人都伺候不过来，但是它是合于道的，它实际上就是无为，因为无知无欲，没有对于自己欲望的认知，他所有要这要那、哭喊吵闹都是自然性的。那么，它要，是一种纯自然性的，它什么都可以做。你哭就哭，闹就闹了，我深夜两点大吵大闹，弄得左邻右舍都睡不成觉，我这是自然的，对不对。

闫多莉： 还有一点，刚才王老师他们都提到了一种角度，就强烈的责任心和使命、治国平天下这一点来说，我就想到李教授一开始说的，怎么让古代的哲学走到现在，让古典走到现在，就是说现在我也是想，要是如果从这个问题上说，比如说道与物的问题，能不能与咱们现在提的精神与物质这一类上凑。当然道不能简单理解为精神。另外，道与物的关系，与孔孟之道，老子、庄子与孔孟儒家有没有对接，应该怎么对接？孔孟之道是不是在研究从道的里边，从道中间又进行了研究？你看君子小人，它完全是从道的方面研究。比如说现在举一个简单的例子，有一场大火，有一个英雄看见某一家某个地方失火了，马上他反应过来，他就没说这个火会不会烧我，而是马上就去扑火救人，这个举动，就是当时他已经不知道火热了，他那个境界，当时他的心思就没有考虑到火热，而是扑火救人，这个人的举动现在已经达到了伟大的精神，一种精神升华，到达一个境界。不说大道，他是不是达到了一些小道？在道中间是不是还要再分层次？

李若晖：您举的这个例子，如果我们严格从老子的角度来看，首先第一他绝不是没有考虑到这个火会伤人，否则他就不必救人。

闫多莉：你是这样理解，我不是，我刚才开始就说了，我是从他们的责任心，使命感，把古典放到现在，倡导一种精神。

李若晖：是，第二点的话，他之所以伟大，恰恰是在他充分意识到了这一点，你又比如说我们要是说来了一个傻子傻乎乎的不懂，我们使着他，你去救人，他就去了，这肯定同这个英雄很清楚这个火会伤人但去救人，完全是两码事。

闫多莉：可是难道说这个傻子是有道吗？我们不能说吧。

李若晖：对，当然不能说了，而且这个傻子他也不具备这种精神境界，就是说他恰恰意识到火会伤人，并且仍然去了，这才是他的精神境界战胜了一己之私，我们是从这个角度来理解它的。正是因为，只有他清楚地意识到了这一点，我们才能够显现出来他的人格伟大来。

闫多莉：我就是想古代的。

韩洪迅：我觉得儒家讲的一个义理，是不是在道，你说的义属于道义，老子讲的不是和它一样，我转化一下，儒家讲的提倡的义，仁义。

李若晖：对，或者说现在那里着了火，然后屋子里一个婴儿在哭，现在孔子和老子站在这里，我们相信孔子会去救人，老子会不会去？

韩洪迅：对，就是这个问题。老师，我问您孔子、老子会不会去救呢？

李若晖：这个的话，就是说如果是。

闫多莉：我的理解是老子可能不会救人，按照书面上理解不会救人，但是按照它的深刻含义，我们还是应该理解，他还是应该会去救人。

李若晖：我觉得老子会去救人，但是他不会直接冲入火海，他会要想一些办法，比如说怎样尽快把火浇灭，或者有一些其他的什么办法把人救出来，不伤害自己。

韩洪迅：利用顺应自然的那种。

李若晖：对，他会从这个角度。你直接冲进去的话，固然是一种英勇行为，但是就像苏格拉底说的，这个勇敢有时候常常表现为愚蠢，实际上是愚蠢。因为你冲进火海以后，会有什么情况，完全是不可预料的，很可能人没救到，你也死掉了，如果是这样的话，在老子看来，你这样直接就像用我们今天的话说，傻帽似的，是没有意义的，除了白白把你自己也死掉，没有任何意义。

韩洪迅：我想起《老子》里面说，应该是这样的答案。

李若晖：对。

闫多莉：刚才我的主导思想，我是想的这样一个意思，怎样把老子那个道物关系，整个与百家争鸣那些各家、诸子百家都联系起来，中间谁来，谁能做这个事，把诸子百家，包括现代哲学一些体系，中间建立一个联系。

李若晖：这是一个很大的题目了，我们将为此努力，就不是今天能够解决的问题了。

王利：然后，老子达到那种自然的状态，我觉得它是一种，我觉得您刚才说王国维的几种境界，您的这种像婴儿一样的自然，我觉得应该是像那种比较低的，纯粹朴素的自然那种状态，而不是既有我又无我的圣人提到那个。我就是对你个人能够直接体道的一点反应。

李若晖：这个总是指的那种圣王之治下的理想状态，他讲的这个圣人怎么样、民怎么样，这是达到一种圣人之治的理想状态，就是说这只是这一句话而已，他仍然在别的地方，他仍然开启了这一点。他就是说达到道有两种方式，一种是个体自己去达到，但是这样的话，不可能，天下化成是做不到的，那么这样的表现的话，在社会上是实际表现，就是比如说隐士。

王利：我想问一下，道法自然会不会导向格物致知，走向那条路？

李若晖：这应该不会。

王利：你想你不了解这些，比如说万物的自然之性的话，你怎么反馈它自然呢？

李若晖：所以这里就有一个问题了，这个知识的话，只能由圣人来掌握，知识只能由圣人掌握。老子的政治哲学，有人说它是愚民，君圣民愚。就是说你比如说第十九章的著名文字，绝圣弃智，但是这个绝圣弃智不是对所有人，是对民而言，圣人无圣那还是圣人吗，在老子那里圣人是正面的。

王利：他还是害怕有了知，就有欲。

李若晖：对，就是民有了知之后，他就会被这个知所产生的欲所引诱，只有圣人才能够抵御知所带来的欲。

王利：看来，庶民要达到圣人很难，或者不可能。

李若晖：那当然是的，达到圣人当然是很难的，但是不排除你个人仍然可以达到自身的复归于婴儿。你想想复归于婴儿，这个婴儿是要有人喂养的，这个喂养者就是圣人。所以这个圣人，就是说，道是为万物母，而圣人是为万民母，这也是一个对应。

王利：圣人最后提到的状态和一般人还是不一样。

李若晖：肯定不同，圣人就是说是执古以御今，他掌握了道，甚至掌握了术，他掌握了知，我们刚才讲到欲望对于外物的区分就是知识，如果一个普通人掌握了知，你产生的欲望是什么，你是根据一己之欲来区分万物。圣人掌握的知识是什么，圣人掌握的知识是一种自然性的知识，打个比方说，你现在带一个婴儿，你要给他喂吃的，你要给他穿衣服，那么食物是食物类，衣物是衣物类，这是它的物的自然的区分，比如说一个婴儿饿了，你不可能把衣服塞他嘴里给他吃，他冷了，你不可能把米饭涂在他身上，食物衣物等这些物类是一种自然之类，它没有根据人的欲望去对物进行区分，动物也是这样的，对不对？

王利：就这样吧，时间也不早了，肯定还有很多未尽议题，最后感谢若晖兄，感谢大家的参与。

释《国殇》"埋两轮兮絷四马"

《国殇》有句状战事之激烈："凌余陈兮躐余行，左骖殪兮右刃伤。埋两轮兮絷四马，援玉枹兮击鸣鼓。"其中"埋两轮""絷四马"旧有两说。东汉王逸《章句》："絷，绊也。《诗》曰：絷之维之。言己马虽死伤，更埋车两轮，绊四马，终不反顾，示必死也。"但也有学者不同意王说。清王夫之《楚辞通释》："两骖死伤，车不得行，两轮如埋，两服如絷矣。"①清钱澄之《庄骚合诂》："埋两轮，战尘深也。轮埋不行，故四马如絷，不能进也。"②现代学者也多有赞同。孙常叙《楚辞〈九歌〉整体系解》："埋两轮，絷四马，承上句'骖殪兮右刃伤'而言。左骖被一箭射死，右骖伤于兵器而倒地。两马横于左右轮前，因而双轮横塞，不能前进。结果使未伤之服马欲行不得，骖、服俱失其用，犹如以绊足之絷絷住了一车四马一样。此乃战车已陷入绝境的情况，并非主动地'埋轮绊马，以示必死，下车赴敌，终不反顾。'下句援枹抱鼓，人在车上可证。"③金开诚、董洪利、高路明《屈原集校注》则进一步说明理由："埋，这里指两轮陷入泥中。

---

① ［清］王夫之：《楚辞通释》，上海：北京：中华书局，1959年版，第43页。
② ［清］钱澄之：《庄屈合诂》，合肥：黄山书社，1995年版，第180页。
③ 孙常叙：《楚辞〈九歌〉整体系解》，长春：吉林教育出版社，1996年版，第207页。

絷，捆住，绊住。'絷四马'，指驾车的四匹马全被弄乱了的缰绳和套索捆住，不能行动，又王逸说认为埋两轮、絷四马是车上战将自己所为，表示与敌人决一死战。此说非是，战况激烈，何暇埋轮絷马？"①

何剑熏《楚辞拾沈》则力主埋轮絷马为战术："《孙子·九地篇》：'是故方马埋轮未足恃也。'曹操《注》：'方，缚马也。埋轮，示不动也。'于鬯《续香草校书》讥其不通。实则，曹操训'方'为'缚'，乃读'方'为'缚'也。'方'，今音非母，古音帮母。'缚'从'甫'声，今音敷母，古音滂母。二字同为唇音，可互假。'缚'字转为'绑'。'缚'、'绑'与'絷'同义。故曹操释'方'为'缚'，实即'绑'字。'绑'字，不但唐以前字书所无，即使宋代所修的《广韵》《集韵》亦无此字。是否上古无此语呢？非也。上古用'方'字或'纺'字。用'方'字者，上引《孙子》之文是也。用'纺'字者，见《国语·晋语》：'献子执而纺之于庭之槐。'这个'纺'字，即应训'缚'，实即'绑'字。韦昭释'纺'为'悬'，误。② 如此，则《孙子》之'方马'即'绑马'亦即此《辞》之'絷马'，是毫无问题的了。絷马埋轮，是战争中当敌众我寡时，至死不退的一种表示。与后世所谓破釜沉舟的意思相同。《华阳国志·犍为士女》：'公孙（述）僭号，（朱）遵为犍为郡功曹，领军拒战于六水门。众少，不敌。乃埋车轮，绊马必死，为述所杀。'验以此《辞》，实不可易。或古代作战，于必要时，埋轮缚马，示以必死，有此一道也。"③按朱遵事又见《华阳国志》卷三《蜀志》蜀："朱

① 金开诚、董洪利、高路明：《屈原集校注》，北京：中华书局，196 年版，上册，第 285 页。

② 李若晖按：杨树达《读国语小识》亦云："'纺'当读为'缚'。"载杨树达：《积微居读书记》，上海：上海古籍出版社，2006 年版，第 82 页。

③ 何剑熏：《楚辞新诂》，成都：巴蜀书社，1994 年版，第 114—115 页。

遵绊马必死。”又同卷犍为郡：“及公孙述有蜀，郡拒守，述伐之，郡功曹朱遵逆战，众寡不敌，遵绊马死战，遂为述所并。”又卷五《公孙述刘二牧志》：“犍为朱遵，绊马死战。”《太平寰宇记》卷七十四剑南道三眉州：“朱遵字孝仲，犍为武阳人。率兵拒公孙述，绊马战死。”黄灵庚《楚辞章句疏证》亦谓王逸所释“此说不移。絷马埋轮，犹《孙子兵法》第十一《九地篇》之‘是故方马埋轮’，曹操注：‘方，缚马也。埋轮，示不动也。’明姚富《青溪暇笔》卷下：‘方马二字，诸家之注皆欠明白。富按：《诗·大明篇》传注：天子造舟，诸侯比舟，大夫方舟，士特舟。《尔雅注》：方舟并两船，特舟单船。方马之义，当与方舟同。盖并缚其马，使不得动之义耳。’絷马埋轮，犹《九地篇》所谓‘死地吾将示之以不活’。又，《陈书》卷一九《虞荔传》附《弟寄》：‘孰能被坚执锐，长驱深入，絷马埋轮，奋不顾命，以先士卒者乎？’《类聚》卷五七《杂文部》三‘七’条引梁萧子范《七诱》：‘守边鄙而拥角节，集兵旅而驰牙璋。或埋轮于绝域，或絷马于遐疆。’皆因于此。”①

现在最后的问题是金开诚、董洪利、高路明《屈原集校注》所说的“战况激烈，何暇埋轮絷马？”但是《国殇》为文学作品，并非对实战之记述。诚如雷·韦勒克、奥·沃伦《文学理论》所言：“文学艺术的中心显然是在抒情诗、史诗和戏剧等传统的文学类型上。它们处理的都是一个虚构的世界、想象的世界。小说、诗歌或戏剧中所陈述的，从字面上说都不是真实的；它们不是逻辑命题。小说中的陈述，即使是一本历史小说，或者一本巴尔扎克的似乎记录真事的小说，与历史书或社会学书所载的同一事实之间仍有重大差别。

① 黄灵庚：《楚辞章句疏证》，北京：中华书局，2007 年版，第 978—979 页。

甚至在主观性的抒情诗中,诗中的'我'还是虚构的、戏剧性的'我'。小说中的人物,不同于历史人物或现实生活中的人物。小说人物不过是由作者描写他的句子和他让他发表的言辞所塑造的。他没有过去,没有将来,有时也没有生命的连续性。这一基本的观念可以免去许多文学批评家再去考察哈姆雷特在威丁堡的求学情况、哈姆雷特的父亲对他的影响、弗尔斯塔夫年轻时怎样瘦削、'莎士比亚笔下的女主角的少女时代的生活'以及'麦克佩斯夫人有几个孩子'等等问题。"①因此,《国殇》之"埋两轮兮絷四马",只要能烘托出厮杀之惨烈,战士之悲壮足矣,至于是否合乎现实情境,实在不是诗人要考虑的。②

(原载赵昌智、顾农主编:《第八届文选学国际学术研讨会论文集》,

扬州:广陵书社,2010 年 12 月,第 102—103 页)

---

① [美]雷·韦勒克、奥·沃伦:《文学理论》,北京:生活·读书·新知三联书店,1984 年版,第 13—14 页。

② 关于这一点,还可参考西方诗歌研究中的套语理论。参 Milman Parry, L'Épithète traditionnelle dans Honmer, Paris 1928。

王弼《老子注》"造形"训解

《老子》第一章："道可道，非常道；名可名，非常名。"王弼注："可道之道，可名之名，指事造形，非其常也。故不可道，不可名也。"[①]牟宗三认为："王注以'指事'与'造形'作为可道与不可道、可名与不可名之分界，藉以分别常道与非常道、常名与非常名之不同。"[②]即道出此句之理解对王弼思想的重要意义。寻辅嗣"造形"之"造"，旧说或释为"造作""作为"之义。如熊十力《十力语要》卷二《答马格里尼》："缘名之起，必由知与物接，用斥指事物，造作形象，遂从而制名。"[③]楼宇烈《老子道德经注校释》："'指事'，许慎《说文解字·论六书篇》说：'指事者，视而可识，察而见意，上下是也。''造'，为'形'，《周易·系辞上》：'在天成象，在地成形。'韩康伯注：'象况日月星辰，形况山川草木也。''指事造形'，此处藉以指可识可见有形象之具体事物。"[④]德国学者瓦格纳则将"造"

---

① [三国·魏]王弼：《老子道德经注》，楼宇烈：《老子道德经注校释》，北京：中华书局，2008年版，第1页。

② 牟宗三：《才性与玄理》，载《牟宗三先生全集》，台北：联经出版事业股份有限公司，2003年版，第2卷，第149页。

③ 熊十力：《十力语要》，上海：上海书店出版社，2007年版，第130页。

④ 楼宇烈：《老子道德经注校释》，北京：中华书局，2008年版，第2页。

译为"制造"。①

牟宗三始提出异议。其所著《才性与玄理》云："'指事造形一语，看似易解，细案之则颇难说。问题只在'造'字。'指事'句易确定，事者物也，指者指陈、指示、指述，'指事'意即指陈一具体之物事、指述一特定之对象。可道之道，可名之名，皆指陈一具体物事，指述一特定对象之道与名也。如'指事'之意如此，则'造形'句中之'造'字，想必非'造作'之造，必非今日所谓'造型艺术'之'造'，亦非'造句'之造。盖如此解，义不可通。然则'造'者当是'造访'之造。造者，访也，询也，问也；引申之，寻也，循也，顺也。'造形'者即寻形、循形之谓。言可道之道，可名之名，皆指乎事，循乎形，故非恒常不变之大道。指乎事，则为事所限；循乎名形，则为形所定：自非恒常不变之至道。而亦唯事与形始可以言诠，始可以名名。以言诠者，用今语言之，即可用'一定概念'去论谓之之意也；以名名者，用今语言之，即可用量名、质名、关系名等一定之名去指示之之谓也。涉事造形，而可为言诠所表现之道理，即可道之道也；涉事造形，而可以名名所成之'定名'，即可名之名也。至于恒常不变之至道、大道，则无事可指，无形可造，即非涉事造形之道，故不可道也。既非涉事造形，故其为道亦不为事所限，亦不为形所定。不为事所限，则其本身无分限；不为形所定，则其本身无定体。无分限、无定体，即其本身非一物也。非一物，故其本身亦不可说、不可名也。不可名，而又强名之曰'道'，则'道'之为名即'不可名'之名也。凡可名之名皆'定名'，不可名之名则非'定名'。王弼下

① ［德］瓦格纳：《王弼〈老子注〉研究》，杨立华译，南京：江苏人民出版社，2008年版，上册，第408页。

文分辨'名号'与'称谓'之不同：于定名，曰'名号'；于非定名，则曰'称谓'。"[①]其后方颖娴《先秦道家与玄学佛学》即承袭牟说，谓："王弼注之以为有事可指造，亦所以说明老子之不可道之'常道'，乃是无事无形可指造者。指事者，即因事以指谓或指示也。因事而指，必有一有限之客观或主观之范畴，有其相当相应处，此指谓才有效，故因事乃限于事。造形者，谓有一定之形象物体可造访也。有一定形象物体，即有一定之形态，占一定之时空，亦即可以视、听、觉、闻，可由人之官觉得而知之，故此可造之形，乃为其一定之形体所限，亦尽于此一定之形体。故此有限而可指造之事形，必为形下之事物。而物事不能长久不变，不能永恒存在，因而此有事形可指造之可道可名之道，不是'常道'。"[②]至若张成秋《王弼老学之道与无》言："指事之意，乃代表抽象事务之意义。'造形'之'造'，为也，至也，状也，象也。'形'，《周易·系辞·上》：'在天成象，在地成形。'韩康伯注：'象况日月星辰，形况山川草木也。''造形'乃象状具体对象之形也。盖道既非具体之对象，又非抽象之观念，如世俗之道理、名称者然，故不可道，不可名也。"[③]欲糅合两说而兼违之，不足为训。

细绎《老子》本文及王弼注意，物形为万物自然而有，乃"道生之"，非人所造作，亦非人力所可造作。牟宗三据其意与"指事"不合而驳之是也。《老子》第十四章"无状之状，无物之象"下想尔注："今世间伪伎指形名道，令有服色名字，状貌长短，非也，悉邪伪

① 牟宗三：《才性与玄理》，载《牟宗三先生全集》，台北：联经出版事业股份有限公司，2003 年版，第 2 卷，第 150 页。

② 方颖娴：《先秦道家与玄学佛学》，台北：台湾学生书局，1986 年版，第 68 页。

③ 张成秋：《王弼老学之道与无》，载《新竹师专学报》，第 11 期，1985 年版，第 40 页。

耳"[1],可为旁证。然牟氏复谓"'造'者当是'造访'之造。造者,访也,询也,问也;引申之,寻也,循也,顺也。'造形'者即寻形、循形之谓。"但是"造访"之"造"义为"到[某地]去"[2],与"访"并非同义并列。"造"既无"询""问"之义,更无"寻""循""顺"之义。

然则"造"当何解?

检《周易·系辞传》下:"子曰:'颜氏之子,其殆庶几乎!有不善,未尝不知;知之未尝复行也。'"韩康伯注:"在理则昧,造形而悟,颜子之分也。失之于几,故有不善。得之于二,不远而复,故知之未尝复行也。"《释文》:"造,七报反。"孔颖达《正义》:"颜子于几理暗昧,故有不善之事。于形器显著,乃自觉悟,所有不善,未尝复行。"[3]韩氏注《易》本踵续辅嗣,其"造形"一语,或即袭《老注》[4]。《释文》音为"七报反",去声号韵清纽,是不以为"造作"义矣——彼当音"昨早反",上声皓韵从纽。孔云"形器显著",亦不以"造作"释之。检《玉篇·辵部》:"造,徂皓切,为也。又七到切,至也。"[5]其二音之异见于经籍者,如《尚书·商书·盘庚》中:"咸造勿亵在王庭",孔《传》:"造,至也。"《释文》:"造,七报反,注同。马在早反,

---

① 《老子想尔注》,饶宗颐校证本,上海:上海古籍出版社,1991年版,第17页。

② 王力主编:《古代汉语》,修订本,北京:中华书局,1964年版,第4册,第1316页。

③ [三国·魏]王弼注经、[东晋]韩康伯注传、[唐]孔颖达疏:《周易注疏》,台北:艺文印书馆,2007年版,第1册,第171页。

④ 徐芹庭《易经源流——中国易经学史》尝论韩康伯《易传注》"归本于王弼《易注》","康伯《易注》,殆立志补王弼《易注》之阙者也。观其《易注》多方取资于弼注,归本于王弼之家法。可知矣。"北京:中国书店,2008年版,上册,第441—442页。实则韩氏还曾广采辅嗣他书,如朱伯崑《易学哲学史》即指出《系辞传》"一阴一阳之谓道"下韩《注》"'道者,无之称'至'不可为象'一段话,引自王弼《论语释疑·述而章》(见邢昺《论语注疏》引)。"北京:华夏出版社,1995年版,第1册,第314页。

⑤ [南朝·梁]顾野王:《大广益会玉篇》,北京:中华书局,1987年版,第49页。

云，为也。”[①]《诗·周颂·酌》：“跻王之造”，毛《传》：“造，为也。”郑《笺》：“跻跻之士皆争来造王。”《释文》：“造，毛才老反。郑七报反，诣也。”[②]

“造”之义当由“七报反”求之。考“造”由到、至之义引申之，则有将某物置于容器中之义。如《仪礼·士昏礼》：“今吾子辱。”郑《注》：“以白造缁曰辱。”《释文》：“造，七报反。”贾《疏》：“云以白造缁曰辱者，谓以洁白之物造置于缁色器中，是污白色。犹今宾至已门，亦是屈辱，故云以白造缁曰辱也。”[③]《礼记·丧大记》：“君设大盘造冰焉，大夫设夷盘造冰焉。”郑《注》：“造犹内也。”《释文》：“造，七报反，下及注皆同。”[④]《周礼·天官·凌人》：“大丧，共夷盘冰”，郑《注》：“夷之言尸也。实冰于夷盘中，置之尸床之下，所以寒尸。”[⑤]又《春官·郁人》：“大丧之渳，共其肆器”，郑《注》：“肆器，陈尸之器。《丧大记》曰，君设大盘造冰焉，大夫设夷盘造冰焉。”《释文》：“造，七报反，下同。”[⑥]

王弼意谓若置道于形中，是为有形，乃可名之，故非常名。《老子》第十四章：“无物之象”，河上公《章句》：“言一无物质，而能为万

---

① 旧题[西汉] 孔安国传、[唐] 孔颖达疏：《尚书注疏》，台北：艺文印书馆，2007 年版，第 1 册，第 130 页。

② [西汉] 毛公传、[东汉] 郑玄笺、[唐] 孔颖达疏：《毛诗注疏》，台北：艺文印书馆，2007 年版，第 2 册，第 753 页。

③ [东汉] 郑玄注、[唐] 贾公彦疏：《仪礼注疏》，台北：艺文印书馆，2007 年版，第 4 册，第 65 页。

④ [东汉] 郑玄注、[唐] 孔颖达疏：《礼记注疏》，台北：艺文印书馆，2007 年版，第 5 册，第 769 页。

⑤ [东汉] 郑玄注、[唐] 贾公彦疏：《周礼注疏》，台北：艺文印书馆，2007 年版，第 3 册，第 81 页。

⑥ [东汉] 郑玄注、[唐] 贾公彦疏：《周礼注疏》，台北：艺文印书馆，2007 年版，第 3 册，第 299 页。

物设形象也。”[①]第二十一章：“忽兮恍兮，其中有象”，河上公《章句》：“道唯忽恍，无形之中，独为万物设法象。”[②]第五十一章：“物形之”，严遵《指归》：“德以无设之设遂万物之形而无事。”[③]河上公《章句》：“一为万物设形象也。”[④]此“设”之义，《尔雅·释言》：“基，经也。基，设也。”郭《注》：“亦为造设。”郝《疏》：“设者，《说文》云，施陈也。……《礼容篇》云，基者，势也。形势与造设义亦近。”[⑤]郝氏所引见《新书·礼容语·下》，乃释《诗·昊天有成命》“夙夜基命宥谧”[⑥]。刘殿爵谓“势”乃“设”之误[⑦]，裘锡圭从之[⑧]，是也。《隋书》卷七《礼仪志·二》：“晋惠帝元康六年，禖坛石中破为二。诏问，石毁，今应复不？博士议，礼无高禖置石之文，未知造设所由。既已毁破，可无改造。更下西府博议，而贼曹属束皙议，以石在坛上，盖主道也。祭器弊则埋而置新，今宜埋而更造，不宜遂废。时此议不用。后得高堂隆故事，魏青龙中造立此石。诏更镌石，令如

① 《老子道德经河上公章句》，王卡点校，北京：中华书局，1993年版，第54页。
② 王卡点校本《老子道德经河上公章句》作：“道唯忽恍无形，其中独有万物法象。”出校勘记云：“影宋本原作‘之中独为万物法象’，于义不通。顾本作‘其中独为万物设法象’，亦费解。今据《道藏》本改。”北京：中华书局，1993年版，第88页。郑成海《增订老子河上公注疏证》则云：“‘法像’上原无‘设’，文义难通，今据天文钞本、古钞本、顾本、陈本，增补。”台北：华正书局，2008年版，第178页。今从郑说据顾本等补“设”字。
③ [西汉]严遵：《老子指归》，樊波成：《老子指归校笺》，上海：上海古籍出版社，2013年版，第90页。
④ 《老子道德经河上公章句》，王卡点校，北京：中华书局，1993年版，第196页。河上公乃从道生万物之角度立言，故于第十四章“无状之状”下注云：“言一无形状，而能为万物作形状也。”(第53页)不可执以解王弼之“造形”，王弼乃谓道无形，故人不可置道于形。
⑤ [清]郝懿行：《尔雅义疏》，上海：上海古籍出版社，1983年版，上册，第415页。
⑥ [西汉]贾谊：《新书》，阎振益、钟夏校注本，北京：中华书局，2000年版，第379页。
⑦ 刘殿爵、陈方正主编：《贾谊新书逐字索引》，香港：香港商务印书馆，1994年版，第72页。
⑧ 裘锡圭：《古文献中读为“设”的“埶”及其与“执”互讹之例》，载《东方文化》，1998年第36卷第1、2号合刊，2002年出版，第45页。

旧置高禖坛上，埋破石入地一丈。"[①]可见"造设"确有放置之义。严遵、河上公之"设形"即与王弼之"造形"相因，王德有译"设"为"谋"[②]，非也。钟嵘《诗品·总论》："五言居文词之要，是众作之有滋味者也。故云会于流俗，岂不以指事造形，穷情写物，最为详切者邪。"[③]此中"指事造形"一语即当袭自辅嗣，"指事造形"与"穷情写物"对仗，此"造"决非"造作"，而当为描摹其形。《文苑英华》卷一一四唐张仲素《绘事后素赋》："处曒昧之间，造形则辨；居有无之际，遇物皆呈。"[④]此"造形"则承于康伯，与"遇物"对言，亦当训"置纳"而非"造作"义。

（原载石立善主编：《古典学集刊》第一辑，上海：华东师范大学出版社，2015 年 5 月版，第 549—553 页）

① ［唐］魏征、令狐德棻：《隋书》，北京：中华书局，1973 年版，第 1 册，第 146 页。
② 王德有：《老子指归译注》，北京：商务印书馆，2004 年版，第 130 页。
③ ［南朝·梁］钟嵘：《诗品》，陈延杰注本，北京：人民文学出版社，1961 年版，第 2 页。
④ ［北宋］李昉等编：《文苑英华》，北京：中华书局，1966 年版，第 1 册，第 519 页。

学林散思

“中国哲学之真实建立”专栏主持人语之一

自从中国哲学作为现代学科建立以来，一个幽灵始终如影随形，它在问：“我是谁？”相较于中国历史、中国文学等等学科，中国哲学既缺乏中国传统学术的自我认同，也不见容于欧美哲学学科。胡适《中国哲学史大纲》（上卷）之前，虽已有谢无量等人的多部《中国哲学史》，但胡适凭借其西方哲学素养成为“中国哲学”的开山。可也恰恰是胡适，当新文化运动的狂潮退去，回归国故时，却黯然放弃“中国哲学”之名，将续作称为“中国中古思想史”。这无尾的“中国哲学史”与无头的“中国思想史”，仿佛昭示着“哲学”与“中国”无法“道通为一”。

正如南北朝“索虏”“岛夷”的对骂成就不了唐代“天可汗”的辉煌，只有“哲学”和“中国”的深入理解和沟通才能达致“中国哲学”真实的建立。有鉴于此，《杭州师范大学学报》特推出“中国哲学的真实建立”专栏，希望深化问题的讨论，推进中国哲学的建立。

达到目的所需要的力量与前行者所拥有的力量的比值，就是希望。本辑刊载的三篇论文，从三个方面贡献着自己的力量。

西方哲学以逻辑推演与体系建构见长，其核心为概念分析。与概念相对应的中国古典之来“名”却未被系统整理。人们往往直接将“名”作为概念运用以建构哲学体系，由此常常导致或偷换概念而取消“哲学”，或曲解文献而取消“中国”。古典之“名”要成为哲学概念，必须经历逻辑转换。转换的基础就是对“名”的古典内涵进行细致清理。周可真先生的大作正是为我们贡献了这一细致清理的样本。

仅仅停留于“名”之内涵的清理并不足以建构“中国哲学”，甚至也不足以使之成为“中国哲学”之概念：我们极可能面临“知性的倒退”。概念之间的关联才是概念界定的真实性，也才是哲学体系的可能性。林光华女士条分缕析地探讨了《老子》的道物关系，并借助于后世道家与注释者的阐发，将《老子》潜在的观念显题化。进而，其点睛之笔提炼出“诠释的还元”，既避免套用西方哲学的范畴，又避免掉进中国历史的还原：这的确不失为一条可尝试的道路。

如何经由概念的关系建构“中国哲学”之体系？王威威女士的思考很有启发。她在《老子》《周易》等元典中发现，古人致思的主要对象可归纳为“道”“天”“物”“王”“人”。这实际上是“中国哲学”最为核心的概念“道”以及由“道”衍生的次级概念丛。于是后四者与“道”的关系及四者之间的关系构成了中国哲学固有问题的核心内容，“中国哲学”的特性也正于此可见。

（原载《杭州师范大学学报》2015 年第 3 期，第 18 页）

“中国哲学之真实建立”专栏主持人语之二

关于中国古代是否有哲学，一直以来就存在争议。我们必须坚定、确切地回答这一问题，才能真切、坚实地建立中国哲学。正如马克思所说：“在科学的入口处，正像在地狱的入口处一样，必须提出这样的要求：这里必须根绝一切犹豫；这里任何怯懦都无济于事。”(《政治经济学批判序言》)

一直以来，中国哲学史的基本模式，都是将哲学视为一种知识体系，然后在中国寻找其对应物。冯友兰《中国哲学史》上册将这一方法论阐释得最为清楚：“哲学本一西洋名词。今欲讲中国哲学史，其主要工作之一，即就中国历史上各种学问中，将其可以西洋所谓哲学名之者，选出而叙述之。”于是，所谓哲学研究必然是抛弃古代思想的原有体系，依照研究者所认为的哲学知识门类重新编排，讲老子的辩证法、孔子的人生哲学才行。问题是，这样的所谓哲学体系是否是中国古代原有的？我们固然可以将老子中的零散语句聚沙成塔，比附于辩证法体系，但是却从来没有人问一句，没有被思想自身系统表述的辩证法真的是辩证法吗？

本辑所收四篇论文，从各自的角度给出了自己的思考和回答。

信广来先生区分了“是否存在中国哲学”和“中国古代是否存

在哲学”，认为中国古代思想家并未进行一种可被称为“哲学”的智力活动，但是我们可以从中国思想家的洞见得到启发，以当代哲学思维的模式去探索问题，亦即对中国古代思想进行哲学研究，从而将其建构为“中国哲学”。

安乐哲先生以《庄子》为例细致地探讨了如何从西方思维通往一个不确定的世界。我们得努力理解编纂《庄子》之时的历史和思想状况，并尽可能地重新找到文本的作者试图解决的问题，最终认识到那些将我们和中国早期文化分离开来的生活与思维方面的重要差别。

方破先生认为《老子》是一个诗意而含蓄的文本，不应以知识论，而应以“思想开明”的主题来“填补空白”，在文本中形成一个整体。我们应该“排空”我们的各种固有认识，才能领会神秘的“道”。总之，我们应该避免受到某些知识的局限和妨碍，我们需要“无”的思想。

佐藤将之先生精研荀子二十余年，他发现以往的荀子研究必须从旧的理论框架中脱出，不再将荀子桎梏于外在于其自身的另一思想体系之中。唯其如此，我们才能全面而真切地达致对于荀子自身思想体系的整体理解；唯其如此，我们才能深入而真实地发现荀子的意义和价值，即回到古代思想之原貌及其历史影响之真实，于是荀子思想对于21世纪的伦理学、社会、政治哲学各方面的深刻启示由此得以突显。

只有真实的过去才能通往真实的未来。

（原载《杭州师范大学学报》2015年第6期，第1页）

“中西哲学‘物’观念研究”专栏主持人语

胡适可谓中国哲学史叙述框架的奠定者。胡适的基本框架，实质是以中古第一、二期横断中国哲学史：在中古第二期印度哲学传入之前，是中国本土哲学；之后的宋明理学则是本土哲学最终消化吸收印度哲学之后所产生的创新。职此，佛学虽自外来，却最终被视为中国本土思想的一部分。梁启超即直言“我们国学的第二源泉，就是佛教”。这一认识固然有佛教哲学在中国哲学史上的实质作用作为基础，同时也不可忽视民国学者身处时代的背景影响。陈寅恪作《冯友兰中国哲学史下册审查报告》，认为中国自秦以后迄于今日，只为一大事因缘，即新儒学之产生，及其传衍而已。这在中国哲学史的认知框架上与胡适相同，只是各自侧重点不同而已。陈氏之侧重实欲以历史指引未来，由佛学之传入及吸收创新，启发今日中国对于欧美思想的吸收创新。毫无疑问，数百年之后学者所述中国哲学史，可以分为三段：魏晋印度哲学之传入与晚清民国欧美哲学之传入，分别成为中国哲学的第二和第三源泉。这就意味着，不但今日中国之哲学界对于中国哲学的研究属于中国哲学，对于欧美哲学的译述与研究也必将汇入中国哲学。

相较而言，欧美哲学对于中国哲学的影响，实已超过印度哲学。佛学东来之时，中国经历秦汉王朝，已形成稳固的道德伦理与政治制度，所以佛学必须不断面对“沙门不敬王者”和“父母恩重”等问题。但西学东渐，辛亥革命推翻了王朝政制，五四运动涤荡了传统伦常，百余年来，西学正在全面重构中华文明。

第三期中国哲学如何可能，将取决于今日的我们如何整合中西哲学。关于中西文化及哲学差异的宏大叙事已有不少，但这些叙事自身并非就是中西哲学的融汇。我们坚信，哲学首先是一门“技术活”，因此微观问题的解决与具体概念的辨析，才是一种哲学文化真正功夫所在。有鉴于此，我们以中西哲学中最为基础的“物”观念为核心，组织了四篇相关论文，试图既深入探讨中西哲学各自的“物”观念，并借以显示中西哲学各自如何建构自身的概念内涵。正是在这样的技术细节中，中西哲学的差异与理解，得以呈现与实现。

（原载《陕西师范大学学报》2017 年第 1 期，第 5 页）

“出土文献与中国早期思想研究”专栏主持人语

复旦大学出土文献与古文字研究中心主任刘钊先生曾经问我，在王国维时代居于中国学术中心地位的出土文献与古文字研究，为何在近年日益边缘化？其实这个进程早在民国年间就已开始。清华大学历史系需要讲汉代历史的教师，陈寅恪推荐杨树达，却为蒋廷黻拒绝。不唯如此，蒋廷黻还鼓动国文系主任朱自清赶走杨树达。在蒋廷黻看来，清华有两个人代表两个极端：张奚若是食洋不化，只知道照搬西洋理论而罔顾中国实际；杨树达是食古不化，死抱旧学不能开新。即以古史而言，蒋廷黻要求的是能够讲清楚历史上发生什么事情并能予以解释，而不是只能读《汉书》。所以蒋廷黻最后引进的是讲通史的雷海宗。相较仅仅数年之前，德国海归傅斯年以“上穷碧落下黄泉，动手动脚找东西”为号召，标榜“史学只是史料学”，美国海归蒋廷黻则表现出对于理论的强烈偏好。中国学术的美国化，也正是值得关注的大题目。在中国学术美国化的大潮中，一门学问如果只能研究材料，而不能提供理论，就必然会被边缘化。

王国维固然是研究新材料的大师，但是就其本人表述来看，其所拳拳致意者，是高于新材料的新方法。1916 年 8 月 27 日王国维致罗振玉函有云：“近日自写《毛公鼎考释》毕，共一十五纸，虽新识之字勿多，而研究方法则颇开一生面，尚不失为一小种著述也。”毛公鼎本为新材料，但是王氏所自许者却是新方法。这一方法正是现今被许多出土文献研究者视为不二法门的“二重证据法”。“二重证据法”所指向的，乃是复原史实，因此在其学术实践中，并不能从文献与史实中建构理论。假如王国维活到 30 年代，恐怕也要遭蒋廷黻白眼。

套用冯友兰的话说，张奚若和杨树达都是照着说，只不过张是照着西方说，杨是照着中国古代说。作为中国当代学者所真正当为者，是接着说，既要将古代带到现代，又要将西方带到中国，最终要将中国带向世界。

本辑所收四篇论文，都出自当今出土文献研究最前沿的学者，也最为典型地体现了当前出土文献研究的特征：出土文献与传世文献相结合，文献研究与语言文字相结合，历史研究与思想研究相结合。在此，出土文献重要的意义即是有助于发现既有框架裂痕，使我们有可能基于新材料，以新方法从文献与史实自身推演出中国文化自身的逻辑脉络，从而使中国学术能独立于世界学术之林。

（原载《陕西师范大学学报》2017 年第 5 期，第 50 页）

《久旷大仪：汉代儒学政制研究》

——商务印书馆公众号介绍

中华民族在当代的伟大复兴，同时也带来了中华传统文化的重新评估，其典型表现即为文化传统被作为现实的文化—思想资源予以考虑。正是基于对传统与未来之责任的承担，我们必须真切地认识中国传统文化的真实面貌。正如熊十力所言："汉以后二千余年之局，实自汉人开之。凡论社会、政治，与文化及学术者，皆不可不着重汉代也。"汉代儒学始于陆贾、贾谊等人的过秦。然而不幸的是，正如何怀宏所承认的，其时国家制度上恰恰是汉承秦制。所以汉儒名为过秦，其实质却是过汉。于是复古更化便一直是汉儒不懈的追求。问题在于，儒者是否真正奠定了儒学之国家制度？就汉代而言，思想与制度的相关性有三种表现：一、思想本身的制度化，二、制度受到思想的影响而变化（包含正反向变化），三、制度生成自身的意识形态。一、二带来制度的变革，三则是制度抗拒变革。三者都会导致思想的变革。从德性政治的角度看，汉代思想与制度之互动，最终形成哲学思想上儒道互补，伦理道德上忠孝兼修，政治制度上礼律同遵，社会结构上家国相持的格局，对中国文化的深层结构影响深远。从制度上说，汉处于周秦之间，整个汉代制度史与政治史、思想史也正是在汉承秦制与制度儒家化两线消长之中得以呈现。

周礼体制并非仅仅只是一套具体的礼节仪式，而是包含礼之义、职官制度、政教规章、礼节仪式在内的一整套王朝典制。周礼体制不同于秦汉以后中央集权制，乃是基于双向性伦理，亦即对于关系的双方都有相应的伦理要求，并且这一伦理要求还现实地落实到政治制度中。如果居于上位者背弃了自己应守的道德，周礼便将放弃对他所居地位的维护，哪怕他贵为天子。基于单向性伦理的中央集权制君主的义务不指向保护臣民而是指向保护权力，即君主的义务是维护君权的唯一性与完整性，防止君权受到真实损害。周礼体制也是历史形成的。小邦周获得新命之后，如何统驭广土众民成为严峻的考验。分封制实质上是将周人、殷人与各封国的土著糅合在一个封国之内。于是周礼便以国造家构建“家邦”。用模拟血缘的方式，将已经处于一国之内没有血缘关系的人放到家族性血缘亲属的“位”上，人的“位关系”才是构建周礼的纽带和维持周礼的根基。相应的，源于周礼的儒学所维护的，也不是血缘，而是血缘关系——不论处于此关系上的人是否真有血缘。为了确保并无血缘的所有“家邦”成员能感受到血缘亲情，在国家之内，特别针对国家机器，尤其是国家机器的首脑君主，保留了进入国家之前氏族交往的双向性伦理，允许对君主的不义侵犯进行报复。与此同时，作为天下大家长的周天子，以及各级君主，都要承担起保障与照顾全民（全族）的义务。周代第一次出现了专职处理民政的机构卿事寮，并成为政府的核心，表明民意成为政府成立的基础和行政的主体。基于大家长的义务，君主——首先是周天子必须将全国的土地财富与全民（全族）共享。共享的主要方式就是分封，并由此形成天下是天下人的天下的观念。周天子封建诸侯之后，其职责可称为“天下责任”，即抵御外侮，以及维护诸侯国之间的秩序。二者共同构成了周礼天下观的基础，即夷夏之别：在华夏之内禁止相互使用暴力，暴力仅仅针对华夏之外的夷狄。就诸侯国内政而言，诸侯固然对天子需要承担义务，但是天子却无法干涉诸侯国内部事务——治权被逐级分割了。由于治权的分割，周天子直接支配的资源仅限于王畿，因此在诸多方面，尤其是大规模军事行动上，必须要得到诸侯的支持——主权与治权相分离。由此形成周礼体制最为重要的特征：主权在上，治权在下。周礼体制对于权力的制约不是外在监督，也不是在权力内部划分出不同类型的同级权力，而是在权力内部建立多等级的同类型权力。这就意味着，下级并非上级命令的单纯执行者，拥有完整权力的下级必将基于自身立场对上级命令进行审核，直至天下每一个人。于是，任何一个人永远有一位唯有自己可见的审问者，作为个人言行的最终裁判。

周礼转变为秦制的过程可以概括为社会规范由礼转变为法，亦即将社会建基于国家强制力之上。胡亥即位后，所忧虑的三种人：大臣、官吏、诸公子，分别对应于《春秋公羊传》中的尊、贤、亲。此于周礼及《春秋》之义一脉相承，卓然可见。周礼亲亲尊尊，春秋时虽尚贤，但贤者尚不能比肩尊亲，至《公羊》方以尊、亲、贤并列。与建立功劳相对应的尊、与运用权力相对应的贤，以及血缘之亲，共同构成了秦始皇称帝的正当性。但是这三者却并未为皇帝所独占，而必然为臣下所分有。军功集团尤其高爵分有了皇帝之功，皇帝之权力为全体官吏分有，宗室王族则分有了皇帝的血缘之亲。法家“法”“势”“术”三者，商鞅重法，韩非主张君高于法，至二世更法，李斯又上督责之术，则君居势行术，法成为术的工具，自君王视之，蔑如也，由此到达君王对君权正当性的独占。二世的严刑峻法，最终抛弃了周礼君主的保民之责，以天下为私产。国家彻底成为一台暴力机器，奴役人民和榨取人民成为这台机器的唯一目的，用以保障和增加君主私产的收益。取消对高爵大吏的礼遇，确保了所有人在君主面前都是最卑贱的奴仆。对循名责实的颠覆，使法律不再提供正义。始皇不立皇后，夫妻之道弃。二世屠戮诸公子，兄弟之伦绝，相应朋友之义断。于是五伦之中，敌体之礼被废，仅余君臣、父子。但是即便这二伦也是臣子绝对地匍匐在君父之下，而无伦理相互性，从而蜕变为奴仆的道德：无原则地最大奉献。至此，秦制之华夏，国家不增进德行，法律不维护正义，伦常不滋育亲情，遂将华夏大地锻造成人间鬼域！

汉朝建立之后，儒生高倡复古更化。但是从未制定过国家制度的儒生在西汉面临将德性转化为制度的难题。出身史官世家而又尊崇黄老的司马谈在这一进程中起了关键作用。在《论六家要旨》中，司马谈从儒学内部对儒学德性进行了制度性改造。司马谈指出，儒者要以六艺为法，就必须知六艺之"要"，可是六艺经传的庞大数量致使"要"无法获取。儒者既不能得儒学之"要"，事实上也无法不知"要"而仅仅遵从经传礼仪的规定，于是儒学之内在和外在之整体性都亡失了。只能以外在规定性重构儒学之整体性。而此重构儒学的外在规定性即贡献何种治术。基于此，司马谈整合儒学丧服中"三至尊"与"三至亲"，得出君臣、父子、夫妇、兄弟四伦，无形中去除了儒学五伦中责善的朋友一伦，实即取消了作为先秦儒学德性之根基的伦理之相互性。四伦是单向性的上下伦理，于是服从取代了关爱重构了儒学。其后果有二：一则居上位者向下分配资源，从而形成单向性伦理；二则以政治制度规范、塑造伦理道德，使伦理道德成为政治的附庸。最终，四伦之单向性伦理与现行政治体制之尊卑等级相吻合，从而搭建了儒学德性与政治制度相结合的桥梁。四伦所重构的伦常及基于此伦常的儒学得以顺利对接与以秦制为基础的中国传统王朝政制，并成为其德性基础与观念形态。

对于汉制的研究，以往学者多注目于法律的儒家化，而忽视了西汉儒者以礼更法的努力。汉代儒学制度化的瓶颈，即在于先秦儒学虽然孳孳于复兴周礼，却并未传承一套完整的周代国家制度。暴秦虽亡，汉承其制。因此摆在汉代儒生面前的，也就有两条道路：一是复周礼，以周礼儒学改造汉朝所承袭的秦制，再造纳上下于一体的道德团体。这一条道路是今文礼学，以《仪礼》所载"士礼"为基准，"推士礼而致于天子"，即由士礼逐级上推大夫、诸侯之礼，最后得出天子礼。这就意味着士与天子的礼仪类型相同，只是名物品数不同，于是天子实质上只是高级一些的士，从士到天子，等级虽殊，贵贱却并不悬隔，其由士礼而推致的天子礼合于孟子以天子为爵之一位。另一条道路则是以儒术缘饰秦制，打造出阳儒阴法的具有欺骗性的专制君主。而古文礼学以"超绝之礼"形塑天子，正是以儒学缘饰秦制之"尊君卑臣"，使得专制君主在儒学中获得正当性论证，同时也就以单向性伦理的"尊卑"替换双向性伦理的"尊尊"，将儒学改造为专制君主的顺从奴仆。元成之际，贡禹等纯儒逐渐入主中枢，试图大展抱负，一扫秦制，建立儒学政制。但由韦玄成与刘歆庙议之争可见，西汉今文儒生仅受士礼熏陶，习于推士礼而致于天子。但是在今文儒生真正构建经国大典时，只能局促于亲亲之爱，无法跨过亲亲与尊尊之间的断崖，义而能断，构建足以为经国大典之天子礼。于是古文经学乘隙而起，由攻驳今文经学之天子礼入手，提出并逐步完善自身的天子礼。古文经学天子礼的核心在于封禅、巡狩、明堂等天子独有之礼。于是天子礼成为高居于万众之上的超绝之礼。这实质上是向秦制靠拢的过程，是将承袭秦制的现有汉制在儒学内予以证成，背弃了汉儒过秦的初衷。今古文礼学的实质性区别不在今古文经书之异，也不是儒生争名夺利，而是在君主制国体之下，以何种天子礼奠定国家之政体，是中国向何处去的问题！原其要即在于天子是否超绝于万民之上。儒学究竟应如何构建经国大典，甚至儒学是否有能力建构经国大典，成为千年梦魇。

先秦原始儒学本以礼学为核心，《春秋》为礼义之大宗。古文礼学只是用古文逸礼证明今文《仪礼》十七篇实为残本，为建构超绝性的天子礼敞开道路。但是古文礼学的天子礼在古文逸礼中也没有，古文家们只能依靠来历不明的《明堂阴阳》《王史氏记》等传记文献。传记文献的权威毕竟不够，于是古文经学便以《春秋》为六经之首，居于礼上，发展出《春秋》稽合于律的学说，更进而认为孔子作《春秋》就是为汉制法。在《春秋》学内以《左传》压倒《公羊》《谷梁》，推崇《左传》深于君父之义，实则以秦制律令体系的“尊卑”取代了《春秋》的“尊尊”。刘歆晚年复提升《周官》一书的地位，以之为“周公致太平之迹”，名之为《周礼》，开始了以周公取代孔子的经学重构。王莽设六经祭酒，一方面以《春秋》为六经之首，一方面以律家陈咸为讲礼祭酒，开启礼律相参之途。至马融经学，则一方面以汉律替代《春秋》，一方面建构三礼之学，并以《周礼》为其经学体系之核心。这两方面为郑玄全面继承，并基于此大规模割弃两汉经师旧注，重释经典，建构了经律同相，礼法兼修的经学体系。

这一进程在西晋臻于极致。杜预注《左传》以《春秋》"五十凡"为周公所作,彻底以周公取代了孔子的经学至尊地位。同时西晋王朝以《周礼》体系撰制《晋律》,杜预为之作注,完成了礼律一体的王朝政教体系。杜预在经学史上的地位被低估了。他身为晋室驸马、平吴主将,兼注《春秋》与《晋律》,尤其是以周公凡例,贯穿《春秋》《晋律》,而达于《周礼》,发展与完善了郑玄经学体系,也是汉晋经学体系的完美句号。但是这一全新的王朝政教体系只有"礼律"之空壳,而无内在德行修养,诚所谓"高贵乡公何在"!司马氏无其德而行其事,是以"怀诸侯"而八王祸国,"柔远人"而五胡乱华——《中庸》治国九经才行末二,已致社稷倾覆,神州陆沉。

东汉一朝,影响深远的经学体系有二:一是郑玄以《周礼》为核心,建构了"礼法合一"的经学体系;一是何休删削《公羊》,建构了"君天同尊"的经学体系。今本《公羊传》昭公二十五年子家驹曰:"诸侯僭于天子,大夫僭于诸侯,久矣!"《周礼·考工记·画缋》郑玄注引多"天子僭天"一语,为何休注《公羊传》之时删削。何休删削"天子僭天"一语,意在与《左传》"崇君父"争胜,并得以构造"君天同尊"之新经义。秦始皇称帝时,以"皇帝"为至上神,其祭仪同于天帝。何休的"君天同尊"实即以秦制重构了儒学。由此追踪《公羊》"天子僭天"之旧经义,则以天子为天所囚禁,不得僭越于天。"天子"为爵之一位,有职有责。倘若天子背弃职责,以位足欲,役天下以奉天子,即是"天子僭天"。汉儒明确以诸侯贪,大夫鄙,庶人盗窃之乱象归因于天子僭天。因此,"孔子成《春秋》而乱臣贼子惧"之本义当为"子帅以正,孰敢不正"。君若不君,则有"武王为天诛纣"。但是自武帝尊崇《公羊》之时起,经师即已讳言此义,至何休觍颜删削,遂致斯义湮灭。幸得清儒之力,"天子僭天"

一义方重见天日。汉初之时，辕固生坚守儒学革命之义，对抗黄生绝对君臣观。何休注《公羊》则由“君天同尊”推衍出“诛不加上”之义，正是一绝对的上下尊卑观念：无论尊上如何胡作非为，卑下都不能以天命诛之。也就是说，汉初儒者所竭力拒斥的绝对尊卑观，至汉末已被儒者自觉用于经学改造了。

《汉书·礼乐志》认为汉儒“久旷大仪，未有立礼成乐”。虽然制礼未成，20世纪的学者却为汉儒虚构了一项制度成就，即所谓“中国法律儒家化”。瞿同祖提出“中国法律儒家化”命题时，以晋律“准五服以制罪”为标志。这包含两层基本意义：一是晋泰始律之前的秦汉律令条文与决狱定谳是非儒学性的，尤其是未曾引入五服制；二是泰始律“准五服以制罪”才将刑无等级的法家律令改造为维护等级的儒家律令。通过对东汉时期典型案例“何侍搏姑案”的细致分析，可证汉代已存在以丧服决狱，并且这一决狱方式颠覆了传统礼俗，使丧服由亲疏程度的表征，被异化为行为规范。于是礼所原有的双向性原则被摧毁，代之以法的单向性原则。礼是以共同意志纳上下于一体来建构国家权力，礼法之别即在于强制力的有无。强制力以违背意志为前提，于是必须有被违背的意志之外的另一意志存在，并由该意志来执行对于被违背意志之违背。并且该意志还必须同时掌握强制力，否则将无法达成对于他人意志之违背。具备这两个条件的人，在当时历史环境下，只能是君主，亦即“君生法”。自秦律起，法就是一个以国家暴力为后盾的强制性尊卑体系。“准五服以制罪”并非如瞿氏所论以服等改造律令体系，而是以律令体系之强制性尊卑将五服中所蕴含的双向性伦理改造为单向性伦理。此后，尊卑化的服制成为儒学礼制亦即儒学制度的核心，于是儒学成为卑对于尊之绝对服从的训练营。

对于以服制入律的准确评价,不是欺骗性的"法律儒家化",那温情脉脉的面纱之下,是"儒学暴力化"。在"法"的层面,瞿氏也混淆了立法平等与司法平等:自商鞅始,无论是在理论上还是在实践上,立法从来都是不平等的,所谓的"同一"乃是指司法平等。并且即便是司法平等,也仅仅停留于空谈,在律令条文中并未得到体现——表现在律令规定和司法实践中的仍然是不平等。故而,正是在严格的瞿同祖意义上,所谓"中国法律儒家化"纯属虚构。

汉代儒学未能建构经国大典,以致儒学之政教分离与君臣异术。由此造成孝亲受到制度窒碍,不能推为仁民。于是儒学世家以对上之柔顺为修养,形成顺从君父即是行仁义于天下的观念。父母为个体人所必须,君则为类之人所必须。但二者对于"自事其心者"却是外在的权威。于是玄学放旷之士只能以同于禽兽的忘"人"来达致从内向外的"诚之"。这实际上是以放弃人之德性的方式来反抗权威。总括汉晋儒学世家之德性与政事,可有三种类型:寒族因其受服从训练较少,多有健行之德,才有可能成为区域性的独立政治力量,从而得以伸展其仁爱之翼。世族所受今文经学士礼亲亲之爱的熏陶与局限,无力超越甚至斩断亲情谋创大业。由阴谋术带来的决断力,表现为较少受到其他因素羁绊,因此阴谋术也是一种纯粹暴力。曾被推许为大儒的王莽与儒学世家司马氏以皇权建构儒学经国大典,其所娴熟的阴谋术却无力真实运行之。王莽与司马氏无其德而行其事,卒乱天下。

关于中国古代是否专制社会的讨论,其中之重要关节点即是君主是否专制。目前在学界比较流行的观点是,中国古代并无君主专制。这一观点的重要支撑点,即是中国古代并无君主专制的自我批评。具体而言,"中国古代并无君主专制的自我批评"又有两种不同的认识，一是“专制”固然是黑暗的，但是中国古代并未将“专制”用于君主，即中国古代并不存在“君主专制”的事实。二是中国古代认为君主就是应该“专制”，即中国古代虽然存在“君主专制”的事实，但在古人的自我认识中却给予了正面评价，“专制”的批判性仅仅针对臣下对于君权的侵夺，换言之，是在维护“君主专制”。通过对古代文献的仔细梳理，发现存在数例将“专制”一语用于君主，并对“君主专制”进行抨击的论述。亦即，在中国古代的自我认识中，中国古代不但存在“君主专制”的事实，而且还存在着对于“君主专制”的批判。中国古代对于“君主专制”的批判，包含两方面的内容：一、中国古典政治哲学的根基，即是以天下为天下人之天下，而非君主一人之私有。二、为了确保第一点不沦为空论，确立了君相分权的政治制度。君主如不经过宰相（中书省）擅自发布诏命，即是肆意妄为，以天下为一己之私有。自秦汉王朝起，君权即致力于打击相权。至明太祖废宰相，“真不免为独夫专制之黑暗所笼罩”（钱穆《国史大纲》）。对于废宰相，乾隆皇帝说得最为明白：如朝廷设置宰相一职，则宰相本人必“以天下之治乱为己任”，而天下士大夫，也会认为“天下治乱系宰相”——如此，岂非“目无其君”吗！清代军机处可算中书省的最后残存。在戊戌百日维新中，光绪皇帝以军机处“壅蔽”而任命杨锐等四章京参预新政事宜，慈禧太后也绕开军机处直接命令步兵统领崇礼捉拿康有为等人。这就意味着，君主制之国体在确立了专制政体之后，随着专制日益加强，最终吞噬了承载自身的政体，同时也就宣判了自身的死刑。

（原载商务印书馆微信公众号）

领略仁山智水

2012年8月4日至8日,“跨越与开放:2012两岸青年研究生文学与思想高峰论坛”在政治大学成功举办。此论坛为继2009年、2010年及2011年持续举办的“潘思源两岸文学交流论坛”活动的第四届。本次论坛主题以“传统与现代”为主轴,由文学研究入手,旁涉经学儒学、宗教信仰、典籍礼仪与文化创意,而要归于哲理思辨。基于台湾数十年来的人文学术积累,希冀以台湾的独特视角,探究两岸乃至东亚世界中华传统思想文化之起承转合。

承蒙政治大学中文系高莉芬主任与陈逢源教授的精心安排,此次论坛所邀之讲座教授,皆一时想之选。加之两岸学子的积极参与,论坛无论学术之深入还是交流之广泛,皆可谓大获成功。

此次论坛予人感受尤深者,即是讲座诸师所体现的台湾学者的道德文章。

林庆彰教授古道侠肠,早年台海睽隔之时,大陆学者查找台湾资料不便,林先生有求必应,助人无数,大陆学者至于今犹怀其德。林先生早年致力于明清考据学研究,其后学术领域及于经学史重新诠释、经学文献编辑整理、日本经学之译介研究。先生一生成就最为嘉惠士林者,当推经学目录之编纂,至其经学史研究,则颇具功力，首倡“回归原典运动”，亦于学界影响不小。此次论坛，先生刚刚从外地返回，尚未好好休息，就匆忙过来讲学。这并非我第一次见到先生，很明显感觉先生的身体状况大不如前，虽静坐经时，额头仍间或汗流。全身心对学术投入，特别是长时间高强度地从事书目编纂工作，极大地侵蚀了先生的健康。先生自言，1997—1998年在日本九州岛大学编纂日本经学书目，夜以继日，疲惫已极，连正在读小学的孩子都参与其事，协助数笔画，制索引。其情其景，怎不令人感佩！正是先生以其坚毅不拔的毅力，咬定青山不放松，才取得如许成就，为士林所景仰。子曰：“刚毅木讷近仁。”（《论语·子路》）先生可无愧斯言。

罗宗涛教授精研唐宋文学，既能对唐宋文学做全景式的宏观把握，笔锋所至，于禅宗六祖慧能亦有专著问世，同时又不乏专精之力作，尤其于敦煌变文极具功力。罗教授此次讲座题为“台湾近五十年文学研究”，条分缕析，要言不烦，于数十年间波澜起伏，以其儒雅之态，缓缓道来，俨然魏晋风度再世。倘若异日拍摄电影淝水之战，先生大可饰演谢太傅，我辈当屏息以待“小儿辈遂已破贼”一语。大陆学界近年学风不正，无论做综述还是写书评，或者不敢论是非，或者党同伐异。而罗先生此论则略无避忌，是则是之，非则非之，子曰：“唯仁者能好人能恶人。”（《论语·里仁》）朱子释曰：“盖无私心，然后好恶当于理，程子所谓得其公正是也。”其是之谓乎！

吴哲夫教授曾任台北故宫博物院图书文献处处长，现为淡江大学汉语文化暨文献资源研究所教授。吴先生毕生致力于中华典籍之整理与研究，熟稔《四库全书》，是台湾第一位开架点数文渊阁《四库全书》的学者。吴教授还曾多次访问海外主要中文图书馆，对海外收藏汉籍也极为熟悉。在讲座前一天，吴先生还携夫人特意驱车赶到政治大学百年楼，亲送讲稿，舐犊之情，跃然言表。吴先生讲题为“四库全书的整理心得”，其实所讲又何止于一部《四库全书》而已！吴先生近年治学，实已将《四库全书》化为对中华文化的整体把握，已将冷冰冰的素纸墨书化为活生生的浅吟低唱。子曰：“智者乐水，仁者乐山。”（《论语·雍也》），智者如水之婉转善变，化一为多；仁者如山之沉静包容，化多为一。如果说罗宗涛先生是仁者风范，吴哲夫先生则可谓智者气象了。

潘思源先生纵横商界多年，出入商业房地产、酒店、文物、钢铁、平面媒体等领域，此次论坛讲题却为“我的《四库全书》收藏”。潘先生的文物收藏的确堪称一绝，可是，如果仅止于此，那就不过泯然众人而已。现在很多人都在考虑赚钱之后的保值问题，收藏也被视为重要出路。但是，我们不禁要问，对一个人来说，什么才是真正重要的？靠支配等价交换物解决问题，事实上也就将一己置于价值体系之内。正如康德在《道德形而上学原理》中所说，任何有价值的事物必有等价物，有等价就可交换，而尊严没有等价物，因而是无价的，也就是不可交换与替代的。现代人要追求太多外在的东西，以至于将一己作为追求的工具，忘却了自我。反观潘先生，其事业的发展正是与自我教育的进程同步，是在自我的不断学习、修为、完善中完成的。是啊，将等价交换物用之于自我的提升上，不正是最好的投资吗！

李丰楙教授主讲“台湾道教文化研究”。我也曾参加大陆道教会议，会上学者与道士各说各话，互相看不上，颇有类于南北朝之互斥索虏岛夷。李先生则横跨二界，既有对《道藏》的精深研究，并由《道藏》旁及唐代诗文等等，同时又是内丹派的俗家弟子，在修炼中，爬过刀梯，练过高功，并进入了道箓的最高级别——第一级，成为台湾第一位具有法师身份的学者。常言道研究古代中国必须出经入史，就李先生而言，他的“史”已扩展为活生生的道教修行，在学理上真正是将经籍文献研究和人类学的田野调查结合得天衣无缝了。

董金裕教授精研儒学，尤其专注于浙东学派，于永嘉与黎洲皆有专著问世。此次论坛董先生所讲“台湾的祭孔礼仪”即颇具浙东学术之底蕴。董先生指出，祭孔礼仪开始于孔子殁后第二年的鲁国，至汉代成为国家祭典，董先生于此还有专文探讨。其后各朝代虽有损有益，迄至清朝，基本上仍沿袭汉代之旧。近代以来，典礼荒废，其后一阳来复，两岸都在致力于恢复典礼。董先生本人即多次参与两岸祭孔典礼，并或参与制定仪轨，或恭撰祭文。但时代在前进，典礼也应有所改进。如董先生等学者力主奉祀官可由女性担任，即顺应时代潮流。古代朱子、丘浚都曾改定家礼，重新整合家国秩序，使儒学中华得以延续。董先生于复位祭孔仪轨的努力，又何尝不是为今日之中华安顿灵魂呢！

黄俊杰教授早年师从萧公权先生，近年主持“东亚经典与文明”研究计划，推进东亚儒学研究，于台湾以至东亚人文学科深具影响。黄先生此次演讲题为“东亚儒学史中‘脉络的转换’现象及其研究方法论问题”。黄先生在演讲中展示了广阔的视野，渊博的学识，以及多种语言的使用能力。事实上，东亚历史文化复杂交错，非有多维视界与综合把握能力无法深入研究。我辈聆听黄先生高论已生河伯望洋之叹，而黄先生在演讲中提及萧先生等前辈学者却仍有海若之谦。学无止境，后生小子能不勉力！

政治大学中文系师生为此次论坛准备达一年之久，其设计之周详，布局之严谨，令人感佩。而尤其与人印象深刻者，则是其和谐融洽与勇于任事。政治大学本以培育政治人才为鹄的，而政治能力之养成，也正是在这点滴之事中。儒学精义，大道不离人伦日用，于斯可见其真谛矣！

《汉书·艺文志》诸子略儒家类小序有言："然惑者既失精微，而辟者又随时抑扬，违离道本，苟以哗众取宠。后进循之，是以五经乖析，儒学浸衰：此辟儒之患。"顾实《讲疏》以惑者指"章句鄙儒，如秦延君是也"，盖即司马谈所谓"博而寡要"者。至若辟儒，师古曰："辟读曰僻"，是辟儒即所学偏僻之儒。然检《孟子·公孙丑·上》："子夏、子游、子张皆有圣人之一体；冉牛、闵子、颜渊则具体而微。"若是，辟儒与子夏之徒"有圣人之一体"者何以别乎？试取《六度集经》之"镜面王本生经"为喻，瞎子摸象，各得象之一体，如果他们自知所得仅为象之局部，说"象胁如壁""象鼻如大索"，那是完全正确的，虽然他们仍然不知象的整体模样。可是无眼人却认为自己所得就是象的整体面貌，于是发生争论，"坐一象相怨"。由是可见，僻而自知其僻者，即为得圣人之一体；僻而不知其僻，反而自以为真理在握，甚至党同伐异者，便是辟儒。我辈此行，短短数日，虽无法跟从诸前辈学者有所进德益智，却得以从诸师风范照映出自己的浅陋偏僻，从此不为辟儒。这，或许就是这次参加"跨越与开发"论坛最大的收获吧！

（原载《国文天地》2012年第7期，第36—38页）

浮生旁白

《郭店竹书老子论考》后记

本书的写作历时五年，她肇端于 1999 年 10 月 15 日至 18 日在武汉大学举行的郭店楚简国际学术研讨会。当时我是武汉大学中文系的硕士研究生，主持会议的郭齐勇老师和陈伟老师让我也提交论文参加会议。于是我跟随陈伟老师开始学习简帛，并于 1999 年暑假作了《老子异文对照表》，写出了《郭店老子校注简论》(上)和《郭店老子偶札》两篇论文，并获准提交会议讨论。在写作期间，导师王庆元老师、陈伟老师、李步嘉老师作了很多有益的指导，郭齐勇老师也对其中的一些观点创新作了鼓励。10 月 17 日上午，我在第七分会场就《郭店老子校注简论(上)》作了小组发言，我发言后，美国芝加哥大学东亚系夏德安先生、德国海德堡大学汉学研究所瓦格纳先生、北京大学中文系裘锡圭先生就我文中所涉及的问题发表了自己的看法。

由于《郭店老子校注简论(上)》的篇幅太长，因此在 2000 年 5 月由湖北人民出版社出版的《郭店楚简国际学术研讨会论文集》没有收录该文，而收入了参加会议的另一篇论文《郭店老子偶札》。在将《郭店老子校注简论(上)》加以修订后，更名《郭店老子校勘简论》，作为硕士学位论文提交，并于 2000 年 5 月 29 日下午通过了答辩。论文的校外评审委员为北京大学中文系李零先生，校内评审委员为武汉大学中文系罗少卿先生。参加答辩的有武汉大学中文系杨合鸣教授（主席）、罗少卿副教授、杨逢彬副教授、卢烈红副教授、刘继馥副教授、古籍所罗积勇副教授，诸位答辩委员的问题主要集中在“焉”训作“于是”有无根据、所提出的“存异校勘学”有无具体操作的可能性等问题上。其中，卢烈红副教授认为《郭店老子校勘简论》的题目易于让人误解为对郭店《老子》的校勘与简论，有理。

在进入北京大学攻读博士学位以后，得到了导师董洪利先生以及诸位老师的悉心指导。我将硕士论文中的一些章节再次进行修订，并作为独立论文予以发表，计有：

1.《老子异文对照表》，《简帛研究二〇〇一》，桂林：广西师范大学出版社，2001 年 9 月版，下册，第 853—875 页。

2.《〈老子〉异文例释——以郭店简本为中心》，《华学》，第五辑，广州：中山大学出版社，2001 年 12 月版，第 195—214 页。

3.《“二重证据法”之反思》，《北京大学研究生学志》2002 年第 3 期，第 32—37 页。

此外，早先单独发表，后溶入本书之中的论文有：

1.《郭店老子零笺》，《古文字与古文献》（试刊号），1999 年 10 月，第 73—79 页。

2.《郭店老子偶札》，提交郭店楚简国际学术研讨会（武汉，武汉大学，1999 年 10 月）论文，修订后发表于《郭店楚简国际学术研讨会论文集》，武汉：湖北人民出版社，2000 年 5 月版，第 519—523 页。

收入本书附篇的三篇论文的发表情况如下：

1.《郭店楚简“衍”字略考》,《中国哲学史》,2000 年第 1 期,第 35—40 页。

2.《由上海博物馆藏楚简重论“衍”字》,《上博馆藏战国楚竹书研究》,上海:上海书店出版社,2002 年 3 月版,第 460—464 页。

以上论文在收入本书时,都进行了修订。

承蒙前辈李学勤先生与业师董洪利先生赐序,谨致谢忱。

本书的出版,还应当感谢陈延明先生、宫本欣先生、王兆成先生、宫晓卫先生、黄伟中先生。此外,杨玲女士翻译了英文提要与目录,陈平女士协助设计了封面,胡新华兄、伍英姿女士代为核对资料,一并表示感谢。

对于责任编辑贺伟先生所付出的辛劳,实非一个“谢”字了得。

就在本书即将定稿之际,不料噩耗频传。

2003 年 10 月 1 日下午 4 时许,我正在北京地坛公园逛书市,突然接到胡新华兄的电话,道是李步嘉师已于 9 月 29 日不幸去世。当时我有如五雷轰顶,迅即由地坛返回北大,向董师请假,直奔西站,扒上最近去武汉的火车。在车上,回想当年在武大时,李师对弟子爱护有加,我虽非亲炙,但也常幸登龙门,在李师家中阳台之上,把酒临风,畅论古今,直至通宵达旦。即以本书而言,当年草稿初成,呈请李师过目。李师将书中引文逐一核对,并就写作体例、观点等等详加讨论,即便是计算机排版将注释圈号置于一行之首,李师也用笔一一画至上行之末:岂唯兢兢业业,直是舐犊情深!每念及此,未尝不潸然泪下。10 月 3 日,遗体告别仪式在武昌殡仪馆举行,我等弟子恭守灵前,未能致哀,待到扶柩入炉,眼见李师离我而去,情不自胜,对新华道:“新华,我们也鞠个躬吧!”然鞠躬至五六而不能止,而门已訇然而闭,不复见李师矣,遂相向而泣，终至抱头痛哭。

沈颂金兄为人诚恳而好义，与之交，如饮醇酒。自 2000 年 8 月长沙简帛会议相识，遂为莫逆。然其刻苦自励，毁身向学，终至积劳成疾，赍志以殁。我与颂金周围的人素无来往，只是与他“单线联系”，因此直到 10 月在书店里看到他的遗著《二十世纪简帛学研究》时，才知他已于 8 月 22 日去世。未能送他，这是我终身的遗憾。其遗书写道：“我自信这一生没有做过坏事，按佛教‘因果报应’的思想，为什么要遭受这么多的磨难呢？为此我问过一位朋友（他劝我信佛），他说人有三世因缘，这一生没做坏事，或许上辈、上上辈的罪孽在你身上报应了呢？人应该对自己负责，为什么三世以前的罪孽在我身上报应呢？我不明白。因此我也不信佛。相反那些坏事做绝的人却活得很好，真是应了‘好人无长寿，坏人活千年’的古语，为什么？”

为什么？

死者长已矣！愿安宁永远归于他们在天上的灵！

李若晖

2003 年 12 月 14 日凌晨

（原载李若晖：《郭店竹书老子论考》，济南：齐鲁书社，2004 年 5 月版，第 397—400 页）

《语言文献论衡》后记

摆在读者面前的这本小书，是我这十余年的日夜里辛苦学步的脚印。感谢胡渐逵老师、陈戍国老师、余德泉老师、蒋冀骋老师，感谢王庆元老师、李步嘉老师、杨逢彬老师、陈伟老师，感谢董洪利老师、王博老师、李零老师、李家浩老师，是你们的谆谆教诲，才使我得以步入学术的殿堂。感谢吉常宏先生十余年来的鼓励与帮助。感谢张显成先生、喻遂生先生、毛远明先生和《西南师范大学汉语言文字学研究丛书》的诸位编委、巴蜀书社汪启明社长及责任编辑，是你们的关心与帮助，才使这本小书得以出版。在最后修订这本小书时，有幸在西南师范大学图书馆善本书室查阅多种古籍原本，感谢李弘毅先生使得这里阅览之方便超过北京的任何古籍部。本书所收论文中有许多篇由于写作时间较早，尚无电子本，多亏清华大学历史系阎平凡兄代为录入，实多烦劳。此后他还同清华大学历史系刁小龙兄一起校对了大部分电子文本并核对了大量引文。北大哲学系谢广宽兄也为本书倾注了大量心血。在此，谨向三位致谢。

而最不能忘却的，是我的母亲。

天冷了，要盖两床厚被子，毛毯收起来，天再冷时，把毛毯垫在床单下面。被套、床单、枕套、枕巾洗过没有，没洗的话，天晴了赶快洗，要注意卫生。还要注意穿衣服，不要着凉，伤风感冒会影响学习，而且自己也难受。妈妈不在身边，自己要多保重。——母亲来信，97.11.28

我没有读过大学。初中毕业后，我不是上的高中而是就读于湖南第一师范。这所学校曾是毛泽东同志的母校，但现已辉煌不再。不过，我还是发现她有两个好处，一是藏书丰富。一师的前身是城南书院，王先谦曾任山长。王氏的藏书庋藏于此，历经百年而未曾散佚。其中湘籍学者如皮锡瑞、叶德辉以及王氏本人的著作相当齐全。至于清代朴学大师如戴段二王、钱大昕、俞樾等人的著作也尽供饱览。改为师范后，徐特立、周士钊、杨昌济等人先后在此执教，因此民国时期的学术著作也大体完备，就是《四部丛刊》《丛书集成》《万有文库》也都庋藏其中。80年代末这些线装书尚能借出，我因而能够大饱眼福。这儿的另一个好处是自习课多，有充足的时间发展自己的爱好特长。于是我在三年内得以阅读大量典籍，打下了一定基础。

你的书，靠我房那一面墙的，和桌子旁的方阵，我都已捆好，捆了有62捆，可能有两千册。给你捆书时，有两本关于训诂学的书，我放在书柜里未捆，怕你要用。你还有什么书马上要用的，若想得起来，可开个单子给我，捆时好留出来，还有书柜里的那些比较重要的书，将来用纸盒装，我想等你自己回来装，因为装盒子比捆要快些，不费事些。所以书柜里的书，你不必开单子。主要是壁柜里的、桌子上的、高低柜上的、书柜

(靠客厅的书架)的顶上的书,我打算替你捆好。——母亲来信,98.元.3

一师毕业后,我分配到长沙市一所街道小学,学校规模不大,人数不多,人际关系却极其错综复杂。我在这教了五年书,所授课程包括数学、自然、语文、劳动、体育、历史等。当时一周上课可达二十余节,还要备课(要写详细教案)、批改作业、辅导学生课余活动,我只有在每晚零点之后才有时间看一点书,第二天早上八点还须应卯。小学工资本就不高,我还得花钱买书,以致衣着时常成为学生嘲笑的对象。不过,幸亏长沙古旧书店的职工心地善良,常常看我买书掏完了最后一分钱,就退两角钱给我,叫我还是坐车回家,不要走路。

因《作文》一稿罗佳鑫来电话催了几次,要我快点搞完,《作文辞典》的校样已出来了,要校对。所以抓紧时间在写,没有给你写信。你的信是前天下午收到的。今天上午把稿子写完了,下午送了去,回来就找你要的资料,现已找到三本8开的"曾侯乙钟",但并未写是哪一册,等会我另纸将有关情况抄给你。……找出的8开复印资料共三本,你已订好。第一本前4页是目录,正文的第1—2页是"楚王酓章镈",从第3页起是"曾侯乙钟",一直到120页都是的。第二本从121页到260页,全是"曾侯乙钟",第三本从261页到381页,其中"曾侯乙钟"到327页为止,后面是别的内容。381页后面还有24页是"钟镈类铭文说明(二)"(第1—10页)、"铙、铃、铎、句鑃等类铭文说明"(第11页—19页)、"本册惠予协助的单位"(第20页)、本册引用书目及简称表(第21—22页)、"第一二

册器物所在简目”（第23—24页）。——母亲来信，98.5.26

在寝室里，我尽我所能地找书架。从最初学校配置的1个，到在39楼时的5个，到现在的11个。书从地下堆到天上，在书架的最高层一直堆到天花板，不知什么时候突然奔向大地，却正好砸在我的头上。实在没地方放只能码在床上，有些书还得白天从椅子上搬到床上，晚上再从床上搬到椅子上。床上靠墙堆了一面墙，晚上睡觉时不小心翻了一个身就会引发山崩，那书脊的棱角把身上砸得青一块紫一块，却赶紧起身看看书摔坏了没有。

你23日的信写得工整多了，不过痊愈的“瘉”是异体字，已废，要用“愈”。——母亲来信，97.12.25

以后写信，字要写好一点，要养成习惯，否则你的字老写不好，将来上高等学府讲台，如何见弟子？还有一定要专心，18日的信有两个错字：镙（螺）钉、踉（腿）。——母亲来信，97.11.24

“答辩”的“辩”字，这次你终于没写错了，早两封信都写成了“辨”，我每次想告诉你，可是写信时又忘了，以后要注意这些细节，特别是论文、稿件，写完要认真检查，不可有错别字，不要有笔误，标点符号也不可错，要养成严谨的治学态度。——母亲来信，98.6.5

我正在吃午饭，突然电话铃响。那头是姐姐带着哭腔的声音：母亲出事了。我急忙向王老师请假，打算晚上回长沙。但没多久，姐姐又来电话，要我立即回家。我急忙跑到北京西站，买了最近一趟回长沙的车票，在火车上打手机向王老师请假。当第二天清晨在医院看见母亲的惨状时，我一下就哭了出来。

母亲是中午上楼时从楼梯上摔下来，重度颅脑外伤。脑挫裂伤，颅底骨折，右额、颞部硬膜下血肿，蛛网膜下腔出血，左顶部头皮下血肿。头颅大小形态正常，双侧瞳孔等大等圆，直径约4 mm，左侧对光反射可，右侧对光反射迟钝，压眶后能定位，左外耳道有鲜血流出，唇红，嘴角无歪斜，咽不红，扁桃体无肿大。中度昏迷，呼之不应，全身皮肤巩膜无黄染，浅表淋巴结无肿大。颈软，气管居中，甲状腺无肿大，双侧胸廓对称无畸形，叩诊清音，呼吸音可，未闻及明显干湿罗音，心前区无明显隆起，心尖搏动位于左侧第5肋间锁骨中线内侧，心界不大，无杂音，腹平软，未见胃肠型及蠕动波，无压痛，肝脾肋下未及，移动性浊音阴性，肠鸣音可，脊柱四肢无畸形，不能活动。

虽然做了两次开颅手术，但母亲最终还是离开了我们。南山烈烈，飘风发发；民莫不谷，我独何害！

在追悼会上，我代表家属发言：

各位领导、各位来宾、各位亲朋好友：

下午好！

我谨代表我的全家向大家表示感谢。谢谢你们。在我母亲出事时、治疗中、逝世后，我们都得到了各位及各方面的关怀和帮助，是你们曾经，并且正在帮助我们渡过难关。

其实还远不止于此，正如马克思所说，人是社会关系的总和。正是在我们大家之中，母亲的生命才具有意义。母亲这一辈子，作为学生，她刻苦勤奋；作为老师，她兢兢业业；作为女儿，她恪尽孝道；作为母亲，她舐犊情深。曾记得，我们小时患病时，每次都是母亲用她那瘦弱的身躯背着我们到处求医问药。曾记得，寒冷的冬夜，母亲总是会将我们冰冷的脚捂在她的怀中。母亲她心灵手巧，勤俭持家，缝纫、编织、刺绣、手工、厨艺样样精通。从前家境窘困，我们身上穿的衣服、头上戴的帽子、脚上穿的鞋子、肩上背的包，甚至床上的被套、枕套都是母亲一针一线亲手缝制。直到今天，年近七十的母亲仍然会为她心爱的小外孙亲手缝制衣服。母亲她把全部的爱都倾注在我们后辈身上，无论是生活还是学习，她的关心都无微不至，她的爱都无处不在。母亲她一辈子心里只有别人，唯独没有她自己。如今，她突然远去，连一个报答的机会都没有给我们留下。"树欲静而风不止，子欲养而亲不在。"母亲，这叫我们如何能不难过？母亲对亲朋好友都赤诚相待，每一个与她相识相交的人，都可以感受到她的关心和爱。湖南省楹联学会会长、潇湘书画院院长、中南大学教授余德泉老先生听说母亲去世，也十分悲痛，当即挥毫写下了这副挽联：

浇园灌圃意尤殷，每行碧豫林间，芬沁心脾欣拔立；

画荻断机天不负，今在瑶池殿下，玉言子女有尊荣。

上联述说母亲一生事业，培育学生，桃李满天下，当她行走在辛勤耕耘的参天树林中，呼吸着桃李芬芳，沁人心脾，母亲为其挺拔矗立而深感欣慰。下联述说母亲教育子女。欧阳修幼年家贫，其母用苇荻作笔，在沙盘上教其写字；孟子幼年不努力学习，其母将正在织的布割断来警喻他。我母亲辛勤教育子女，堪比古人。而今，我们姐弟虽无多大成就，但也算是能自食其力，对社会多少有所贡献，也差堪告慰。母亲为人一世，有此二者，庶几可以无憾于心，无愧于天地人神了。母亲您一生勤勤恳恳七十年，堂堂正正做人，清清白白做事。我们以您为骄傲,您永远活在我们心中。母亲您推己及人,将慈爱之心升华为仁爱之心。以爱家之心爱校,以爱子女之心爱学生。根据古老的儒家学说,这种仁爱是个人超越狭隘自我,最终实现人类大同的基础。母亲在她的一生中,最为朴实和真实地践行着这一道理。人类的命脉也正是靠着无数个这样平凡而伟大的奉献者才得以维系。因此,在某种意义上说,作为她的亲人和朋友,我们的生活就是母亲生命的意义。将我们的生活丰富、充实,并有以脱于俗谛之桎梏,就是母亲生命的延续与升华。也正是母亲的离世,迫使我们重新思考我们生活的方式和生命的意义。这才是我们所真正要感谢的,感谢母亲给了我们生命,感谢母亲让我们反思生命的意义。现在,我们更要感谢给了母亲生活的诸位。谢谢大家。

母亲已离我们而去,她希望我们能身体健康,开开心心,更希望我们能为社会多做贡献。斯人已去,音容宛在,让我们常怀追思,化悲痛为力量。

谢谢大家!

李若晖

2005年2月27凌晨于京郊承泽园,其时清风映明月,孤灯燃寸心

(原载李若晖:《语言文献论衡》,成都:巴蜀书社,2005年12月版,第241—245页)

《春秋战国思想史探微》后记

本书的写作得到上海市社会科学基金的资助。中共上海市委宣传部李名灿老师、梁清老师多所辛劳，谨致谢忱。尤其十八期青理班同学多年来的鼓励与帮助，更令人难忘。

本书部分章节的写作端赖于山东大学《文史哲》编辑部王学典先生、李扬眉女史的催逼。中国社会科学院政治学研究所王利兄、中国人民大学国际关系学院任锋兄提供了帮助，与复旦大学历史系姜鹏兄的讨论获益良多，一并致谢。有许多思想的火花是在我开设的“战国思想的自识与反思”课堂上迸发的，感谢听课的同学，陈岘、成富磊、程羽黑、樊波成、傅锡洪、何益鑫、胡紫沛、王安娜、王志刚、滕汉洋、吴怡静等等。

欧洲汉学重镇荷兰莱顿大学汉学系 Paul van Els(汉名叶波)教授慨允作序，厚情高谊，至为铭感！

谨以此书献给爱妻丹丹。

本书各章曾以单篇论文形式发表，兹列目于下：

第一章　《厉始革典——中国专制君权之萌生》，《政治思想史》2011 年第一期，第 1—14 页。

第二章　节本：《东周时期中华正统观念之形成》，《政治学研究》2008 年第一期，第 109—117 页；全文：《东周时期诸侯称王与中华正统观念之形成》，《权威的理由》，北京：新星出版社，2008 年 12 月，第 42—68 页。

第三章　《郡县制时代——由权力建构与社会控制论中国古代的社会性质》，《文史哲》2011 年第一期，第 5—18 页。

第四章　《诸子出于王官说平议》，《传统中国研究集刊》第三辑，上海：上海人民出版社，2007 年 11 月，第 132—148 页。

第五章　《吾力吾命——项羽垓下歌解析》，《宪政与秩序》（《新政治科学论丛》第二辑），北京：北京大学出版社，2011 年 9 月，第 195—207 页。

忽然忆起挚友李开学。转眼将近他逝世四周年了。1997 年我考上武汉大学中文系硕士，就是和开学同住一室。开学考上硕士时已经 33 岁，长期的农村生活让他成熟而消瘦。开学热情而正直，他曾傲视某官僚同学的骄横，还曾在宿舍的水房里徒手捉住长达二十余厘米的蜈蚣。放假时我拿他的名字开玩笑，说“你开学，我放假，看你还能待几天”，他却不慌不忙地回道，“我也放假，不放假，怎么开学？”

出身卑微的我们，都指望着重复中国人千百年来的老路，靠读书改变命运。直到开学不幸逝去，我才痛感世道已变，此路不通。

开学 2000 年硕士毕业后，在江苏省泰州市外经贸局工作，但始终无法融入官场。他曾多次考博，终于在 2003 年 39 岁时考入复旦大学国际关系与公共事务学院。读博(我在计算机上用汉语拼音输入这个词时，蹦出来的总是“赌博”，或许这二者不仅仅是音近?)期间，开学把自己的潜力发挥到了极致：参加老师的课题，做兼职补贴生活和家用，发表论文，撰写学位论文。毫无疑问，开学是努力的，但是弦绷得太紧是会断的。老师的课题他最终没能赶上进度，却始终不肯放手。2003 年 9 月刚入学就到上海三达学院做兼职，2004 年起又在上海一通翻译科技有限公司做兼职翻译，死前不久的 2007 年下半年还在上海电大杨浦工作站找了一份兼职。他指望博士毕业后在高校找一份教职，给家人带来安逸的生活。且不说找工作不易——开学已经处处碰壁，即便找到工作，极低的工资也根本不足以养家糊口。他对自己的论文要求极为严格，曾二次延期毕业，最终累死在写作论文的计算机前，死后十余日才被发现，尸体已经腐烂，只有闪烁的计算机和摊开的书本在陈列着他灵魂的执拗。现实的艰辛和未来的绝望最终摧垮了他。

有人说开学傻，应该在职读博。但他跟我说过，他读博就是为了离开龌龊的官场。

有人说开学兼职太多，影响了学业。的确，我也劝过他，要他集中精力写论文，熬过这一关再说。如果实在有困难，我们同学都可以帮助一点。但开学拒绝了。我理解他，四十岁的汉子，伸手接钱是人格的侮辱。

其实开学一生追求的不过是内心的高洁，其生也由斯，死亦由斯。

中国自废科举之后，士人与国家权力之间的纽带被切断。辛亥革命压垮清廷的最后一根稻草就是立宪派，五四运动的主力则是青年学生。辛亥革命终结了帝制却未建立宪政，使得权力丧失了外在的正当性支点。五四运动打倒“孔家店”，也切断了知识分子自身与本土文化的血脉联系。正如鲁迅所说，“诺拉出走以后”如何生存？

草民如开学，想要改变命运，却既无权力也无资本，只能出卖知识与体力。

西晋之初，一统天下，歌舞升平。人人皆以太平万世，可醉生梦死。独索靖于巍峨宫室之前，手抚铜驼，叹曰：“会见汝在荆棘中耳！”

是为记。

李若晖

岁在重光单阏辜月大雪

时冷风冻影，寥星裂牖

（原载李若晖：《春秋战国思想史探微》，台北：艺文印书馆，2005年3月版，第211—214页）

《老子集注汇考》第一卷后记

《老子》注释史可谓源远流长。从存书和历代著录看，王重民《老子考》著录从汉至清代共 435 种，严灵峰《周秦汉魏诸子知见书目》著录 668 种，但其中包含大量已经亡佚的著作。就存世而言，《中国古籍总目》著录 273 种，熊铁基、陈红星主编《老子集成》收录 265 种。20 世纪的《老子》注释与研究数量也极其庞大，据熊铁基等《二十世纪中国老学》的不完全统计，有三百四五十部，另有论文约 8 000 篇。如此数量庞大的注释，导致《老子》的文本与解释极为歧异。我们今日从纯学术的立场，清理《老子》研究史，恢复汉唐对于《老子》的理解，厘清先秦的《老子》究竟说了什么，是刻不容缓的紧迫任务。因为只有回归中华思想之本源，才能真正重铸其魂魄。

《老子》集注的编纂历史悠久。最早见于著录者，《隋志》有东晋程韶《老子集解》，《释文·序录》有东晋孙登《老子集注》，均佚。现存最早的集注，为五代前蜀强思齐《道德真经玄德纂疏》。至宋元明，《老子》集注大为增加，有名目可考者 20 余家，保存至今者有 16 种。至清代民国虽朴学鼎盛，但由于其数量庞大，《老子》未再见集注之作。徐永佑《道德经集注》、奚侗《老子集解》等虽有其名，实是选择性地引用诸家，并非汇录旧注。此后，国内外连名为“集解”之类的《老子》注释都没有了。唯一的例外是彭裕商、吴毅强《郭店楚简老子集释》，但其范围仅限于郭店竹书《老子》。

时至今日，一方面各种《老子》注释汇编出版，一方面多种《老子》古本出土引发学界对《老子》传世本及历代旧注的大规模反思，于是编纂《老子集注汇考》不但可行而且必须。

编撰《老子集注汇考》难点有三：

一、搜集资料之淹博难。

历代注释与研究的专著搜集已有多种集成出版，但是还有大量早期异文见诸各种引用，历代研究散见于笔记、文集、论文中。因此应当编纂《老子异文表》《先秦至唐征引老子资料汇编》《老子歧解》《唐至清老学资料汇辑》等书，广泛收集、整理数量庞大的零散资料。

二、清理旧注之识断难。

无论历代注《老》各家之说如何分歧，从文本理解的角度看，大要可分为三期。一为原典时期，从先秦到唐代。虽然诸家注解各有其思想流派的不同背景，对《老子》思想的解释发挥也各各不同，但是《老子》作为原典得到了注者的充分尊重，注释者大都基于文句的传统理解来阐发己意。二为旧典时期，由宋至清。此时期的思想背景为理学兴起，不唯在经学领域疑经思潮浩浩荡荡，大潮席卷之下，《老子》也不能幸免。从文句理解的角度看，基于理学理论体系重新解释《老子》蔚为风尚，大量新解蜂拥而出。三为古书时期，自近代西学东渐，国人依傍西方哲学建构中国哲学，其核心乃是以理学对接德国唯理论哲学。从文句理解的角度看，理学解读得到了进一步的强化，这主要表现在能同时符合理学与西方哲学理论体系的文句解释获得普遍相信。因此本书收录旧注的标准为：有助于理解《老子》、在历史上有影响、确有见地者，对于歪曲《老子》、过度发挥、故意标新立异者概从摒弃。由于历代《老子》注释观点内容大量重复，本书选取时注重最早提出者、论述完备者、见解独到者。

三、撰写按语之精审难。

本书评骘旧注的标准，即通过还原其所理解的文句语言意义来判断其正误，而无论其在义理发挥上有多么精彩。本书尤其注意旧注的思想背景，并由此探讨思想变迁与文献诠释之间的互动。

本书编撰的过程极其艰难，不唯未能免于匮乏，亦且未能免于恐惧。

2009 年，在成都张力女士努力下，得以复印《无求备斋老子集成初编》及《续编》全套，从而具备了编撰《老子集注汇考》的基础。当年暑假，将初编、续编复印件及历年收集的《老子》旧注资料复印，组织学生将复印件分章剪贴，做成两百多袋分章资料。复旦大学哲学学院、历史系、中文系的数十位同学参与了这一工作，上海古籍出版社童力军兄等来剪贴现场对具体工作做了指导。

由于手头没有任何科研经费，且我的职称虽然是教授，但是每个月到手仅有 3 446.64 元。到北京查阅图书资料，晚上只能到北京大学同学宿舍打地铺。钢铁的差距只能以血肉来弥补。再三权衡，觉得不宜全面铺开，还是一章一章慢慢来。于是先将第一章的数据送打印社录入，并作了多次校对。此后，随着不断有新的资料和论著发表，又不断进行补录。最为大宗的资料当属 2011 年出版的《老子集成》。国家宗教局颜玉科兄，宗教文化出版社卫菲、袁珂两位编辑为购书提供了帮助。复旦大学哲学学院黄子洵同学帮助进行了部分录入工作。中国社会科学院哲学研究所王葆玹老师、香港中文大学哲学系王庆节老师和刘笑敢老师、芝加哥大学东亚系夏含夷先生、北京大学哲学系王中江老师、清华大学哲学系曹峰兄、台湾大学中文系何泽恒先生、中国文化大学中文系陈锡勇先生、武汉大学哲学学院丁四新老师、山东大学儒学高等研究院池田知久教授惠赐大作，国家图书馆《文献》杂志编辑部张晏婴女史、京都女子大学石立善兄、香港中文大学哲学系仲辉兄、台湾大学中文系林宏佳兄、复旦大学哲学学院张榕坤同学代为查找了部分文献资料，大峡谷州立大学哲学系倪培民先生、复旦大学中文系陈尚君先生惠赠了自己收藏的图书资料，深为感激。

在校对之后还要校勘，所有的引文，包括引文中的引文，都要核对原书；有的重要旧注，如河上公、王弼、成玄英等都要收集历代校勘成果，并再次校对多种版本，写出自己的校勘记。许多旧注没有标点，需要仔细阅读标点。后期定稿时也参考了《老子集成》等书的点校。个中辛劳，诚可谓一言难尽。仅仅竖排导致的单双引号修改，因 word 不能直接替换，只能手动逐一修改，光这一项就耗时两个月。西南大学汉语言文献研究所毛静、李霞同学协助对旧注进行了初步排序，李霞编纂了《征引书目》初稿，复旦大学历史系成富磊同学对旧注排序和征引书目进行了加工，一并致谢。

与此同时，也组织对部分《老子》旧注进行整理，本来打算出版《老学要籍选刊》，但是因《老子集成》被出版社认为选题太近而驳回。于是只得放弃丛书之规划，化整为零，在各出版社见缝插针。至今已出版郑良树《老子新论》（盛聪等整理，上海古籍出版社，2011 年）、樊波成《老子指归校笺》（上海古籍出版社，2013 年）、罗家湘《王安石老子注辑佚会钞》（华东师范大学出版社，2013 年），其余诸种面世之日尚遥遥无期。包括本书也因编辑工作调动，而改至上海辞书出版社出版。本书按语的主体部分则以《道之隐显——老子第一章阐微》为题，于《哲学门》总第二十、二十一辑连载。感谢吴飞老师的关心与孟庆楠兄的费心校雠。

2012年，复旦大学改变985经费使用方式，让每位教师申报校内课题来分享985三期经费。但是经费拨付不久就全校范围全部冻结收回。这是我迄今为止在复旦大学获得的唯一一笔科研经费。2013年，以"道之言：由'名'之分析建构老子哲学"为题申报教育部人文社会科学研究规划基金项目获批，才真正有了科研经费。感谢上海师范大学哲学学院陈卫平老师对申报书的悉心指导修改。2013年底，湖南省社科基金规划办委托湖南大学岳麓书院面向全国招标国学课题，我以"老子集注汇考（第2—11章）"为题申请获批。2014年以"北京大学藏汉简老子研究"申请国家社科基金一般项目获批。正是有了这些经费的支持，本书的进度才得以加快，最终在2014年9月定稿交出版社。上海古籍出版社李祚唐先生通读了全稿，做了仔细校勘，并提出了详尽的修改意见，责任编辑朱荣所先生多所辛劳，谨致谢忱！复旦大学哲学学院施阳九、张亦辰、曹珊三位同学校看了清样，一并致谢！清样校完后，2015年5月26日上午在复旦大学哲学学院2410会议室举行了定稿研讨会，就编撰体例等问题进行了讨论，上海古籍出版社李祚唐先生、上海辞书出版社童力军兄和朱荣所兄、复旦大学中文系陈尚君先生、复旦大学出土文献与古文字研究中心陈剑兄参加会议，提出了极好的建议，并就许多细节的处理达成了共识。

感谢童力军兄多年来一以贯之的不懈支持！

承蒙台湾大学中文系何泽恒先生不弃，惠赐大序，令蓬荜生辉，敢致谢意！复旦大学哲学学院金瑞同学校对了序言的全部引文，并修改了格式，一并致谢！

当时妻已有孕在身。她在上海某大学社会科学学院工作，当初她怀了孕，学院仍然要求她正常上课，并特意把本来安排在该学期后八周的一门课提到前八周来给她上，口口声声该校某女教师生孩子的前一天还在学校上课。并且将课安排在早上 8:15 和晚上 6:00。从家到学校单程要转三趟地铁再坐公交，耗时 2 小时 30 分钟，这样一来，必须五点就起床，晚上十点才回家。课上到 11 月初才开始休产假。岳母罹患晚期肺癌，在老家宜昌苦撑着想看到小宝宝。但是天不遂人愿，11 月 13 日中午岳母去世。知道消息之后，妻执意奔丧，我也拦不住。不能坐飞机，下午也没有直达宜昌的动车。所以只好先坐动车到汉口，打的到武昌转快车（有软卧）去宜昌。上车已是 14 日凌晨 2 点多，车比较晃，妻在车上羊水破了。我只好去找列车长，请他联系前站救护车。前站是湖北荆门，我们 6 点下车，十几分钟后到达荆门第二人民医院。略作检查后，7:30 进产房，8:42 宝宝出生，七斤二两。当天下午我前往宜昌为岳母守夜，15 日葬礼。15 日下午赶回荆门，妻无法参加葬礼，留下永远遗憾。我只能同她说，人生许多事情是我们无可奈何的，要学会接受。妻很感慨，说这是她第一次到荆门，想不到竟是以这样的方式。别人生孩子都是一大堆人围着，唯恐照顾不周，可是她却只能一个人看着小宝宝，想念着没能见上最后一面的母亲，等我回来。

我们为什么这么艰难。

妻被接回宜昌坐月子。她那半学期的课考试了，学院要求她批改试卷，送试卷的覃莉老师把一百多份试卷背回家自己批改了。

此已非一“谢”字了得。

由于上海市教育委员会推行市属高校教师坐班，哺乳也成了大问题。感谢岳父周道荣老人赶到上海来帮助照顾孩子。

一切并没有过去。

保障以制度形式扩展个人的能力，它并非个人劳动价值的回报，而是提供给个人劳动尤其是创造性劳动的可能性。保障缺失在实质上导致制度的异化，亦即制度不但不扩展个人的能力，相反还压缩了个人的劳动尤其是创造性劳动的可能性。在此，现实性取消了可能性。所得低于应得即为剥夺。加之当今中国学界另有一种更为恶劣的倾向，即“反文艺复兴”倾向，将人牢牢地捆绑在狭小的所谓专业甚至专业内的条块分割之内：以现实性剥夺可能性，可为少于能为即为奴役。

被剥夺与奴役的人失去了创造性，成为同构型的资源待分配者，学界的种种乱象也由此而生。对学者的剥夺就是对民族未来的剥夺，对学者的奴役就是对社会良心的奴役！学术的灵魂是理性，理性的根基是理性对于自身的规定性，理性对于自身的规定性就是理性的自由。被剥夺了自身自由的理性，必然无法如其所是地对待自身自由的剥夺者！

奴役是人类有史以来最恶劣的生产方式。因为在任一剥削社会，哪怕是所谓奴隶社会，剥削的前提都是被剥削者必须创造价值，创造得越多，才可能剥削得越多。正是这一点，导致了剥削形态的改变，人的自由的增加，亦即通常所谓社会进步。但在奴役社会，真正意义上的剥夺恰恰是剥夺人创造价值的可能性，并由此区分于一切剥削。在此状态下的人仅能为了最低限度的生存，亦即肉体生命的苟活而挣扎。其具体的表现形式，就是将生命物化为肉体体能，拿到市场上进行交换。当肉体体能交换不到维持自身生存的等价物时，个体生命便失去了存在的必要性与可能性。

是的，是存在，而非生存。因为对于有尊严的生命来说，死亡只是另一种存在方式。但在那拥有绝对自由的绝对权力看来，为交换所否定的东西直接就是被抽空了一切内容的纯粹虚空。于是被剥夺与奴役的物化生命，必然从未存在于时间之中。

谨以此书纪念岳母曾凡凤老人，自2009年查出肺癌已是晚期，但她却澹然处之，奇迹般地活了五年。愿我们在地上的生活无扰她在天上的安宁。

在尼采最后的日子里，意识有时有所恢复。一天，他看到妹妹坐在床边默默流泪，于是尼采说道："伊丽莎白，你为什么哭呢，难道我们不幸福吗？"

李若晖
二〇一五年六月九日凌晨
其时雨零月影，风扰人思

（原载李若晖：《老子集注汇考》第一卷，上海：上海辞书出版社，2015年10月版，第885—891页）

《道论九章：新道家的“道德”与“行动”》后记

前后经历了十几年的辛勤劳作，终于可以写后记了。

最早开始研习《老子》，始于1999年。当时我正在武汉大学中文系读硕士生，正好赶上“郭店楚简国际学术研讨会”在武大召开。郭齐勇老师负责组织这次盛会，特意组织武大师生提交论文，以彰显武大的学术实力。待论文收上来，郭老师发现都是与儒家相关的，《老子》道家虽是郭店简中非常重要的一块，却一篇文章也没有。于是郭老师便让我写一篇。这就是我硕士学位论文《郭店〈老子〉校勘简论》，增订修改后于2004年由齐鲁书社以《郭店竹书〈老子〉论考》为名出版。硕士论文得以出书，要感谢吴金华（1943—2013）老师。正是遵从了吴老师的教导，我才在读博期间继续对硕士论文下功夫，在深入和扩展研究的基础上，发表了多篇论，从而为出书奠定了坚实的基础。可惜吴老师在打乒乓球时，跳起来扣球，导致心脏支架移位，当晚即不幸辞世。遽失良师，令人哀痛！

十余年来，我辗转3个城市，出入5个单位，历经4个专业，饱尝艰辛，徒增马齿，但对《老子》的思考，一直萦绕心头。我的思考，也从郭店竹书的文字考释，逐渐转向老子思想。其中一些思考陆续写了下，在刊物发表。本书就是这些思考足迹的整合。

本书各章与发表论文的大致对应如下：

引言、结语——《"道德"与"行动"》，《国学学刊》2016 年第 2 期，第 12—15 页。

第一章——On Laozi's Dao: An Attempt to Make Philosophy Speak Chinese, *Frontiers of Philosophy in China*, 2011, vol.6 (1): 1 - 19.

《老子道论——让哲学说汉语的一次尝试》，《哲学分析》，2011 年第 1 期，第 100—108 页。

第二章——《道之隐显——〈老子〉第一章阐微》(上)，《哲学门》，总第二十辑，北京：北京大学出版社，2010 年 2 月，第 235—270 页；

《马王堆帛书〈老子〉"道可道也非恒道也"琐议》，廖名春主编：《显微阐幽——古典文献的探故与求新》，汕头：汕头大学出版社，2016 年 2 月，第 87—99 页。

第三章——《道之隐显——〈老子〉第一章阐微》(下)，《哲学门》，总第二十一辑，北京：北京大学出版社，2010 年 7 月，第 179—192 页。

第四章——《中国哲学之真实建立——以〈老子〉第 25 章"周行而不殆"为核心论老子之道物》，《清华大学学报》2013 年第 5 期，第 81—100 页。

第五章——《老子的"言"与"知"》，赵保佑主编：《老子与华夏文明传承创新——2012 · 中国鹿邑国际老子文化论坛文集》，北京：社会科学文献出版社，2013 年 4 月，上册，第 237—242 页；

《论老子的“欲”与“知”》,《商丘师范学院学报》,2015 年第 4 期,第 1—5 页;

《老子“行动”论》,《哲学动态》2016 年第 8 期,第 37—45 页。

第六章——李若晖、庄景晴:《〈老子〉“功遂身退”辨正》,《中原文化研究》2015 年第 4 期,第 35—45 页。

第七章——《各复归其根与判断力》,《生活世界与思想世界》(《思想与文化》第十一辑),上海:华东师范大学出版社,2011 年 12 月,第 252—257 页。

第八章——《老子基于大国关系的天下秩序观:钩沉与建构》,《云南师范大学学报》2016 年第 3 期,第 40—51 页;

《“小国寡民”探微——老子通往理想社会途径的设想》,《烟台大学学报》,2006 年第 3 期,298—302 页。

第九章——《“人法地”及其现代意义:新道家发凡》,《清华大学学报》2014 年第 4 期,第 110—116、172 页。

以上论文整合成书时,又进行了大幅加工。

感谢以上刊物提供发表园地,感谢曹峰老师、常伯工老师、孙海芳老师、何锡蓉老师、鲍永玲老师、吴飞老师、孟庆楠老师、廖名春老师、李锐老师、仲伟民老师、王丰年老师、赵保佑老师、高立建老师、崔唯航老师、王正老师、齐航福老师、刘梁剑老师、肖国荣老师、江林昌老师、刘春雷老师的帮助与辛劳。

部分文章在发表前曾在北京大学、香港中文大学、台湾大学、中国人民大学、Grand Valley State University、杭州师范大学、厦门筼筜书院、上海师范大学、复旦大学等处参加学术会议或做讲座,感谢韩巍老师、王庆节老师、刘笑敢老师、信广来老师、郑宗义老师、黄勇老师、徐富昌老师、何泽恒老师、林宏佳老师、阎鸿中老师、梁涛老师、曹峰老师、白奚老师、陈鼓应老师、倪培民老师、商戈令老师、朱晓鹏老师、郭美华老师、林志鹏老师、刘钊老师、郭永秉老师的邀请和指教。

本书为以下项目的最终成果：

教育部人文社会科学研究规划基金项目"道之言：由'名'之分析建构老子哲学"(13YJA720008)

复旦大学"985工程"三期整体推进人文学科研究项目"老子道论"(2011RWXKZD010)

本书也是以下项目的阶段性成果：

国家社科基金一般项目"北京大学藏汉简老子研究"(14BZX039)

国家社科基金重大项目资助"出土简帛四古本《老子》综合研究"(15ZDB006)

中国社会科学院重大项目"中华思想通史"春秋战国卷

湖南省社科基金湖南大学岳麓书院国学研究与传播中心2013年度国学招标课题"老子集注汇考(第2—11章)"(13YBA366)

北京修远经济与社会研究基金会规划项目"华夏三千年之格局与变局"

感谢夏含夷先生、瓦格纳先生、池田知久先生、谷中信一先生、何泽恒先生、丁亮先生、刘笑敢先生、裘锡圭先生、王中江先生、董平先生、曹峰先生、丁四新先生、宁镇疆先生、林光华女士、刘钊先生、陈剑先生、郭永秉先生惠赐大作，使我深受教益。

归入本书第四章的《中国哲学之真实建立——以〈老子〉第25章"周行而不殆"为核心论老子之道物》一文，曾于2009年11月6

日下午在北京大学政府管理学院做讲座，为“秩序与历史”论坛2009年第3期，总第13期。是由王利兄安排的，多年来承王兄关照，至为铭感。当时曾请蔡世昌(1974—2012)兄点评，极富启发。但是待拙文正式发表，世昌却已溘然长逝。我和世昌是北大读博的同学，虽不在一个系，却总在一起玩。我们常常凌晨一两点，跑出去喝点小酒，然后坐在未名湖畔长谈，闷了就去钟亭敲钟——那钟每年元旦晚会都会抬到百年讲堂前，在新年来临之际鸣响，平时则挂在未名湖畔的钟亭——直到保安气急败坏地赶来，于是我们就在一片呵斥声中落荒而逃。冬天有时在未名湖的冰面上滑冰，打架，在摔倒之后哈哈大笑，抱怨腰疼腿痛，赖着不起来。于是我就拖着他在冰面上画一个大大的心形，第二天发现那成了情侣胜地。我总是抢着向人介绍他：蔡京的蔡，陈世美的世，张邦昌的昌。他就笑：“都不是什么好东西!”我抢白道：“都是宋人，你不是做宋明理学的嘛!”平时闲聊，世昌总爱说宋明理学家的各种逸闻轶事，这些历史人物在他那里并非纸面上僵死的文字，而是生活中鲜活的生命。劝他找女朋友，他总说不急，硬拉他去相亲，他也只是寥寥数语而已。倒是我和对方的女伴聊得热火朝天。刘聪(1979—2008)，一个流水般聪慧的女孩。我问她是哪个“cong”，她立即急道：“还能是哪个聪!”我马上明白一定有很多人用“葱”来调侃她，于是回道：“匆忙的匆啊!”刘聪曾给周一良先生当助手，本科毕业论文发表在《历史研究》上。在历史系硕士毕业后，刘聪远赴芝加哥大学跟随巫鸿先生深造，却不幸因脑癌早逝。难道，“聪”者必“匆”吗?! 2010年，芝加哥大学东亚艺术中心以刘聪的名字设立了“纪念刘聪东亚艺术和视觉文化最佳论文奖”。

毕业后,世昌在华北电力大学工作,而我则到了上海,见面虽然少了,但是电话里的各种挖苦和口水战却越来越劲爆。知道他上了职称,终于要妻生子,买了房子,心急火燎地赶在奥运禁运之前装修,我说你真是财大气粗啊。就如同一首琴曲,正沉浸于其悠扬摇曳之中,琴弦突然断了。2012 年 6 月 18 日下午,被我们嘲弄像蚱蜢一样坐不住的世昌,又在学院里上蹦下跳地打乒乓球,中途觉得心口疼,就停下来休息了一会,自己觉得没事了,又冲上球台。结果引发胸部剧痛,送校医院输液,未见好转,转北医三院,确诊为大面积心肌梗死。他一直是清醒的,还让爱人回家去照顾孩子,说自己很快就好了。22 日下午病情突然加重,医生马上抢救,却没能把他的笑声带回来。

人的青春总是会逝去的,但是命运却给了我最残酷的方式。当你连一起回忆青春的人都没了,青春不是逝去,而是消散了。

回想十余年来,父母相继过世,自己也结婚生子,忝为人父。感谢妻子丹丹和岳父周道荣老人、岳母曾凡凤老人,可爱的女儿鼎节和儿子礼节。妻子两次生育皆备极凄楚。女儿出生时,我在学校上课,没有任何亲人守在妻子身边,妻生后感到饿,还是求其他产妇的家属帮忙叫的外卖。尤其小儿出生前一天岳母不幸去世,妻子不顾一切要回家奔丧,孩子中途出生在荆门,至今思之恻然。

2013 年以来,上海市教委开始推行市属高校坐班制度。妻子所在学校成为第一批试点单位。该制度每年教学工作量不少于 320 学时,除掉要用于完成教学工作量的时间,其余时间用于坐班答疑,每天早晚要在打卡机上刷校园卡。教师必须自习辅导,规定 3 小时为一个晚上,时间为 16:30—19:30。教授、副教授每学期校内自习辅导时间不少于10个晚上，讲师不少于15个晚上，助教不少于20个晚上。白天答疑不少于16小时。校内自习辅导制度不与坐班答疑制度重复计算时间。教师必须坐班答疑，规定教授、副教授每周坐班答疑的时间不少于8小时；讲师不少于16小时，助教不少于32小时。上课时间不计入坐班答疑，坐班答疑必须人坐在办公室，哪里也不能去，如果来检查时发现人不在，哪怕是在图书馆或在上厕所，都要被严重批评。同时，学院各种会议繁多。整个学院被划分成多种组织，如教研室、教学团队和科研团队，每一种组织每周都有各种会议要开，此外每周五下午雷打不动的全学院例会。

妻还是讲师，常常一周上20多节课，有时连续几天每天8节。早上8:00开始上课，8节课后还要坐班答疑。从家到学校单程要坐三趟地铁，再换乘公交，需耗时两个半小时。这样为了赶早上8:00的课，必须5:00起床，晚上22:00才回家。完全没有时间带孩子。解决之道是，单位领导经常歇斯底里地叫喊：我们这样做，是为了让你们活得有尊严，不要成为一个就知道做家务带孩子的人！

当初，做教师，虽然明知其清贫，但是觉得相对来说有自由。但是现在自由也没有了，通过时间的挤占，教师成为疲于奔命的机器。不止于此，作为领导的政绩，拿课题、发论文也被强调得无以复加。很多人只要看到任何政府部门，有决策咨询之类的课题招标，也不管是哪个方向的，甚至只是跑到图书馆去借一两概论教材，回家翻两个钟头，填一个申请表，就等着课题从天上掉下来，领导还作为经验推广，美其名曰抢占热点。

最近，老家的房子要拆迁，妻回去收拾东西，慨叹从此回不了老家了，旧时的记忆也都没了。特别是很多母亲的遗物只能处理掉，妻非常伤心。我只能说，连我们自己都最终不能留在这个世上，我们又能留住什么呢？

李若晖

2016年8月5日夜

（原载李若晖：《道论九章：新道家的“道德”与“行动”》，上海：上海人民出版社，2017年4月版，第376—382页）

《久旷大仪：汉代儒学政制研究》后记

2017年11月27日，上午，送别了参加“春秋时代的社会与思想”学术研讨会的学者们，向王震中先生呈交了会议的账目与票据。下午，对书籍等物作最后的打包和检查。晚上，预约的载重卡车到光华楼和家里搬运行李，送到货运站。忙到深夜一点多回家，抓紧时间眯了一会。28日凌晨4点，随着闹铃响起，我和妻抱起尚在睡梦中的孩子，走出小区。在政通路上稍等了一会，坐网约车前往虹桥火车站，登上开往厦门的G1651次高铁，就此离开生活了十余年的上海。

感谢厦门大学人文学院、哲学系的领导和老师们。来到陌生的城市和新鲜的单位，安家、整理工作间、孩子上幼儿园，直到步入正轨，开始工作，处处体现着无微不至的关心。尤其是我的书搬入南光一号楼时，朱菁老师、曹志平老师和符萍老师过一会就来看一下，发现一间房堆满了马上开另一间，随时解决困难，令人感到家的温暖。至于入职等等各种繁杂手续，实在是应该感谢王炳华老师、哈飞飞老师、朱艺楚老师、符萍老师、韩璟老师、黄莹老师、叶丛葵老师、陈宇人老师、谢晓东老师的帮助。

12月将《久旷大仪》改定交稿，2018年1月28日收到清样，到3月26日校毕。其间，等待工作间的腾出，购买安置书架，搬家打包的书上架清理，这些与校对清样找书夹杂在一起，真是饮冰吞炭，冷暖自知。

《久旷大仪》得以顺利出版，必须感谢黎汉基兄的推荐，感谢任剑涛先生将拙作收入其主编的“政治哲学研究丛书”。商务印书馆在本书没有任何资助的情况下慨允出版，并启动加急程序，洪霞老师和赵宇翔兄的认真负责、耐心细致，令人感佩。尤其是我在校对过程中忍不住对书稿反复进行修改，给洪老师和校对、排印都造成极大的麻烦，感谢他们的宽容大度。

当年我还在北大读博士时，出版第一本书《郭店竹书老子论考》，也是反复修改，导师董洪利先生就批判我说，书还没出就开始做修订本了。十几年过去了，恩师已不幸辞世，这毛病始终就改不掉，也是无奈。

本书诸章曾有幸在学术刊物先行发表，感谢诸位编辑与审稿老师的辛劳与抬爱。各文收入本书时都作了修改。各章所对应的论文如下：

第一章 《放逐君主：周礼权力结构解析》，《政治思想史》2017年第2期；

第二章 《尊·贤·亲——秦制崩溃探因》，《儒教文化研究》(国际版)第18辑，2012年8月；

第三章 《人伦与制度——对于司马谈论儒家之哲学分析》，《中州学刊》2017年第5期；

第四章 《亲亲尊尊之间的断崖——由韦刘庙议重估西汉经学政制》，《文史哲》2017年第3期；

第五章 《以“尊卑”代“尊尊”——汉代儒学政制平议》，《清华大学学报》2017年第3期；

第六章　《从“天子僭天”到“君天同尊”——何休删削〈公羊〉发覆》,《哲学研究》2017 年第 2 期;

第七章　《汉代丧服决狱对传统礼俗的破坏与“法律儒家化”之重估》,《北京师范大学学报》2018 年第 3 期;

结　语　《德性与制度:反思汉晋儒学政制》,《江淮学刊》2017 年第 2 期;

附　录　《中国古代对于君主专制的批判》,《文史哲》2016 年第 5 期。

本书写作过程中,承蒙中国社会科学院历史研究所庄小霞女史惠赠大作,中国社会科学院哲学研究所陈明兄代为查找资料,复旦大学哲学学院硕士生季磊协助整理了本书初稿,谨致谢忱。

以色列耶路撒冷希伯来大学东亚系尤锐(Yuri Pines)教授多年致力于中国政治哲学研究,为国际知名汉学家。此次惠允作序,令拙作蓬荜生辉,特此致谢。

因忙于故纸,疏忽了对家人的关心,深感愧疚。尤其是这次搬家,多亏了妻和岳父的辛劳,实非一“谢”字了得。两个小宝贝灿烂的笑容能使人忘记一切烦恼。搬家时,当书从书柜里取出,打好包,堆成山,便成了他们的玩物,爬上爬下,比高高,躲猫猫,不亦乐乎。人在书上爬,究竟能爬多高呢?

2018 年 3 月 28 日凌晨

于时海浮月轮,风缠舰笛

(原载李若晖:《久旷大仪:汉代儒学政制研究》,北京:商务印书馆,2018 年 5 月版,第 315—317 页)

《不丧斯文：周秦之变德性政治论微》后记

忽忽然，来厦门大学工作已经一年有余。这一年，徜徉于秀美的校园，尽心于庄严的学术，每天于名山瀚海之间接送可爱的小宝贝上下学，繁忙与劳累在所难免，但也是其乐融融。

眼看小书即将付梓，想起这几年早逝的师长，不禁悲从中来，感慨良多。

2000 年，承李零先生介绍，我报考了董洪利师的博士。从 2001 年到 2004 年在董师门下从游，以及 2004 年到 2006 年在北大做博士后期间，跟随恩师学习，是我人生中最为快乐的一段时光。我特别感激的，是董师对我的一再宽容。《孟子》是董师一生事业的核心，其博士论文就是《孟子研究学史概述》，此后又一直致力于《孟子》学史。当时董师门下弟子都是选取《孟子》学史的某一时段或重要人物做博士论文，比如张量写赵岐，峻岫作汉唐，畅然重戴震。董师知道我志不在此，便主动表示我可以自选题目，结果我自选的题目开口太大，最后只能草草毕业。现在恩师已逝，《孟子》学史最终未能完成，现在想来真是很对不住恩师。此外，董师自入北大以来，一直同金开诚先生和高路明老师一起整理完成游国恩先生的《楚辞长编》，书做完了，至今也没有出齐，可堪一叹。董师生前已将所有《楚辞》资料托付给马昕，期盼能尽快出版。

董师是性情中人，从无心机，也从不掩饰情绪，抽烟很凶，喝酒也不含糊。董师最喜欢炫耀的“学术成就”，是在酒酣耳热之际，将《论语》的“唯酒无量不及乱”标点为“唯酒无量，不及，乱”——喝起来没个完，喝不够，就捣乱！一次师门聚会，董师自言酒量在北大中文系排第三，我赶紧“拍马”说，董老师比戴震谦虚。

董师自退休后一直不得安逸。先是师母查出来乳腺癌，经过治疗稳定下来了，董师自己却患了食道癌。当时我已在上海工作，利用出差的机会去董师家中拜谒，言谈中师母忍不住数落董师，说他这病都是多年来习惯不好落下的，吃饭喝水总是很烫的吃到嘴里呼哧两下就往下咽。董师低头坐着，像个犯了错的大男孩。我赶紧打圆场，说也不能因为生了病，就把我们老师说得一生都是错。董师脸色才稍缓。后来董师做手术切除了肿瘤，是将食道切去一截，然后把胃上半部捏成细长条，与食道缝合。从此董师不但不能再沾烟酒，每餐的食量也大减，人明显地瘦了下去，脸上也不再有精气神。然而学问却还要做，而且还有庞大的计划。我劝恩师好好休息，可他却一脸认真地说，不做点事，就觉得自己成了个废人，成天躺着，无所事事，真是生不如死。我只好说悠着点，注意身体。本想着以现在的医疗条件，怎么着还能维持些年，没想到却是厄运连连。董师在厨房不小心跌了一跤，大腿骨折，只能换了股骨头。好容易刚把瓢摁下去，葫芦又起来了，癌细胞转移，现在是肺癌。我再去探病，董师已经在北京伟达中医肿瘤医院，大家都说这实际上是一家临终关怀医院。我一进门，董师就拼着力气说了一句：“大限到了！”我一哽咽，站了好一会，没说出话来，待到能说了，却又不知道说什么，好容易拣着说一些宽慰的话，连自己也觉着很勉强，忽然感觉嘴角咸咸的，竟是眼泪流了下来。

董师逝于2017年4月11日上午8时25分，享年69岁。当时我在上海，未能送终，诚为憾事。敬拟挽联曰：

孟轲嗟叹　董贤说略　丈夫斯节　威岂挫志

屈原行吟　洪利校注　沧浪之水　清乃濯缨

孟轲嗟叹，孟子曰，何必曰利，赵岐注谓反复嗟叹。董贤说略，如读为"董/贤说略"，是董仲舒对孟子学说进行了很好的发扬；如读为"董贤/说略"，是贤能的董师著有《孟子说略》一书阐释孟子思想。孟子曰，大丈夫威武不能屈，赵岐以屈挫释之，因下联有屈原，故改用"挫"。屈原行吟，见《楚辞·渔父》。洪利校注，如读为"洪/利校注"，指洪兴祖《楚辞补注》是水平很高的注释；如读为"洪利/校注"，则指金开诚先生、董师、高路明老师合著的《屈原赋校注》。"沧浪之水清兮，可以濯我(吾)缨"，同见于《孟子》与《渔父》，喻义心志高洁。董师一生精力，尽瘁于《孟子》和《楚辞》。

2017年8月8日，忽然收到问永宁兄的短信，说周炽成老师昨天(7日)跳江自杀了，原因过程不详。真是大吃一惊！回想与周老师的交往不多，主要是在学术会议上，他是中哲界著名的大炮，但是我注意到他的每次炮轰，都非常注意哲学素养和学术规范，尤其是概念的一致性等方面，这在中哲学界的确难能可贵。2017年3月我应邀到中山大学哲学系做系列讲座，周老师还邀请我到华南师大也讲了一场，相谈甚欢，他还力邀我加盟华师，说他快要退休了，要有人顶上。没想到半年不到，竟成人天永隔。后来才渐渐知道，周老师患有抑郁症，医生要求他不能过度用脑，也就是说不能再做学问进行哲学思考了。监控显示，他曾在桥上徘徊了8分钟,然后纵身跃下。这8分钟是怎样的煎熬,不忍悬想。

2017年9月,多位友人都在传,北京师范大学中文系邹晓丽老师去世了(8月31日)。此前我也曾打电话到邹老师家里,是邹老师的丈夫张恩和老师接的,说邹老师已经在医院卧床多年,知觉很微弱,不用探望。遥想1996年,我还是一名小学教员,到北大参加第二届国际古汉语语法研讨会,邹老师对我很是关照,此后也一直关心我的学习和成长。我考研考博,都承蒙邹老师给我写推荐信。邹老师读大学时本是体育健将,但在文革时患内风湿未能及时治疗,以致手脚变形,看她用变形的手捏笔写字真是令人既伤感又钦佩。邹先生写完推荐信,反复看几遍,还认真地改正,并钤印,再在信末加一说明,表示因病写字困难不能重抄,请予谅解。可惜推荐信已按规定提交,否则真应该好好珍藏。我现在转行哲学,没能在古汉语方面好好努力,有负邹老师当年的期望。

2017年9月16日,我正在河南参加嵩山论坛,突然听说湖南大学文学院胡遂老师因病去世。1990年代初,我在长沙自学时,多承岳麓书社胡渐逵先生不吝赐教,才得以对古书粗通文墨。胡遂老师即渐逵先生之妹,对我也颇多鼓励。胡遂老师一生可谓有一息尚存便奋斗不止。当年为了考研,脱了鞋站在水盆里,一边脚踩洗衣服,一边手卷背单词。已成为知名学者,仍毅然读博。并且拒绝做论文博士,坚决要参加招生考试,考上后坚持脱产上课,不屑镀金,誓求锻钢。谨撰挽联,请岳麓书院陈仁仁兄代呈:

胡不归乎　微斯人　吾谁与归

遂无问者　高尚士　伊人云逝

胡不归乎,见于《诗·邶风·式微》,此用其字面。微斯人,吾谁与归，见范仲淹《岳阳楼记》。遂无问者，高尚士，典出陶渊明《桃花源记》："南阳刘子骥，高尚士也。闻之，欣然规往，未果，寻病终，后遂无问津者。"伊人云逝，用明黄毓祺《大愚老人遗集》卷二《紫阳书院》诗："伊人云逝矣，晚对淡烟横。万古心安在，君听欸乃声。"上下联首字正好是胡遂老师之名。

本书诸章曾有幸在学术刊物先行发表，各章所对应的论文如下：

引　言　《如何研究思想与制度的相关性：以汉代儒学与制度为例》，《史学月刊》2017 年第 11 期，第 9—12 页；

绪　论　《华夏德性政制史论微》，韩国《儒教文化研究》（国际版）第十七辑，2012 年 4 月，第 139—159 页；

第一章　《以"天"代"帝"——周人对于君权正当性之反思及"德"之初步独立》，载陈望衡、周强主编：《儒源新探：周先祖与中国文化》，北京：中国社会科学出版社，2012 年 7 月，第 86—95 页；

第二章　《厉始革典——中国专制君权之萌生》《政治思想史》，2011 年第 1 期，第 1—14 页；

第三章　成富磊、李若晖：《失德而后礼——清华简〈系年〉"蔡哀侯娶妻于陈"章考论》，《复旦学报》2017 年第 4 期，第 43—52 页；

第四章　《郡县制时代——由权力建构与社会控制论秦至清的社会性质》，《文史哲》2011 年第 1 期，第 5—18 页；

第五章　《〈厚父〉"典刑"考》，《哲学与文化》2017 年第 10 期，第 63—79 页；

第六章　《“德”“位”分合——孔孟复礼与华夏德性政制之奠定》,《清华大学学报》2012 年第 5 期,第 101—106 页;

第七章　周丹丹、李若晖:《“知母不知父”的中国谱系》,《社会》2016 年第 5 期,第 197—221 页;

第八章　《〈黄帝李法〉与秦汉军事国家》,《中山大学学报》2017 年第 6 期,第 116—126 页;

第九章　《燔诗书　明法令——略论秦制的经学影响》,《当代儒学研究》第十五辑,第 29—65 页;

余　论　《关于秦至清社会性质的方法论省思》,《史学月刊》2011 年第 3 期,第 14—17 页;

附　录　《〈尚书·洪范〉时代补证》,《中原文化研究》2014 年第 1 期,第 51—56 页。

各文收入本书时都作了修改。感谢以上学术刊物,使拙文得以面世。尤其感谢李振宏、邢丽菊、丁四新、任锋、陈文彬、王学典、李扬眉、曹峰、郭梨华、卢宣宇、仲伟民、王丰年、杨海文、杨祖汉、涂蓝云、齐航福等师长和学友的关心和帮助;归入本书第三章的《失德而后礼——清华简〈系年〉“蔡哀侯娶妻于陈”章考论》是我与我在复旦大学哲学学院指导的博士后成富磊老师合作完成的,归入本书第七章的《“知母不知父”的中国谱系》是我与其时任教于上海工程技术大学社会科学学院的周丹丹老师合作完成的,谨向两位合作者表示感谢。博士生贾尊文同学校看了清样,仔细核对了所有引文,复旦大学出土文献与古文字研究中心刘娇老师和湖南大学岳麓书院青山大介兄代为查找资料,特此致谢。

本书是以下项目的阶段性成果:

国家社会科学基金重大项目“黄老道家思想史”(16ZDA106)

中国社会科学院重大项目“中华思想通史”春秋战国卷

北京修远经济与社会研究基金会规划项目“华夏三千年之格局与变局”

感谢曹峰老师、王震中老师、梁涛老师、王利兄的帮助。

特别感谢中国社会科学院历史研究所王震中先生惠赐大序，令蓬荜生辉。

本书出版，承复旦大学哲学学院资助，谨致谢忱。

李若晖

2018年12月23日夜于厦门大学南光楼

（原载李若晖：《不丧斯文：周秦之变德性政治论微》，上海：上海人民出版社，2019年9月版，第284—290页）

《地不能埋：出土简帛思想文献研究》后记

也许有读者对本书的标题感到困惑，因此有必要作出说明。《荀子·儒效篇》言："通则一天下，穷则独立贵名，天不能死，地不能埋，桀、跖之世不能污，非大儒莫之能立，仲尼、子弓是也。"①本书讨论的出土简帛思想文献，曾经长埋地下两千余年。然而，这些文献承载了极其重要的思想意义，为天所不能泯灭，地所不能掩埋，最终重见天日。本书即以《荀子》"地不能埋"这一典故来形容先秦简帛由掩埋而复现之盛况。

本书写作前后历时十余年，深感为学不易。所幸先后得到学界师友无私赐助，最终得以完成小书。其中各章节已先后发表，其出处一览如下：

第一章

第一节　《郭店楚简"衍"字略考》，《中国哲学史》，2000 年第 1 期，第 35—40 页。

第二节　《由上海博物馆藏楚简重论"衍"字》，《上博馆藏战国楚竹书研究》，上海：上海书店出版社，2002 年

① 《荀子》，[清] 王先谦：《荀子集解》，北京：中华书局，2013 年第 2 版，上册，第 164 页。

3月，第460—464页。

第三节 《马王堆帛书〈老子〉"道可道也非恒道也"琐议》，陈鼓应主编：《老子的学说与精神：历史与当代》，北京：中国社会科学出版社，2016年3月，第272—284页。

第二章

第一节 李若晖、庄景晴：《〈老子〉"功遂身退"辨正》，《中原文化研究》，2015年第4期，第35—45页。

第二节 《幽赞而达乎数 明数而达乎德——由〈要〉与〈诸子略〉对读论儒之超越巫史》，《文史哲》，2013年第5期，第29—38页。

第三章

第一节 《〈说文〉古文论略》，《红河学院学报》，2006年第1期，第52—54页；《孔壁古文〈论语〉探论》，《红河学院学报》，2006年第3期，第1—3、12页。

第二节 《定州〈论语〉分章考》，《齐鲁学刊》，2006年第2期，第20—23页。

第四章

第一节 《论〈太一生水〉与〈老子〉当为二书》，《清华哲学年鉴》，2007年卷，北京：当代中国出版社，2009年2月，第69—74页。

第二节 《由〈汉书·艺文志〉推测古本〈文子〉之面貌》，《新出土文献与古代文明研究》，上海：上海大学出版社，2004年4月，第397—400页。

第三节 《马王堆帛书黄帝书的性质》，《齐鲁学刊》，2009

年第2期，35—41页。

第四节　《马王堆帛书〈式法·刑日〉式图初探》，《新出简帛研究》，北京：文物出版社，2004年12月，第195—196页。

第五章

第一节　《先秦文字中“＝”符作用浅析》，《北京大学中国古文献研究中心集刊》，第四辑，北京：北京大学出版社，2004年10月，第321—336页。

第二节　《释篇卷》，《简帛语言文字研究》，第五辑，成都：巴蜀书社，2010年6月，第423—440页。

第六章

第一节　《评高华平先生论〈老子〉三本之性质》，《古墓新知——纪念郭店楚简出土十周年论文专辑》，香港：国际炎黄文化出版社，2003年11月，第203—221页。

第二节　《〈神乌傅〉与〈离骚传〉》，《国学研究》，第十七卷，北京：北京大学出版社，2006年6月，第167—189页。

第三节　《略谈〈书于竹帛〉一书中的几个问题》，《国际汉学》，第十一辑，郑州：大象出版社，2004年9月，第302—305页。

所有文章收入本书时又作了一定的修改。

中国社会科学出版社郝玉明老师为本书倾注了大量心血，令人感佩。厦门大学人文学院博士生贾尊文、硕士生王小平、王炜、石靖文、张月、施超、姚一依、蔡彦玲等同学协助校阅了全书清样，尤其是仔细核对了所有引文，一并致谢。

在武汉大学文学院读硕士时，适值《郭店楚墓竹简》一书由文物出版社出版，我即选修了历史学院罗运环老师的郭店竹简课，并尝试整理了古文字中“＝”符的用法，作为课程作业呈交。同时我也有幸从陈伟老师学习简帛，陈老师对此文颇为赞赏，推荐给《江汉考古》。同窗万平兄还为我誊抄了全文，以备影印发表。但是《江汉考古》最终未能接受小文。当时台湾大学中文系周凤五先生正筹备台湾楚文化研究会，还计划编印会刊《古文字与古文献》。陈老师将小文《郭店老子零笺》推荐给周先生，承蒙周先生不弃，刊于《古文字与古文献》试刊号中①。1999 年，郭店楚简国际学术研讨会在武大召开，我得以面见周凤五、林素清两位老师。因林老师曾写过古文字中“＝”符研究的文章，所以对小文颇感兴趣，表示可以将小文刊于《古文字与古文献》正式出版的第一辑中。不料因种种原因，《古文字与古文献》最终未能出版，小文的发表又一次不了了之。直到在北大读博时，听裘锡圭先生的古文字学课，就将小文再作大幅度修改，作为课程作业呈交，获得先生首肯，终于得以在《北京大学中国古文献研究中心集刊》刊出。周先生为人风趣豪爽，2003 年还申请台湾“国科会”项目，希望邀请我去台大访学，可惜碰上“非典”，未能成行。先生后罹患癌症，不幸于 2015 年 11 月 19 日辞世，一代优雅，就此长逝，思之泫然。

本书是以下项目的阶段性成果：

国家社会科学基金重大项目“出土简帛四古本老子综合研究”

---

① 李若晖：《郭店老子零笺》，《古文字与古文献》试刊号，台北：楚文化研究会，1999 年版，第 73—79 页。

（15ZDB006）

国家社会科学基金重大项目“黄老道家思想史”（16ZDA106）

中国社会科学院重大项目“中华思想通史”春秋战国卷

国家社会科学基金一般项目“北京大学藏汉简老子研究”（14BZX039）

感谢丁四新老师、曹峰老师、王震中老师、梁涛老师慷慨赐助。

本书的出版，获得“厦门大学哲学社会科学繁荣计划特别资助项目”资助，特致谢忱。

李若晖

2019 年 11 月 26 日

（原载李若晖：《地不能埋：出土简帛思想文献研究》，北京：中国社会科学出版社，2019 年 11 月版，第 273—276 页）

《老子异文总汇》后记

1999 年，我在撰写硕士学位论文《郭店老子校勘简论》时，曾编制了一份《老子异文对照表》。该表以郭店竹书《老子》为中心，收录了马王堆帛书甲乙本、严遵《老子指归》本、河上公《老子章句》本、《老子想尔注》本、王弼《老子注》本、傅奕《老子古本篇》本的文字。后承蒙谢桂华先生关爱，将此表收入他和李学勤先生共同主编的《简帛研究二〇〇一》①，发表前并得到时任中国社会科学院历史研究所研究员的赵平安先生的指点。转眼十几年过去了，谢先生已于 2006 年不幸辞世，李先生也在今年遽尔逝去，令人唏嘘。当年谢先生刚刚换了新房，本来是一件好事，可是他却成天念叨配给的座机电话号码不好，说“9494”谐音“就死就死”，我说您不要这样想，“9494”的意思是“就是就是”，是说电话没打错，就是这个。真没想到先生的抱怨竟成了谶语。谢先生具有开放的心态，他负责整理尹湾汉简时，打破了以往垄断材料的风气，先将整理成果和材料全部公布，深获学界好评。谢先生主编《简帛研究》期间，并没

① 李若晖：《老子异文对照表》，载李学勤、谢桂华主编：《简帛研究二〇〇一》，桂林：广西师范大学出版社，2001 年版，下册，第 853—875 页。

有因为是历史所的刊物而将收文范围局限于文书类简牍，而是对典籍类简帛研究的文章也一视同仁，兼收并蓄，成为真正的“简帛研究”。现在谢先生高足邬文玲研究员接掌《简帛研究》，也传承了谢先生的开放心态，相信《简帛研究》将会越办越好。

2004 年，硕士论文在修改增订之后，更名《郭店竹书老子论考》，由齐鲁书社出版，《老子异文对照表》也在重新校订之后，收入书中，为附录一①。

我在阅读与研究《老子》时，时时感到各种注释、研究著作难以查找，常常只能从一些学者的著作中窥见一鳞半爪而不得其详，这极大地妨碍了对于各家之说的理解和鉴别。中华书局陆续出版的《新编诸子集成》中，收录有多种子书的集解本，但于《老子》，却只有现当代学者的校注本而无集解本，想来是因为历代《老子》注释数量巨大，搜集整理不易。于是我暗暗发下誓愿，要做一部汇编古今注释的《老子集注汇考》。在撰著第一卷时，我将《老子异文对照表》作了扩大，尽力搜集了历代有代表性的本子一〇三种，将《老子》第一章部分按句收入第一卷中②。为了申请国家出版基金，曾请裘锡圭先生和陈尚君先生推荐。第一卷成稿时，也蒙陈尚君先生不弃，莅临赐教。当时，陈先生提出，应该考虑先编纂完整的《老子异文对照表》，从而得以对老子异文有整体性的把握。我觉得这一提议非常有道理，立即与几位同学商量，开始着手编纂。

《老子集注汇考》第一卷历经六年才得以完成，现在，《老子异文对照表》也历经六年，终于完稿，要与读者见面了。我给完稿的

---

① 李若晖：《郭店竹书老子论考》，济南：齐鲁书社，2004 年版，第 265—322 页。
② 李若晖：《老子集注汇考》，第一卷，上海：上海辞书出版社，2015 年版。

《老子异文对照表》另起了一个响亮的名字，叫《老子异文总汇》。

在编纂过程中，复旦大学哲学学院王武杰同学以高度的责任心倾注了大量心血，作出了巨大贡献。我在复旦大学哲学学院带的博士后成富磊老师和硕士生张亦辰同学，承担了大量工作，劳苦功高。王依群、朱寒烨、李蕾、徐晓雨、孙页、曹珊、陈瀚霖、黄子洵、刘双宁诸位同学也不计名利，付出了大量的时间精力，令人感佩。

本书得以出版，承蒙上海辞书出版社副总编辑童力军先生的大力支持，编辑室主任刘寅春老师的竭诚相助，尤其感谢责编张恬老师的细致认真、兢兢业业。

本书先后有幸获得清华大学哲学系丁四新教授主持的国家社科基金重大项目“出土简帛四古本老子综合研究”(编号：15ZDB006)、2017年上海文教结合“高校服务国家重大战略出版工程”、厦门大学双一流建设经费、厦门大学中央高校基本业务费、厦门大学南强青年拔尖人才科研启动费资助，谨致谢忱。感谢丁四新先生，以及厦门大学人文学院院长朱菁教授和副院长朱人求教授的鼎力相助。

本书编纂虽多历年所，但是参编人员都是在各种事务的间隙从事此项工作，其中艰辛，冷暖自知。现在，书虽然面世，但是底本容有不善，编纂或有不妥，校勘许有不精，错讹在所难免。敬悉同道诸君在使用中如发现问题，切切不吝赐教。俾使《老子集注汇考》能臻于完善。

李若晖

2019年11月8日于厦门

(原载李若晖主编：《老子异文总汇》，

上海：上海辞书出版社，2019年12月版)

下　编

造就末学

《郭店竹书老子论考》序一

李学勤

李若晖先生系湖南长沙人，2000 年在武汉大学中文系获得硕士学位，随即进入北京大学中文系攻读博士学位。他年纪尚轻，从已发表的论著来看，研习古代文献、语言却有多年，90 年代曾以不少精力投入《列子》等书的研究。1998 年湖北荆门郭店楚简公布后，他以在道家文献方面修习的优势，迅即集中考察其中的《老子》，自 1999 年起撰成一系列专题论作，硕士学位论文也是《郭店老子校勘简论》，其用功之勤，累积之厚，可以想见。现在李若晖先生将他对郭店简《老子》的研究成果综合起来，撰成《郭店竹书老子论考》一书，即由齐鲁书社出版，要我写一小序，我觉得是不应推辞的。

郭店楚简的发现，是 10 年前学术界一件值得纪念的大事。楚简的郭店一号墓在 1993 年秋遭人盗掘，考古单位随后发掘清理，墓葬头箱内存放的简，经整理共 800 余支。这批极其珍贵的竹简书籍的内容，最早被辨识出来的便是《老子》。1994 年 12 月 15 日，《湖北日报》刊登了一条消息，题目是《我国考古史上又一重大发现——最早的竹简〈老子〉等典籍在荆门出土》，这个喜讯很快在中外学者间传播开来，引起了许多议论和推测。

我在别的场合也曾说过，郭店简《老子》的出现之有非常强烈的反响，并不是偶然的。1973年底长沙马王堆三号墓出土帛书，其间有《老子》甲、乙两本，书写年代属于汉初。帛书《老子》远早于后世流传版本，有许多特异优胜之处，吸引了很多学者集中研究。到90年代，有关帛书《老子》的种种学说见解逐渐成熟，大型有体系的专著陆续问世，还出版了帛书《老子》的英文译本。郭店简《老子》发现的讯息，正逢遇帛书《老子》研究趋向高潮之际，在汉初本之上又有了战国本，学者们的兴奋激动可想而知。

然而郭店简《老子》的整理考释是需要一段较长的时间的。简文系以楚文字写成，而战国文字的释读相当困难，从来为学者视为畏途。在各种类型战国文字中，除了秦文字是汉以下文字的前身，难点很少外，楚文字因材料丰富，研究比较深入，但像郭店简这样连篇累牍，充满了前所未见的字形的例子，大家还是初次见到。于是，学术界经历了几年翘首企盼的时光，《郭店楚墓竹简》这部整理报告终于在1998年出版。

就在文物出版社刚刚推出这部报告的该年5月，不仅在国内的北京，而且在美国新罕布什州的达慕思大学，都先后举行了关于郭店简的研讨会。后者是专门以《老子》为中心的国际学术会议。此后，有关会议连续召开，论作也不绝涌现。几年内，关于郭店简《老子》的专著便出了几部，至于文章更不易确计。

出现这种现象的主要原因，自然是郭店简《老子》本身的珍异和重要。《老子》是中国传统文化的基本经典之一，在外国也有多种译本，影响十分深远广泛。《老子》的著者老子，孔子叹为犹龙，自来便有神秘的色彩，历代学者议论纷纭，莫衷一是，但其思想的博大精邃，又是众所公认的。战国本郭店简《老子》的出现，能否为这方面研究投射新的光明，自然为学术界共同期待。

李若晖先生的《郭店竹书老子论考》，首先回顾了简本发表以来研究的过程，综述其多方面的成就，然后从方法论角度入手，讨论郭店简《老子》校勘间的各种问题。继之，对简本与后来各本异文详作分析，并附有"《老子》异文对照表"。这对于郭店简《老子》的研究，当然是很有益的推动，而且对于今后出土古籍的整理研究，推而广之，也有着促进的作用。

希望李若晖先生再接再厉，在文献研究领域中作出更大的贡献。

李学勤

2003 年 10 月 24 日

于北京紫竹院

（原载李若晖：《郭店竹书老子论考》，济南：齐鲁书社，2004 年 5 月版，序，第 1—3 页）

《郭店竹书老子论考》序二

董洪利

认识若晖，是在 2000 年夏天。当时他刚从武汉大学硕士毕业，准备拼一下外语，再报考北大的博士。翻了翻他的自荐材料，又读了几篇他的文章，感到这个青年的确不错，不仅肯于钻研，且思维敏捷，勤于撰述，仅硕士在读期间，就发表了十余篇论文，其中几篇颇多创见。入学以后，他要求自己更加严格，不到两年的时间，又陆续发表了十余篇论文。成果之多，在同等学历、同等年龄段的年轻人中显得很是突出。当然，我们不能仅凭论文的数量，来评判学术水平的高下。更不能以量化的标准来衡量人文学科的业绩。学术界中，那些无病呻吟、肆意灌水甚或炒作旧说、一鸡三吃的文章并不少见。但对于从事人文科学研究的学者来说，能把自己的研究所得及时地转化为成果，则是治学的关键。当学生的时候，我的老师曾教了我一套治学方法：学为基础，想为主导，落实到写。十二个字，言简意赅，而其核心就是鼓励治学的人把学习和创造紧密结合起来，而且要“趁热打铁”，边学习边创造，以创造促学习，个人的学业就在这“边学习边创造”的循环往复中不断得到提升。这几句格言式的精辟语言，好懂好记，然而真正实行起来却并不那么容易，非有“衣带渐宽终不悔，为伊消得人憔悴”的毅力不可。我虽然生性疏懒，不甚努力，但积累有年，也从这套方法中尝到了一些甜头。所以每当学生进门，我都要像当年老师教我一样用这些话告诫他们。看来，若晖是真听进去了，也认真奉行了，摆在我书桌上的这本《郭店竹书老子论考》就是一个明证。

《郭店竹书老子论考》是若晖刚刚完成的一本专著，是他近几年研习《郭店竹书》的阶段性成果。若晖的学术兴趣是“先秦两汉文献与思想”。众所周知，研究先秦两汉学术，仅熟悉传世文献是远远不够的，还必须对古文字学和出土文献有相当深入的了解，并把它们与传世文献结合起来研究，才可能有所突破、有所创新。为此，若晖早在读硕士之前就用功于古文字学和出土文献，郭店简的出土，又为他深入研习提供了绝佳的机会。数年间他写成并发表了《郭店老子零笺》《郭店老子校勘简论》《郭店老子偶札》《郭店楚简“衍”字略考》《老子异文对照表》《〈老子〉异文例释——以郭店简本为中心》《由上海博物馆藏楚简重论“衍”字》《〈神乌傅〉与〈离骚传〉》《“二重证据法”之反思》等系列文章。这些文章是若晖研习郭店《老子》等竹书的心得，同时也为他撰写《郭店竹书老子论考》奠定了必要的基础。

郭店简的出土，引起了国内外学者的广泛关注，几年下来，发表的文章、论著数不胜数。即以其中的《老子》而论，见于各种报刊、杂志以及网站上的文章就数以百计。研究内容之广泛，涉及问题之全面，皆前所罕见。面对如此众多的、令人瞩目的成果，如何把研究深入下去，如何才能另辟蹊径开拓新的领域，如何才能说出言而有征的独到见解，是学者们必须谨慎对待的问题，稍有不慎，就会出现拾人牙慧、重炒冷饭的情况，或者写出故作惊人之语却禁不住推敲的文章。若晖研究简本《老子》,则是从扎扎实实的基础功夫开始着手的。他首先把简本、帛书本和传世本系列的各种版本排列在一起,一字一字地比勘,写出了《老子异文对照表》一文。比勘异文工作的价值全在于准确无误,哪怕只有一字之差,其应用价值就会大打折扣,所以干起来十分耗人精力,容不得半点疏忽。若晖完成得非常出色,他的这篇文章曾多次被人引用,为研究《老子》的人提供了极大方便。

文字校勘是文献学研究的基础,只有在这个基础上才能写出扎实厚重、观点新颖独到的好文章。由于若晖是从《老子》校勘入手完成的这本论著,所以读起来感觉十分严谨扎实,而他的那些创新之见亦使人感到持之有故,并非空无依傍的标新立异。例如其书的上篇"新校勘论",是对传统校勘学理论的质疑,他认为当出土文献与传世文献存在重大差异的时候,校勘要慎求其平,不能以"众本如此""今本为优"等传统的"底本理论"为由改动文字,尤其是在文字可通的情况下更不能任意改动。应当把出土文献和传世文献的各种本子,按照其系统和时代序列排队,站在思想史的高度进行校勘,把典籍文本在流传过程中的变异视作其自身演化的结果,从而使古籍的校勘整理与流传研究合二为一,达到"辨章学术,考镜源流"的目的。若晖的这些观点,相对于传统校勘学理论来说,应该是比较新鲜的。但由于他是在对郭店简本《老子》和传世本《老子》相互比勘的基础上思考的结果,有大量校勘数据的支持,所以言之成理,毫不牵强。

若晖书中其他一些创新之处,也大都具有这样的特点,我就不再多说了,反正有书在,大家一看便知。

作为青年学者的第一部学术专著,这本《郭店竹书老子论考》

当然难免会有一些这样那样的不足之处,譬如说个别地方的论述显得有些急躁;总体框架结构的安排也可以再精细一些。这都是在进学过程中免不了的问题,随着阅历的加深和学问的增长,这些问题自然会逐渐化解。我相信,如果若晖沿着这条“边学习边创造”的路坚持走下去,再辅以勤奋和严谨,用不了多久,必有大成。是为序。

董洪利

2003年8月

于京郊西三旗

(原载李若晖:《郭店竹书老子论考》,济南:齐鲁书社,2004年5月版,序,第4—7页)

《春秋战国思想史探微》序

叶波(Paul Van Els)

我很荣幸向大家推荐李若晖先生的这部新作。

李若晖先生在北京大学获得博士学位,现任复旦大学哲学学院教授。作为一名崭露头角的学者,李若晖先生展示了其广博的学术旨趣。在他早年的学术研究中,他广泛论及出土文献(如郭店、定州、敦煌之写本),以及古典诗歌(如《离骚》、李商隐等),并且还有对方法论问题的探讨(如讨论篇与卷之别)。在大量的著述之后,现在,李若晖先生又完成了一部关于中国春秋战国时期思想史的新著。

无论是在中文还是其他语言中,关于中国思想史的研究著述都已汗牛充栋。大体而言,这些研究要么是对诸子学派(如儒家和法家)或某些思想家(如孔子、墨子、老子和庄子)世界观的论述,并且通常多以历史年代为序。以下三个方面,使得李若晖先生的著作有别于传统的思想史研究:

一、对历史的关注。中国的哲学思想都是在其时代的社会—政治环境中产生的,这部新著非常强调历史背景,在该书中,作者详细分析了春秋战国时代的社会—政治语境。

二、对概念的关注。本书没有描述单个思想家或学派的世界观，而是聚焦于概念，如礼、法或天、地、人三者。

三、丰富的引文。为了支撑其论证，该书引用了大量的文献材料，从出土铜器铭文（如禹鼎、墙盘、师旋簋），到传世经典文献（如《国语》《论语》《孟子》《韩诗外传》《白虎通义》），还包括近代学者的研究（如王国维、胡适、唐兰）。

以上三个方面使得这部博学之作让人读来引人入胜，并将受到该学术领域的欢迎。

叶波
莱顿大学
2011 年 4 月

（原载李若晖：《春秋战国思想史探微》，台北：艺文印书馆，
2012 年 3 月版，第Ⅲ—Ⅳ页）

《老子集注汇考》第一卷序

何泽恒

近数十年来，《老子》先后有三种出土文献：发现最早的一种是一九七三年出土于湖南长沙马王堆汉墓的帛书残卷，共两本，今分称为甲本与乙本。据学者推定，甲本约抄写于汉高帝称帝前后；乙本则略晚，但不晚于文帝时期。两帛本皆德经在前，道经在后，适与传世通行本颠倒，少数章次排列的先后，也和传本相异；虽有残阙，甲本尤甚，然内容大抵已见与传本相近。其次，是一九九三年出土于湖北荆门郭店的楚墓竹简本，也是残简，共有甲、乙、丙三组，推估约抄于战国中期或稍晚，但仍是居今所见年代最早的《老子》抄本。三组竹简总共只有三十九枚，凡两千零四十六字，约当传本五分之二的内容，无分《道经》与《德经》，章次与今本也不相应。最后一种则是新近二〇一二年底发表的北京大学藏西汉竹书本，估计抄于汉武帝前期。竹简共存二百八十一枚，凡五千二百多字，是迄今较为完好的出土老子古本。此本亦犹帛本，也是德经在前，道经在后，分题"老子上经"与"老子下经"，上经四十四章，下经三十三章，合共七十七章，与今本有分合之异。

郭店简本《老子》时代最早，其内容涉及今本内容之相关者，甲组共十九章，乙组共八章，丙组共五章。三组合计本当为三十二章，但因甲组涉及今本第六十四章内容者，拆成两半，分置两处，而其后半又重见于丙组，故以今本为准而言，实只涉三十一章。这三十一章中，内容完整与今本大致相符者只有二十三章，其他的与今本对勘，都只有部分而非完整的内容。何以分成三组却又都残缺不全？此即牵及究竟其时已先有《老子》完本，三组分别摘抄；抑或完本乃此下继续增订所形成的问题，遂为研究者的一大困扰，争论不休，至今难解。

郭店简本存有三种不同形态的特别符号：方形墨钉、短墨线、蝌蚪曲形（或谓重文号）。墨钉多用于分章，墨线则多用于句读，两者偶有混用；蝌蚪曲形最少，仅存两个在甲组（简三十二、三十九），似亦示分章。方形墨钉“■”明显用为分章者，甲组有十三个，乙、丙组皆各四个。时代稍后的帛书甲本中则留有十九个圆形墨点“•”，而乙本无之；学者亦认系分章符号。时代最晚的北大藏汉简本，则每章均另起一简抄写，章首皆有圆形墨点“•”，其为分章提示符号明确。综合这些分章符号来观察思考，对《老子》书的形成可得启发。近时学者，已有自此切入的不同论述。

鄙意《老子》至少就分章而言，原来并未有既定的内容面貌。非独几种出土文献为然，传世文献也反映了相近的讯息。《韩非子》书中有《解老》《喻老》两篇，《解老》牵涉今本《老子》内容，依先后为第三十八、五十八、五十九、六十、四十六、十四、一、五十、六十七、五十三、五十四共十一章；喻老则为四十六、五十四、二十六、三十六、六十三、六十四（上）、五十二、七十一、六十四（下）、四十七、四十一、三十三、二十七共十二章。两篇所及，共二十三章，约占全书四之一强；所引虽有参差，并不都是先引《德经》才引《道经》，不过大体亦可谓与《德经》在前而《道经》在后者略近，最少《解老》是明白将第三十八章引在最前，第一章则在若干章之后。而约当西汉元、成之间的严遵所著《道德指归》，共七十二章，上篇的《德经》四十章，下篇的《道经》三十二章。综合来看，可得一推论：今本五千言八十一章不是先秦原有固定的面貌。战国郭店简最早，秦汉之际帛书继之，西汉以来下至后期的本子，皆不如此。今本的形式，五千言裁分为八十一章，且以《道经》居前，《德经》转后，究为何时所编定？最早提到这种形式的文献，应为刘歆《七略》，称其父向“定著二篇，八十一章。上经第一，三十七章；下经第二，四十四章。”见《道藏》所收南宋初谢守灏《混元圣纪》引录。但《道藏》另收稍后理宗时董思靖《道德真经集解》序说，亦引《七略》同文，则称“上经三十四章，下经四十七章”，分章与今本异，疑“四”“七”字当互易。刘向、严遵时辈相近，与今本相较，一同一异，是则今本形式或即可能成于西汉后期的刘向而为后世所承。帛本初出，学者或谓《德经》在前、《道经》在后的本子，可能是先秦法家的传本，而今本则是道家传本。此三十余年前的说法，今日鲜闻重提，但也似无更新而为学者共同接受的观点和论说。若说有所谓法家传本，严遵可是彻头彻尾的道流。究竟是否曾有两本并存并行的事实，恐怕未能轻易定案。总之，出土实物以至传世文献记录，迄今尚未见西汉末叶以前而与传本章序雷同的明证，是则不免终有疑窦。当然，此外还有一部河上公注本，即今本章次，或谓出西汉，则为较早，也会连带影响上述的推测；但也有学者从其章句形式与思想内容考察，以为其书当出东汉后期，我个人认同此一判断。

居今而言，如谓自先秦以来，《老子》原无定本，应非惊人之论，盖此实先秦古籍之常态，不仅《老子》为然。古代无论书写于简牍或缯帛，皆由个人手抄，且抄录目的往往仅供私人诵读，非为贩卖营利或其他公共阅览用途，多写一些、少写一些，悉任自由，因此大部分先秦古籍，其实是以很多歧异的形态在社会上流传。职是之故，前文所述出土文献中的几种符号之或书或否，乃呈现随意分歧之貌。往后的发展，经过后人陆续整编，最后固定为一种稳定的面貌，大家觉得这样最理想，便不再更动。此一固定的本子，嗣后流传，当然还有抄写与刊刻过程中种种有意或无意的改变与错误，但是相较于定本尚未形成前的状态，后者的变动都只算是小变动。

由上述，可知《老子》在先秦有上、下篇颠倒的本子，直至西汉，五千言的分章，还有歧异而未固定。今从上述几种《老子》的出土文献来考察，即可提供很大的启示。以下可以举出几个具体的例子来说明，便更易明白。

（一）郭店简甲二—五（简次第二简至第五简，以下仿此），为今本六十六章：

> 江海（海）所以为百浴（谷）王，以其能为百浴（谷）下，是以能为百浴（谷）王。圣人之才（在）民前也，以身后之；其才（在）民上也，以言下之。其才（在）民上也，民弗厚也；其才（在）民前也，民弗害也。天下乐进而弗诂（厌）。以其不静（争）也，古（故）天下莫能与之静（争）。

下文续接简五—六，为今本四十六章的后半段：

> 辠（罪）莫厚虐（乎）甚欲，咎莫佥（憯）虐（乎）谷（欲）得，化（祸）莫大虐（乎）不智（知）足。智（知）足之为足，此亘（恒）足矣。

简六其后尚有两句：

以衍(道)差(佐)人宔(主)者，不谷(欲)以兵强于天下。

这是今本三十章的开首一段。以上引录，即是在六十六章与三十章之间，夹抄了第四十六章。但试看今本四十六章：

天下有道，却走马以粪；天下无道，戎马生于郊。罪莫大于可欲(王弼本夺此句)，祸莫大于不知足，咎莫大于欲得，故知足之足，常足矣。

简五—六的文字即使与今本四十六章小有出入，但可判定即同今本该章的后半部分。这个现象该如何解释？先抄一段“江海所以为百谷王”的六十六章，底下再抄一段“以道佐人主者”的三十章，中间夹抄一段今本四十六章的内容，何以独略了“天下有道，却走马以粪；天下无道，戎马生于郊”二句不抄？字数不多，何以省去？六十六章是全章抄的，何以这章又不全章照抄？一章中节抄一部分，究竟合不合理？今且搁下此一问题，转看帛书甲本的四十六章：

•天下有□，□走马以粪；天下无道，戎马生于郊。•罪莫大于可欲，𢘅(祸)莫大于不知足，咎莫憯于欲得。□□□□□恒足矣。

前曾提及甲本有十九个圆形墨点，对研究老子成书过程是很值得重视的。这一章在“天下”和“罪莫”之前分别各有一个墨点，即是一例。何以解释？原来在先秦时代，今本四十六章的内容，本是两段文字，这两段是要到帛书时，才连在一起抄写，故在章首加一黑点，标示分章之处。到乙本，没有这些墨点了，便连抄下来；向后有人把它裁章时，认为这两大段可以读在一块，于是就变成今本的四十六章。汉简本即如帛乙本，连抄成一章，其间并增入"故"字为之串联，而章首亦有墨点分章符号，最可作证。是则今本的四十六章最少是经过两个阶段才完成的。郭店甲组只有后半，何以只有后半？因在郭店时期，"罪莫大于可欲"以下的后半是独立的内容。当时有没有"天下有道，却走马以粪；天下无道，戎马生于郊"的一章，不得而知；倘使有，便是"摘抄"，抄这一章，不抄那章。考据之事，有可考者，亦有不可考者，如郭店三组皆不见"天下有道"二句，我们只能推证此二句原先应别为一章，但它究竟在当时早已存在而未获抄录者的青睐，还是出于郭店简后的晚出文字，便属不可考，到此再也推不上去，无由论定。故居今视之，似是拦腰只抄一段，其实已是抄了一章，倒是后人以各种原因把两章合并起来。这是否凭空臆测？我尚可举出其他证据来旁征此一看法。

（二）郭店简甲二十五—二十七，为今本六十四章的上半：

> 其安也，易柒（持）也。其未菲（兆）也，易悔（谋）也。其霾（脆）也，易畔（判）也。其几也，易後（散）也。为之于其亡又（有）也。絧（治）之于其未乱。合□□□□□□□末，九成之台作□□□□□□□□□□□□足下。

甲简二十七文字至"足下"止，后续"智（知）之者弗言"以下已是今本五十六章内容，故知甲组这数简仅有今本六十四章上半章文，下半章自"为者败之"以下是没有的。然而六十四章下半段在甲组实是存在的，乃在其前简十一—十三：

> 为之者败之，执之者远之。是以圣人亡为古（故）亡败；亡执古（故）亡遊（失）。临事之纪，誓（慎）冬（终）女（如）门（始），

此亡败事矣。圣人谷(欲)不谷(欲),不贵难得之货,孝(教)不孝(教),复众之所=乐(过)。是古(故)圣人能尃(辅)万勿(物)之自肰(然),而弗能为。

"为之"之前,自简八—十则为今本第十五章"古之善为士者"的内容,可知此为独立的一段。故可以说,今本六十四章的全章内容,在郭简甲组中是完整的,可是它却分为两大段,分居两处,而且先出今本的下半部,其后才出现上半部。如再参看丙组,自简十一至最后的简十四,又可再见到今本六十四章后半的内容:

为之者败之,执之者遊(失)之。圣人无为,古(故)无败也;无执,古(故)□□□。新(慎)终若訂(始),则无败事壴(矣)。人之败也,亘(恒)于其叡(且)成也败之。是以□人欲不欲,不贵戁(难)得之货;学不学,复众之所逃(过)。是以能補(辅)墡(万)勿(物)之自肰(然),而弗敢为。

丙组分量很小,只有十四枚简,所涉今本五章而已,虽有六十四章后半之文,却无前半。甲组一章分成两半,分置两处;丙组重出,则只有后半,据此可作一推论:今本的六十四章,原也是两章之文,后来才合并成一章。而今所见帛书甲本六十四章,其文如下:

•其安也,易持也。□□□□易谋□□□□□□□□□□□□□□□□□□□□□□□□□□□□□毫末。九成之台,作于羸(蔂)土。百仁(仞)之高,台(始)于足□□□□□□□□□□□□□□□□□也,□无败□无执也,故无失也。民之从事也,恒于其成事而败之。故慎终若始,则□□□□□

□□□欲不欲，而不贵难得之䐲（货）；学不学，而复众人之所过；能辅万物之自□□弗敢为。

在“其安也”前亦有一圆形墨点，依理而言，在“为之者败之”前亦应有一墨点，但似已无法讨论及此了，因为很可惜那里恰好是一串残缺所在。若使其完好无缺，“为之”之前自应也有一个墨点，才可以和前者成对配搭。至于甲组、丙组重出的两段后半之文，与其后诸本文字显然同文而复各有小出入。丙组有“人之败也，亘（恒）于其叡（且）成也败之”两句，较与后来诸本为近，而甲组无之，疑丙组更出甲组之后。唯此两句置“慎终如始，则无败事”句后，而后之诸本，皆倒置于前。若再参看汉简本，果然分别在“其安易持也”与“为者败之”前各有墨点分章符号，几可作为上述推论的铁证。如再回视《韩非子·喻老》也是分别两段来引述，中间还夹隔了五十二和七十一两章，就爽然可解而不足为怪了。

（三）郭店简甲二十三：

■天陛（地）之勿（间），其猷（犹）囦（橐）䈴（籥）与？虚而不屈，潼（动）而愈出。■

此为今本第五章的部分内容。今本全章为：

天地不仁，以万物为刍狗。圣人不仁，以百姓为刍狗。天地之间，其犹橐钥乎？虚而不屈，动而愈出。多言数穷，不如守中。

简甲之文，只当今本后半，而犹缺最末两句，但前后并有方形墨钉的分章符号，可见是独立的一章。尽管今本第五章本身只是很简短的篇章，但“天地不仁”与“天地之间”恐怕也原非一章之文，而是分属两章的，只因开首皆始于“天地”二字，后遂被连缀成为一章。分为两章，其义皆可得而说；若两段串讲，其义如何连接，实颇费周章；倘知其本不相连，便易理解。由郭店甲组所存之文来推断，今本最后两句也应是后增的，但以帛书与汉简虽有异文，但皆已有之，可推是郭店简后、帛书之前所写入。

（四）郭店简乙十三：

> 閟（闭）其门，赛（塞）其逸（兑），终身不𡶜。启其逸（兑），赛其事，终身不逨。■

这一段独立的内容，是今本五十二章的部分内容。简乙十三此下尚有“大成若”三字，则已是今本四十五章，故在“逨”下即有方形墨钉“■”。而今本五十二章是这样的：

> 天下有始，以为天下母。既得其母，以知其子。既知其子，复守其母。没身不殆。塞其兑，闭其门。终身不勤。开其兑，济其事，终身不救。见小曰明，守柔曰强。用其光，复归其明，无遗身殃，是谓习常。

自“天下有始”至“没身不殆”，简乙所无；简文内容，实约当今本“塞其兑”至“终身不救”中间的一段；“见小曰明”以下，又复无之。换言之，相较于今本，竹简衹有今本中间一段，而前后皆缺。再看帛甲本：

> •天下有始，以为天下母。㤅（既）得其母，以知其□，复守其母，没身不殆。•塞其閲（闷），闭其门，终身不堇（勤）。启其闷，济其事，终身□□□小曰□，守柔曰强。用其光，复归其明。毋道〈遗〉身央（殃），是胃（谓）袭常。•

文字几同今本，但在“天下”与“塞其”前皆有墨点，如此说来，今本五十二章亦犹前例，是凑合而成的。“见小曰明”恰好也有残损，若使完好，应也有一黑点在“见”字之前。而西汉简则如同今本，已合为一章了。

（五）试再观一例，此例不见于郭店简，而仅见于帛书甲本残卷：

> •道生之而德畜之，物刑（形）之而器成之。是以万物尊道而贵□□之尊，德之贵也，夫莫之时（爵）而恒自然也。•道生之，畜之，长之，遂之，亭之，□之，□□□□□□□弗有也，为而弗寺（恃）也，长而弗宰也，此谓之玄德。•

此为今本第五十一章，作：

> 道生之，德畜之，物形之，势成之，是以万物莫不尊道而贵德。道之尊，德之贵，夫莫之命而常自然。故道生之，德畜之，长之，育之，亭之，毒之，养之，覆之。生而不有，为而不恃，长而不宰，是谓玄德。

其内容与今本也可说无大相歧，但甲本分别在两处“道生之”之前各有一个黑圆点，比诸上述各例，也可推断这原是两段文字，后来才凑成一章。故其形式颇似前举第五章之例，皆以章首字相同而连之，而其实仍有不同。盖汉简本在两段间增一“故”字，为帛本所无。有此一连接词，上下两段文义便形成一种因果关系，故汉简即标为一章，是其合一即在帛本与汉简之间的时段所为。然第五章则不然，其上下间并无因果连接关系，实不能加一“故”字，否则将更不成文理。

（六）再举最后一个例子。郭店简甲八—十：

长古之善为士者，必非（微）溺玄达，深不可志（识），是以为之颂（容）：夜（豫）虐（乎）奴（若）冬涉川，猷（犹）虐（乎）其奴（若）悝（畏）四叟（邻），敢（严）虐（乎）其奴（若）客，觀（涣）虐（乎）其奴（若）怿（释），屯虐（乎）其奴（若）朴，坉虐（乎）其奴（若）浊。竺（孰）能浊以朿（静）者，牺（将）舍（徐）清。竺（孰）能庀以迬（动）者，牺（将）舍（徐）生。保此衍（道）者，不谷（欲）端（尚）呈（盈）。

其内容为今本（王弼）第十五章：

古之善为士者，微妙玄通，深不可识。夫唯不可识，故强为之容。豫焉若冬涉川，犹兮若畏四邻，俨兮其若容，涣兮若冰之将释，敦兮其若朴，旷兮其若谷，混兮其若浊。孰能浊以静之徐清？孰能安以久动之徐生？保此道者，不欲盈。夫唯不盈，故能蔽不新成。

两相比较，文字固有异同，如今本“俨兮其若容”，“容”字郭店简、帛书、汉简等诸本皆作“客”，王弼本独讹；也有些通用字，以至表述方式的小出入，论其实质意义应相差不大。

由于帛甲本这一章残缺较多，甲、乙两本对照，可信其文相若，今再参考文字较完整的帛乙本：

古之□为道者，微眇（妙）玄达，深不可志（识）。夫唯不可志（识），故强为之容，曰：与呵其若冬涉水，猷（犹）呵其若畏四叟（邻），严呵其若客，涣呵其若凌（凌）泽（释），沌呵其若朴，湷（混）呵其若浊，湛（旷）呵其若浴（谷）。浊而静之，徐清。女

〈安〉以重（动）之，徐生。葆此道□□欲盈，（甲本多「夫唯不欲□」一句）是以能褩（敝）而不成。

今本之"敦兮其若朴，旷兮其若谷，混兮其若浊"，帛乙作"沌呵其若朴，湷呵其若浊，湛呵其若浴"，汉简本并同；比方今本，即"旷兮其若谷，混兮其若浊"两句先后次序互易。郭店简本无"旷兮其若谷"一句，只作"敦兮其若朴，混兮其若浊"；至帛本、汉简本则加入这句，但却加在郭店简本两句之后。而今本最末两句，简本原所无者，帛本和汉简都已有之，分别作"是以能褩而不成"与"是以能敝不成"，义相近，而并与今本"故能蔽不新成"大不同，以义言之，前二者为长，今本疑误。

归纳而言，郭店简本最原始，而帛本、汉简本有所改造：其一，是帛本、汉简本增入"旷兮其若谷"一句，但文句次序与今本不同。其二，是帛本、汉简同增入了最后两句，而文字含义也与今本有异。

就第一点而言，何本为胜？无疑今本次序较佳。何以故？因后接之文是"孰能浊以静之徐清"，今本诸"兮"句以"混兮其若浊"收结，与下句文义正相衔接；帛本、汉简本则"若浊"句下尚多出一句"若谷"，与下文"浊而静"句隔离，文意不相连属。我们回视郭店简本，因本无"若谷"一句，故亦犹今本一样，两"浊"句是文意相连的。帛本、汉简本之所以有此修辞毛病，乃因加入"若谷"句以描写道的形象，而诸"兮"句结构相同，因此便顺加在诸"兮"句的最末，本来并不错，但却忽略考虑后接文句的文理。直到今本，才调动其先后之次，还是保留了郭店本衔接的面貌，修正了这一缺点。

至于章末的一句话，"蔽"即破敝义、破烂义，与"成"义相反，成是完整。《老子》书几乎每章都有类似以相反两面词汇衬托为义的表述方式，“蔽”与“成”是对反的字眼。“蔽”，帛作“褩”，汉简作“敝”，其义益明。郭店简本抄写时尚没有最后那两句，到帛本时已经加进去了。这两句换成今本的文字，应是“保此道不欲盈，是以能蔽（褩、敝）而不成”，明道的人便会守道，“蔽”才是对的，“成”是靠在“盈”那边的，是不合道的，因此老子之道是要守住“蔽”，不要求“成”求“盈”。到了今本，末句改成“故能蔽不新成”，“成”上加一“新”字，道岂有新、旧之分？帛本、汉简本原来可解的话，遂改成不可解。过去未有出土诸本可供参考，只能针对今本为说，勉强求解，便生出一些奇怪的说法来。今见郭店简本，才知《老子》原先根本没有这两句话；后来增入，末句是“蔽（褩、敝）而不成”，到了今本，如依帛本、汉简本增入，理应作“故能蔽而不成”或“故能敝不成”，意谓要“敝”不要“成”。但有人在旁又加入一个“新”字。何以会加入一“新”字？或谓今本第二十二章云：

> 曲则全，枉则直；洼则盈，敝则新；少则得，多则惑。是以圣人抱一为天下式。

“曲”“全”，“枉”“直”，“洼”“盈”，皆为相反的两面，“敝”之与“新”亦然。因此“敝”就是“不新”之意，正与帛本、西汉简本“褩”和“敝”义相近，大抵后来有人以二十二章的“敝”字通过来作解读，于是作一旁注，犹如今人作笔记为正文旁解，以“成”类于“新”之义，故旁注“新”字，以致被认作正文而误入。旁注之误入为正文，在古书的传抄过程中是并不罕见的。但如此一来，“蔽”即偏在“旧”义，而与“新”义相反；但帛本原作“褩”，衣败曰褩，破烂、破敝义，与“成”之为完好、完整义正相对反，“成敝”亦犹“成毁”，与“新旧”义虽相近相通而仍有微辨。然像此之类的异文，则是定本成型后的小变动了。

故这一章从原始发展为今本，其形成过程，最少有三个阶段：

一、郭店简本

应是较原始的样貌，至于此前有无更早的本子，就不得而知，至少它是于今所见最早的。

二、帛书本、汉简本

添进两处：中间加入“旷兮其若谷”；最后加上两句结论：“葆(抱)此道者不欲盈，夫唯不欲盈，是以能褩(敝)而不成”。

三、今本

改动两处，一好一坏：其一，将帛本“旷兮其若谷”位置调动，使描写道的形象诸句，“若浊”句仍居最末，以与后文“浊而静”句衔接，恢复郭店简本原初的文理；这是对的。其二，对末句文意有所误解，加入一“新”字，变成“能蔽不新成”，反而不好理解。无论其所改动是好是坏，总之已是第三阶段的改动了。

以上总共观察了六个例证，多半是两个阶段的改造，第二例与最后一例看出三个阶段的修订。所以可归纳而得一结论，今本《老子》非止一次写成，而可能经过多次修改变动。这些改造，包括章次的分合，次序的调整，以至文字的增删变易，至于有无整章内容的新造，则关乎吾人对郭店简本性质的认知问题。倘认其为摘抄之本，则后之所改只偏重在章次与分合。至于郭店简本之后，是否仍有新造之章文，今虽无以明证，唯若谓三组皆是摘抄，而不约而同都割弃今本之首章与三十八章，其选录的标准与眼光，无乃与后世学者大相径庭，也令人不解。

上述三种出土文献，后二种的内容基本上已与传世通行本相近，所差者主要在分章和次序，其次才是异文。是故无论如何，今本的内容大抵已先完成于先秦的后期，自汉以还，则陆续作章次与文字的调整。至于再往前推，在帛本与郭店本之间，以至郭店本之前，那时《老子》的确切面貌，则未易论定。然若参看前人对老子其人传说之分歧，时代之悬隔，即在《史记·老子传》区区五百言短文，其中已出数种不容并存之说。此正见其非出司马迁臆造，而实为固有之传说，史公未能裁夺而并存之。古今学者考辨，或谓孔子前辈之老子，或谓晚出战国后期，无由得一共识。今若谓一部《老子》书历经众手所成，为时或跨越百载以上，就前揭诸例窥之，岂不可谓直至汉世，依然有新出的"老子"？在先秦时期对《老子》书作过重要修订、增补者被认知为"老子"，而各有传说，至司马迁作传时，只好兼收并蓄，今日看来，也不见得绝无可能。

至于何以此等"老子"甘于自没其名？盖一书之中，如不只一人一手之作，除最先原创者外，后世皆视之为作伪或羼入。然而乾嘉时章学诚曾对先秦古代学术提出一个深刻的看法。其《文史通义》中有《言公》上中下三篇，揭发前人未尝道及的先秦学术一大现象——他以为先秦古人原无私人著述观念。援其意以验先秦古籍，如五经、《论语》之属，多无具体留名的作者或编者；其他诸子百家言，皆可作如是观。本于"言公"之义，凡所谓"成一家之言"者，此一"家"字，即犹数口之家，不止一人。故先秦"家言"虽是私学，自其自家之"言"论之，却是"公"的。其一家著作，往往归诸这家思想的一个标杆性的宗师人物身上去。明白的例证见于今传的《庄子》书，分成内、外、杂三篇，向来治庄者多谓内篇为庄周自撰；外篇则为庄学之徒之所为；杂篇不连缀成义，芜杂不一，其中或尚有庄周自著而掇拾于身后者。换言之，今本《庄子》中便有不少非庄周本人的文章搀入。庄学之徒所作，却收入庄周的书中，后人岂不可斥之为伪？唯此等继承者所为何来，既不卖钱，也不留名，有何好处？在这辈人心目中，彼等所述即承袭自其宗师，本无以异。庄子书中有这许多庄徒的作品，应作如是观。同样，先秦后来兴起的所谓“新儒家”，其作品如《易传》，也称说是孔子的；《大学》说是曾子的、《中庸》说是子思的。我们也不妨视其思想渊源于孔子、曾子、子思，至于撰定成篇，甚至有出于战国后期的新儒家学者。今若秉持辨伪的立场，便指为伪作，但在他们自身而言，本是一家之言，自可不分，是谓言公。

今说回《老子》，这许多《老子》，有增订的，有改编的，有改写的，有组合的，一个《老子》、两个《老子》，甚至三个《老子》，何以不另标己名？因为“言公”，以所述皆老子的道理。此非《老子》一书孤立的现象，先秦百家言，其例尽多。老子其人其书，鄙意正可援章学诚言公的观点来看待。

我曾在台湾大学承乏讲授《老子》多年，向来治老，唯知今本，疑者存疑而已；及后陆续接触新出土文献，才慢慢酝酿出如上的想法。个人并非出土文献专家，尤如初读郭店《老子》竹简，颇感震撼，未能全盘掌握，记得当时注意学者的相关研究，参考到李若晖教授的大著《郭店竹书老子考论》，开宗明义“认为并不存在一个绝对的老子原本”，甚为佩服。如上所陈固陋，虽未必与其宗旨符同，要之可谓由之启发。不意后来若晖兄来访台大，有缘结交，方知此书竟是他的硕士论文所修订，初试啼声，已一鸣惊人。其后若晖兄又多次访台，辄以其近著相赠，其用功既勤，又精于思辨，故所探无论是针对老子抑或是先秦制度思想的研究，皆可谓深造密微，不同凡响。二〇一〇年岁暮，他来信告诉我，有意综汇古今《老》注，制为长编，我大感惊异。盖据我所知，严灵峰早有《老子集成初编》

《续编》，虽可增补，然资料无穷，疑其为益不大，以若晖兄学力，未免大才小施。及后他寄来所辑论《老子》首章第一句，我随手翻阅一过，见其剪裁古今成说，与严氏《集成》之群书汇编不同，其便于应用，自不可同日而语。当即回函曰："大作汇编《老子》旧注一段，略一披览，浩浩汤汤，未测涯涘，然后知其非为初学而设，而实学者所宜参详。手此一编，不知可省多少翻检之劳。兄甘为他人作嫁，洵乎功德无量矣。"翌日稍暇，再加细读，才又再一次让我大感惊异，然其惊异，则与前之性质适正相反，因为至此方知其制作之规模意旨，决非资料之杂汇而已。遂再补发一函："昨日匆匆翻阅，只叹其资料之浩博。稍后再读，乃知其纵贯古今，而兄之案语，亦深具学术价值。以弟愚见，已不合名旧注汇编，当径可称《老子集成》矣。"盖以为如此才是货真价实的"集成"。若晖兄用力不懈，功不唐捐，今已完成《老子集注汇考》卷一之册，刻正付梓，命序于我。近年我已不授《老子》课程，愧无以应，只好截取往时课堂讲稿中部分涉及《老子》成书之内容，补入新见汉简本的一些资料，以就教于若晖兄。

演化学中有一说法，认为人类的进化，从灵长类祖先经过漫长的岁月，才演化为"智人"；又再历经若干万年，才演化而为今之人类。此亦犹吾华夏文明，其前当洪蒙初开，渺远难稽；而衣冠文物，确然为文化之肇祖，则系炎黄，然后继继绳绳，绵延不绝。今谓《老子》成书，远有前身，亦约莫与智人之先、炎黄之前相埒；及其既定为今本，乃有二千年稳定之形态与发展，历代治老学者之各式著作即是。自老学史而言，其定本成书之历程，如同文化之史前史；今本成书以后的历代发展变化，则如文化既开以后的历史。两者的研究，皆旨在求真，唯自今人而言，后者在历史文化的客观存在与影响，无宁可谓更深切著明。若晖兄前此所治，已表现其对前一段研究之杰出成绩；及今所治，则重在其后一段。然而前一段之研究，以其渺远难稽，所知唯简；后一段之研究，古今所积，浩若烟海，其艰巨将远逾于前。若晖兄不畏艰巨，为人所不敢为与不能为，今读其卷首一编，尝鼎一脔，其旨可知。我钦佩若晖兄勤修精进，瑰奇鸿博，不日余卷续出，必造其极，斯诚老学之盛事，可以预卜。

二〇一四年十月何泽恒序于台湾大学中文系第十八研究室

（原载李若晖：《老子集注汇考》第一卷，上海：上海辞书出版社，2015 年 10 月，序，第 1—16 页）

汉代儒学的悲哀和成功：读《久旷大仪：汉代儒学政制研究》后的思考

——《久旷大仪：汉代儒学政制研究》代序

尤锐(Pines Yuri)

在关于中国思想史、政治史和文化史的研究中，所谓的汉代“儒学的胜利”是讨论最为激烈的热门话题之一。一代又一代的中外学者辩论着下面这些问题：大汉帝国究竟是何时、如何以及在怎样的情况下接受了儒学，对于汉代以及之后历代社会，汉代儒学有着怎样的政治和社会意蕴，作为官学的儒学与先秦儒家思想又有怎样的关联，等等。这些问题不仅对于研究汉代的历史学家是重要的，对于中华帝制的整体评估也同样关键。有相当数量的传统和现代学者都认为汉以前的秦朝以“暴政”闻名，而儒家的意识形态则截然不同，以“德行”昭彰。谭嗣同有言：“常以为二千年来之政，秦政也，皆大盗也”，如果我们采取这样一种假设，认为整个中华帝制都如同秦政一般，那么我们也就假设了中华帝国本质上是一种压迫性和不道德的政体。相反，如果我们强调的是儒家传统在汉代以后的帝国中道德教化的面向，那么我们可能会对中国整体的政治传统和帝制采取一种更为积极的看法。

李若晖先生从一个全新的视角出发进入到这些辩论中。他对汉代儒家的制度化进行了全面的研究,其中包括了汉代继承了秦代的帝国政治系统又融入了儒家所鼓吹的周朝模式,在实际政策中实现道德教化的举措,汉代的礼仪发明,经典研究的发展,对法律系统的修改,等等。他最终得出的结论是悲观的:儒家最终并没能将其继承自周朝黄金时代的社会政治制度(李先生所称呼为"周礼")背后的理想加以制度化,进而落实到从秦朝接手来的全新政治体系中。这样一来,儒家意识形态对于汉代政治实践的真实影响相较于一般所认为的则大打折扣,儒学本身在沿袭汉朝的过程中也丢失了很多原初的理念。李先生总结道:"汉儒受制于基于秦制之皇权,虽有儒学世族,却未能养成治国之德性,更不能建构经国大典,以致天下太平,往往自毁于柔顺之坤德与亲亲之私爱。"在书中另一处他还指出:"汉儒之失不在其缺乏道德热情与理论认知,而在不能将道德热情与理论认知制度化,最终空洒一腔热血。"

李若晖先生的力作不但深刻地讨论了汉代思想史、政治史以及制度史,还触及了汉代前后一些朝代的诸多问题,涉及周代社会政治体系,西晋王朝的本质,以及清代经学等等话题。本书中充满了深刻见解,研究汉代历史以外领域的学者也会从中受益。比如,作者提出将周朝政治体制视为"主权在上""治权在下"的观点,他还提出了需要区分司法的儒家化和立法的儒家化的观点,在我看来这些方法都值得借鉴。我尤其感兴趣的是李先生对《公羊传》所进行的考证,尤其是"天子僭天"的概念是否属于《公羊传》的原文。尽管李先生的意见在一些方面还值得商榷,但是他对"公羊学"的贡献毫无疑问是极大的。[①] 李先生在有些观点上需要进一步详细展开。比如，本书第二章结尾处有言：

> 遂将华夏大地锻造成人间鬼域！人民是否敢于、能于推翻暴政，亦即一民族之正义与力量是否相联，标志这个民族是否有面目生存于人世。秦末起义，乃使吾中华重获人之尊严，从而得以重新屹立天地之间！

这段话非常之有力，事实上指出了中国传统政治体制中最大的怪异之处，即，起义推翻所谓“暴政”的合法性所在。这个话题一度受到海内外学者的激烈讨论，而在近期的历史研究中却几乎被完全抛弃不谈。这种忽视令人遗憾。事实上，尽管平民起义（被马克思主义的学者常常称作“农民战争”）引起巨大的牺牲代价，但是确实变成调整政治制度和控制政权的剥削性及压迫性极为有效的手段。[②]

本人尤其钦佩李先生与熊十力、陈寅恪、徐复观、瞿同祖、侯旭东、何怀宏等众多早期及当代学者前辈展开的广阔对话。另一方面，可惜的是李先生并没有涉及西方学者的相关研究著作。比如，

---

① 李先生的考证颇具说服力，但“天子僭天”的概念是否属于《公羊传》的原文值得商榷。关键问题是：对早期“公羊学”而言，上天是否具有至高无上的地位呢？许多学者在董仲舒（公元前约195—115年）诠释影响之下都认为“天”是“公羊学”的一个核心概念，但实际上《公羊传》的原文几乎没有讨论“天”的政治作用。详见 Joachim Gentz（董优进），*Das Gongyang zhuan: Auslegung und Kanoniesierung der* Frühlings und Herbstannalen（Chunqiu）（Wiesbaden：Harrassowitz Verlag，2001）及其“Long Live The King! The Ideology of Power between Ritual and Morality in the *Gongyang zhuan*（《公羊传》）.” In Yuri Pines，Paul R. Goldin and Martin Kern，eds.，*Ideology of Power and Power of Ideology in Early China*（Leiden：Brill，2015），69-117. 此外，《公羊传》的写作过程是比较复杂的，汉朝以前是否存在过《公羊传》的“正本”是个需要再三讨论的问题。

② 详见拙作 *The Everlasting Empire: Traditional Chinese Political Culture and Its Enduring Legacy*（Princeton NJ：Princeton University Press，2012），chapter 5.

鲁威仪(Mark E. Lewis)对中国早期思想史的重要研究(*Writing and Authority in Early China*, Albany: SUNY Press, 1999)就儒家对汉朝政治体制的影响提出了完全不同的设想。他认为,尽管汉儒没能成功地把汉朝制度变成以德行为核心的政治制度,但是他们确实深刻地影响了汉朝的政体,弱化了集权政治制度,并使得社会的精英分子(所谓"豪杰"或者"士族")大大强化自己的社会地位。若李先生能对鲁威仪先生的作品进行回应,那定会值得一听。西方学者的相关研究可谓汗牛充栋如[鲁惟一(Michael Loewe)、柯马丁(Martin Kern)、金鹏程(Paul R. Goldin)、叶瀚(Hans Van Ess),戴梅可(Michael Nylan)等],这仅仅是其中一例,我认为这些研究都应当在《久旷大仪》一书中有所涉猎。我相信,现在正是中国同仁以西方汉学界关注中国本土学者同样的严肃性和彻底性来关注西方汉学发展的时候了。唯其如此,我们才可能在国内外学者间建立一种有意义的对话方式。

回到李先生的结论,他认为以儒家价值观为核心的政治制度理想最终破产了,在这一点上我赞同他的观点。但在探究背后的原因方面,我与李先生的看法大相径庭。值得提醒的是,先秦儒家本来没有任何有效的政治制度可以推荐。他们大力鼓吹的周朝政治体制早已变成垂死的制度。"治权在下"的情况造成了春秋时代尖锐的政治危机和分裂(即政在诸侯、政在大夫,乃至"陪臣执国命")。在内乱之际,战国时代的统治者和许多思想家都了解到:为了国家的生存,他们不得不彻底地改变以"周礼"为核心的政治制度。如何改变该制度成为诸子百家的主要分歧之一,但主流的变化就是构建集中官僚领土国家来取代以宗法为核心的西周春秋时期的国家模式。而这种集中官僚领土国家并不是儒家所主张的，而是跟所谓“法家”（以商鞅、申不害等思想家为代表）有着密切的关系。儒家在政治制度方面的缺乏并不是汉代的产物而是在原始的儒家（以孔孟及其弟子们为代表）就存在的问题。①

儒学思想家们并不是建立制度的能手，但他们的持久贡献体现在其他方面。他们的真正贡献在于建立了一种富有政治责任感和社会责任感的精英人群——君子。儒家的君子精神，即其自强不息积极向上的精神、严格的道德自律、高度社会责任感、对统治者的批判态度等都让“君子”变成天然的政治领袖。② 批评儒家的思想家——无论是庄子还是商鞅、韩非等，常常揭露许多表面上的“君子”实际上是假的君子，这些假的君子主张至高无上的道德，但实际上追逐个人的私利。对法家而言，完美的政治制度不依赖统治阶层成员的道德，宁可把所有的官员都以对待“小人”的方式来进行控制。商鞅变法以后的秦国以及秦始皇所建立的秦朝都体现了这一思想，因而对儒生也持有非常负面的看法。

汉代的儒学复兴具有两个方面。从王朝的角度来说，儒学实际上变成一种统治手段而已，李先生的著作中对这个方面已有充分的分析。但另外一个方面是精英分子本身。对他们而言，儒家的价值观得到国家的认可，无论在多么肤浅的层面，即便国家只是在名义上支持，都意味着精英阶层的道德、知识和社会与政治责任的精神重获尊重。尽管儒家的精英们并没能改变政治体制，但他们却得以加强了作为社会中坚（即政治权力的基础和民间的领袖）

① 在先秦儒家中，只有荀子比较成功地解决了一些儒家本来的政治缺陷，他的现实思想对后代中华帝国具有长远的影响。但是从政治制度的有效性而言，荀子不如商鞅、申不害等思想家成功。

② 对于中国历来士大夫的政治及社会作用的分析详见葛荃先生的《立命与忠诚：士人政治精神的典型分析》，浙江人民出版社，2000 年版。

的地位。从汉代儒学复兴中获益最多的，正是士大夫阶层。也正是这个阶层，确保了中华帝国政体如此长盛不衰。

以上即是我在阅读李若晖先生的《久旷大仪：汉代儒学政制研究》一书后一些初步而不成熟的思考。这本著作内涵极为丰富、精深和成熟，其所能激发的对中国传统政治思想和政治文化的进一步讨论从本文而言仅仅是一个开始。本文也是对这部著作的巨大成就的一种见证。谨对李教授对于中国传统文化及其经久不衰的遗产做出的贡献致以祝贺。

（原载李若晖：《久旷大仪：汉代儒学政制研究》，北京：商务印书馆，2018 年 5 月版，第 Ⅵ—Ⅸ 页）

《不丧斯文：周秦之变德性政治论微》序

王震中

2014年，中国社会科学院启动中华思想通史重大项目。根据项目分工，我负责原始社会编和奴隶社会编（包括“夏商西周卷”和“春秋战国卷”）。接下来，就是组织队伍。其他部分的人选都好找，唯独春秋一段竟然无人可选。这时，春秋战国卷的共同主编梁涛教授向我推荐了时任复旦大学哲学学院教授的若晖，并表示这是春秋思想史的不二人选。

刚开始我还将信将疑，只是抱着试试看的态度，同意若晖加入。14年底，通史办让各编各卷上交拟目。为此，春秋战国卷在中国人民大学国学院举办了一场课题组的内部讨论会，审阅确定各位成员所提交的拟目。会上，若晖的春秋思想史目录是讨论的焦点，项目组一共花费了五六个小时集中讨论，应该说，讨论是相当深入的，其耗费的精力与达到的学术水平远远超过博士论文答辩。每个人都针对若晖提出自己的问题，然后对其回答继续发问，直到无可再问。若晖不但对所有的问题对答如流，显示出条理清晰，文献熟稔，而且马上根据大家的意见修改拟目，一气呵成，做到以一以贯之的体系将大家的意见容纳其中。经过这次讨论，我和课题组都高度认可若晖的确是撰写春秋思想史的最佳人选。

此后几年，随着接触日多，发现若晖虽在哲学系工作，但是对于历史也相当熟悉，后来又知道他甚至也不是哲学系毕业，而是出身中文系，就更令人吃惊了。大家虽然口头上都会说“文史哲不分家”，但是在当今之世，真正做到的却可谓凤毛麟角。

当然，若晖研究历史的具体方式，与现今历史系的通常做法不同。他有自己的想法，要言之，即所谓“德性政治”。若晖认为，社会行为的公共性即为政治，包括政治哲学与政治制度；社会行为的个体性（包含但不限于个人性）即为道德，包括道德哲学与道德范式。政治与道德共同构成了社会性行为，在此中政治与道德的结合则成为德性政治：在中国古代，政治制度设计的政治哲学导向，正是指向德性之养成。道德和政治亦即德性政治构成了一定人群的基本行为模式。而对行为模式予以解释，为何必须如此行为，亦即何谓道德的问题，对道德提供论证的是哲学思想。德性政治的可能性，亦即何以能够以此行为模式行事的根基，则是与道德和政治制度相适应的社会形态。于是德性政治实际上包含四个层次：哲学思想、伦理道德、政治制度、社会形态。四者相辅相成，缺一不可。

目前的中国史研究，尤其上古史研究，由于文献的艰深和资料的零散，常常趋于碎片化，研究者往往只见树木不见森林；也有人在导入来自欧美的问题意识与研究方法时，却食洋不化，看不到对其做出创造性的改造或变通；更有陷入机械唯物论而不能自拔，缺乏辩证思维；还有人受西方制度经济学的影响，研究古代制度对于历史进程的作用，这当然有其价值，但完全不考虑影响历史进程的诸条件中人的行为模式，也是不足的。

在此意义上，若晖的中国古代德性政治研究，有利于打破多年来不同学科条块分割以及短时段小问题的研究方式，从相对较长的时段，全景式地分析和研究古代社会诸问题；有利于在哲学史、政治制度史、思想史及中国文化变迁史的交汇点上，理解中国古代社会；深入中国古代社会的横截面及纵深处，透析中国古代社会问题。进而言之，中国古典思想往往本身即是有着“内圣”与“外王”两个维度，同时又不离人伦日用。因此，以德性政治的角度进入古典思想，有助于我们理解古典思想与社会历史交融的原貌。总之，由德性政治入手，系统分析人的行为的所以然，才能真切地将人类历史规律与中国历史之特殊性相结合，获得真实的理解。

今年5月，若晖出版了其德性政治研究的第一部著作《久旷大仪：汉代儒学政制研究》，既充分尊重学界已有研究成果，又不盲从，能大胆提出自己的独到见解。该书颇获学界嘉誉，并被评为商务印书馆2018年人文社科十大好书之一，名列第三，接下来又入选《中华读书报》2018年十大好书，殊为不易。现在，若晖又再接再厉，拿出了德性政治研究的第二部著作《不丧斯文——周秦之变德性政治论微》，诚为快事。

康有为《实理公法全书》卷首“凡例”有言：“凡天下之大，不外义理、制度两端。”《不丧斯文》一书紧扣制度与思想的相关性，尤其是“德”自身的意义变化及其与各种制度设计的互相影响，深入研究西周宗法分封制解体与秦汉郡县制中央集权王朝兴起的过程，展开了一幅气势恢宏的图卷。

在这幅图卷之中，我们看到，正是由于“德”与制度的分离，才导致了西周的灭亡和春秋的礼崩乐坏。无论是厉王的制度改革，还是息蔡之争中的循礼而动，都是牵于时势而丧失了灵魂——

"德",其败亡也就是必然的了。战国时期,重建"德"与制度的联系,是诸家共同致力的方向。所不同者,孟子走向了以"德"定"位",并最终在汉初转化为察举制,开中华科举制度之先河;法家则企图以制度规定"德",由耕战立国发展为军事国家,并在汉代以制度规训经学,奠定下内儒外法的基本格局。对于若晖这样的独特认识,无论能否引起共鸣,在我看来,都是可贵的,因为他体现了著书立说的学术准则和学风。

若晖在《不丧斯文》即将付印之际,索序于我。该书再次展现了若晖严谨的学风、开阔的视野和独到的思辨,我乐观其成,因草此数语,向学术界郑重推荐,并向若晖表示祝贺。

王震中

(原载李若晖:《不丧斯文:周秦之变德性政治论微》,上海:上海人民出版社,2019年9月版,序,第1—4页)

论著辑评

《春秋战国思想史探微》书评

武致知(Rens Krijgsman)

在该专著中，李若晖研究的是春秋战国思想史，并将其关注点放在制度、社会和政治方面。如果缺乏社会语境，哲学将丧失意义。因此，作者探讨了长期以来一直为学界关注的论题，西周时期的制度变迁，中央与下层的权力划分，以及礼法之别。而哲学的发展则是对上述变化的回应。但很明显，该研究并非要明确回答某一问题，其最感兴趣的是试图用哲学来解释，以此作为对变迁中的社会、制度环境的回应；权力的分化和理性化是变迁的主要方面之一。

该书第一章为《厉始革典：中国专制君权之萌生》。该章从周厉王统治下军事的和政治的影响所导致制度变革的视角，描述了西周之衰败。该章从西周的宗法制度开始进行讨论，论述了君主的统治与氏族首领对领土、经济和政治权力的控制之间的相似性。

作者论述道，大约自周穆王统治时起，礼仪所要求的对财富的分配导致周王的领土和经济力量逐渐向下层流失。相应的，当非周部族侵蚀那些名义上属于周王统治的领地时，那些丧失了权益的领主便会要求周王来予以补偿。总之，下层得势而中央失去了对资源的控制。作者认为，周厉王对资本的垄断就是中央权力丧失的直接后果。类似地，对这一趋势的敌意显示了与对资源的共同占有的家长制理想的持续相关性。

该章的力量不在于其论述的原创性，而在于材料的举例和说明。很多学者对这个论题进行过细节的探讨，而作者自己的声音很多时候则似乎淹没于大量的一手和二手材料中，这些材料本是用于帮助其论证的。无论如何，很明显的是作者高度意识到青铜器铭文以及传世文献都是其论述的支撑。

第二章名为《诸侯称王与中华正统》，李若晖作了对于“王”之挪用的历史性总结。周穆王统治的时期，正处于“礼仪之变”的时代，周王们开始自称为天子。本章认为，这一创制被用于维护王权的正当性，而这也与宗法制度具有类似性。这暗示了一种趋势，即王权更多地基于礼仪，而非真实的权力，因为天子是“以天为宗”。因此，当中央权力逐渐衰弱之时，礼仪性的权力仍然很稳固，因为它获得了一种超越性。同样地，这也解释了“大一统”成为此后历史话语的基础。

在这一变迁的背景中有一个始自周穆王的变化，即诸侯国如楚、徐也自称为王。作者指出，这是被视为违背周礼的。然而，在战国时代，很多可称为“中国”——如果我们假设当时已经有这样一个自我认同——的政治组织，都开始自称为王。在这两个时期，诸侯称王还普遍追求中央对这一称号的名义上的认可，但作者认为，战国时期，甚至连表面文章都逐渐无人理睬了。作者总结说，具有军事和经济实力的政治组织能够轻易地忽视礼仪规定，尤其是他们开始相互承认王的称号。这一变化也开启了周礼自身的瓦解。当每个诸侯都自称为王时，旧的理想化的统一秩序便受到挑战。

该段的第一部分同样也广泛地运用了青铜材料，用于补充传世文献。在没有足够的出土材料的情况，作者则运用传世历史材料。总体来说，作者的研究方法仍是集中在社会和政治史，但有时候与思想史的关联呈现得并不是特别具体。

第三章《礼与法》探讨了基于礼的合法性的政治制度逐渐向基于法律和军事实力的制度的转变。简而言之，本章援引费孝通等的观点论证礼与法的主要区别在于，礼是基于自然的、家族的控制，而法则基于制度的和官僚体制。作者指出，理论上讲，礼是有区分的，而法是平等的，但法律的实践仍因社会分层而有所区分，这一点在出土文献睡虎地秦简中可见。从礼对权力的分割转向以法为基础，本章从战国时代的许多政治组织的制度变革中进行了解释。作者将商鞅变法和铸刑鼎与郡县制的发展以及官僚职位从世袭制的逐步发展联系起来。

很多早期中国思想史著作都探讨过礼法之争，这也是本专著的核心之处。同样地，如果作者对这个问题的探讨能够再直接点就更有力度。例如，法具有外在强制力，礼则基于自然，因此不太具有强制性，这一点如果不放脚注中而直接列入行文会更有说服力。比较有力的是，作者似乎将哲学表述理解为社会实践的理性化，因此这些论证并没有纠缠于太过理想化地解读哲学文本或拘执于法家派别问题。

第四章《诸子与王官》探讨了西周时代世袭职官向掌握知识的个体和君子的转变。作者对胡适的观点进行了辩驳，胡适认为哲学产生于诸子，而作者探讨了西周时代世袭官制中产生的智识传统。作者引证了许多出于王官的姓氏。接下来，本章分析了中央权力向下层的转移，从统治者向王官的转移是周代官僚化的又一个标志。

作者特别关注家族技能与职业训练的实践面向。通常，职官是在岗训练的，其教导通常是经由口头和实践形式，这区别于颇具书本气及与实践关系不大的学习准备阶段。对于书面材料是否广泛运用于训练职官这个问题，学界还有争议，不过，本章关注于更具实践面向的传承关系，这是一个很有意义的研究方向。本章围绕类似的探讨，论证了“诸子出于王官”，这一论断是汉代的刘歆最早提出的。我赞同作者提出的，曾经充当王官的贵族逐渐被行政化的专业人员替代；但我也同意胡适所怀疑的，每一个诸子学派不一定出于某一官职。至于对思想的发展，作者注意到战国早期从对某一职业的训练向博学之士的转变，这对“君子”及其德性具有新的贡献。作者认为，这些导致了受教育、对于德性具有意识的“士”的产生，而士的产生则是周的旧秩序的社会变迁的最后标志。

第四章中作者本人的观点更鲜明，因此论证更清晰更有说服力。作者对本章问题的处理很有力，但如果作者对该论争中的其他方也进行一番审视，那将更好。另外，作者集中于对人物称呼的词语结构、汉代注解和书目文本进行词源学的解读，如果也能对青铜器铭文和简帛文献进行分析就更佳。作者如果能够多使用写本文化或早期中国教育相关研究成果，也将加强本章的论证力度。无论如何，本章的论证特别突出了教育的实践维度，这与那些只关注文本训练的研究迥然不同。

在第五章也就是最后一章《垓下歌：古典专制批判》，作者细读了项羽的《垓下歌》，以此作为汉代初期帝国秩序的另一种心智的符号。此前的章节所探讨的都是以各种材料为基础的大的历史趋势，而本章采用了不同的进路，作者将其关注点放在四行诗上。通过这种方式，本章试图将人、天、地对于力量和命运的关系概念化，作为此前章节所勾勒的发展的结果。因为此章性质的不同以及宏大发展与一首小诗之关联，本章显得与该专著有点不协调。本章的论证较缺乏，而且其与本书其他章节如何相关联时常不太明晰。这并不意味着就文学主题而言，作者对于该诗歌的解读不精彩，但作为一种历史的进路，则不那么具备说服力。

简而言之，本书使用的文献材料丰富，并且关注思想变迁的社会背景，阅读起来让人赏心悦目。但如果本书有一个导论的章节会更有助于读者，这能帮他们将具体的历史场景与从中间开始的总体论证联系起来。同样地，因为本书最后的结论只有半页，读者不得不自己从单独的章节中去推论其含义，有时，读者对于作者的具体意图难以知晓。本书中处理的很多问题都可以再讨论得具体一些，遗憾的是，书中的论证时常重复或不太明晰。令人十分高兴的是，这本书如此谨慎和广泛地运用日本和西方的文献材料，给读者非常充分的阅读感受。本书的姓名和文献名索引(而非主题索引)也很不错。该研究的新颖之处在于关注社会和制度的变迁以及其与核心哲学概念的发展之间的关系。但愿该研究能激发更多的相关研究。

Rens Krijgsman, Dao(2013)12: 129 - 132

(李若晖：《春秋战国思想史探微》，台北：艺文印书馆，2012年)

从哲学史范式转向治理秩序史范式：从《春秋战国思想史探微》谈起

姚中秋

李若晖教授自谓“本书从制度与义理互动的角度对春秋战国思想史进行了探讨”，并引康有为之说曰：

> 康有为《实理公法全书》卷首《凡例》开篇即言：“凡天下之大，不外义理、制度两端。”斯言可为南海一生治学之总括，《新学伪经考》《孔子改制考》则其著者。斯言亦中国思想史之要义，《淮南鸿烈·泛论》所谓“百家殊业而皆务于治”是也。①

关注于义理与制度之际，确实构成本书之最大特点，为本书作序之叶波先生亦抉发此点：“中国的哲学思想都是在其时代的社会—政治环境中产生的，这部新著非常强调历史背景，在该书中，作者详细分析了春秋战国时代的社会—政治语境。”②

正是基于这一点，本书简短的结语之题为《思想史：义理与制度》。然在笔者看来，这样一种关注义理与制度互动之研究进

① 《春秋战国思想史探微》，第165页。
② 《春秋战国思想史探微》，第Ⅳ页。

路，已非“思想史”一词所能涵盖，更恰当的词语应当是“治理秩序史”。

现代中国之历史学研究，自始即呈现为支离破碎之专门性研究，这一点见之于胡适整理国故之规划中。1923 年 1 月发表之《〈国学季刊〉发刊词》中明确提出：“国学的使命是要使大家懂得中国的过去的文化史；国学的方法是要用历史的眼光来整理一切过去文化的历史；国学的目的是要做成中国文化史。”这段话的要旨在于“泛历史化”，也即视中国固有之思想、学术、制度皆为已死之历史研究对象，而不具有当下政治、思想价值。如此，他所构想的中国文化史也就不具有整体性、综合性，而被切割为支离破碎之专史之学：“（一）民族史；（二）语言文字史；（三）经济史；（四）政治史；（五）国际交通史；（六）思想学术史；（七）宗教史；（八）文艺史；（九）风俗史；（十）制度史。”①

此后之现代历史学，确乎循此方向演进，比如有哲学史，如胡适先生之《中国哲学史大纲》，冯友兰先生之《中国哲学史》；有思想史，如萧公权先生之《中国政治思想史》；有政治史，如李剑农先生之《中国近百年政治史》；另有制度史、社会史等专史。

在整个关于思想、观念的历史之研究领域中，似乎是受牟宗三先生之影响，哲学史的研究进路似乎一枝独秀，尤其是关于儒家思想，似乎多采取哲学史范式，致力于探究思想人物之哲学性观念，及其源流、内在结构。

余英时先生对此种哲学史范式提出过严厉批评。《朱熹的历史世界》绪论中，余英时首先援引金岳霖先生之语说明，

① 胡适：《胡适文存》，黄山书社，1996 年，二集，第 10 页。

哲学史家关于“道体”的现代诠释虽然加深了我们对于中国哲学传统的理解，但就宋代儒学的全体而言，至少已经历了两度抽离的过程：首先是将道学从儒学中抽离出来，其次再将“道体”从道学中抽离出来。至于道学家与他们的实际生活方式之间的关联则自始便未曾进入哲学史家的视野。①

余先生提出，对于宋儒之认知，需一场“哥白尼式的回转”，也即，

我们必须在概念上作根本的调整，然后才能确切把握住“推明治道”在宋代所谓“道学”或“理学”的中心意义。本书断定宋代儒学的整体动向是秩序重建，而“治道”——政治秩序——则是其始点。道学虽然以“内圣”显其特色，但“内圣”的终极目的不是人人都成圣成贤，而仍然是合理的人间秩序的重建。用原始儒家的语言来表达，便是变“天下无道”为“天下有道”。②

基于这一考虑，余先生采取了一种新的研究策略：探究和描述宋代道学家之现实的政治活动与其理念之间的复杂互动关系。在此一学术努力中，余先生推动了中国思想史研究之范式转向：从“哲学史范式”转向“秩序史范式”。

受此启发，笔者于《华夏治理秩序史》中对“治理秩序”概念有所界定，并明确以刻画、分析治理秩序之演进为志业。③ 治理秩序

① 余英时：《朱熹的历史世界：宋代士大夫的政治文化的研究》，北京：生活·读书·新知三联书店，2004 年，上册，第 8 页。
② 余英时：《朱熹的历史世界》，上册，第 118 页。
③ 参看拙著《华夏治理秩序史》，第一卷，海口：海南出版社，2012 年，导论一《治理秩序解》，第 26 页及以后。

之范围甚至大于余先生所讨论之政治文化，而涵括精神秩序、法律秩序、政治秩序、商业秩序等；换一个角度看，治理秩序包括社会与国家，或者风俗与政体。余英时先生以《大学》八目为“儒家的整体规划”[①]，愚以为，《大学》八目之格物、致知、诚意、正心，修身、齐家、治国、平天下，乃是一完整的治理秩序：从个人身心之治理，经过中间的小型共同体之治理，到邦国、天下之治理。凡此种种治理之目标，当然是形成秩序，达于“和”之状态。至关重要的是，这些层面、领域是相互关联的，互动地构成天人之际、内外融贯、人我并包之整体性治理秩序。此即《礼运篇》所说之“大顺”，也就是儒家向往之“天下有道”。

更宽泛而言，这是中国思想人物所追求之目标，也即构成中国思想之固有特质，此一特质要求与之相配的研究范式，也即整体的治理秩序史研究范式。当然，上面只是以《大学》说明儒家思想之特质，那么，儒家之外中国思想是否也具有同样特质？中国思想之演进，或可粗略划分为以下四大阶段：

一、尧、舜、皋陶至孔子之前之古典时代，其思想主要体现于“五经”中。受思想史范式之扭曲，此一时代的思想、观念普遍被忽略，然而，正是此一时代奠定了华夏—中国思想之基本取向、确定了思考一切问题之基本语汇。但如李若晖博士在第四章《诸子与王官》中所指出者，古典时代并无专业思想者，亦无专门思想论著。“五经”所记者，乃圣王贤臣追求秩序之治理实践中之言、事、制，其中有伟大的理念、价值、概念、思想以及特定的中国式思想方式。

① 参看《朱熹的历史世界》附论三《试说儒家的整体规划——刘述先先生〈回应〉读后》。

很显然，惟有从治理秩序的视野，这些思想、观念才有可能被准确地捕捉，其意义也才有可能被充分理解、揭示。

二、孔子开始，春秋后期至汉初之子学阶段；这也正是李若晖博士本书所研究之阶段。此时出现专业思想者和专门思想论述，故坊间多数思想史著作由此开始，如冯友兰先生之《中国哲学史》、萧公权先生之《中国政治思想史》。如李若晖博士所指出，此一时代之最显著特征为思想与治理实践之分离。然司马谈《论六家要旨》云："夫阴阳、儒、墨、名、法、道德，此务为治者也。"①治者，治理也。在司马谈看来，子学虽为无实践之思想，然六家所讨论之议题全为治理，其目标皆在于古典的礼崩乐坏后，重建优良治理秩序。因此，若无秩序重建视野，不可能完整而准确地理解子学，子学各家之意义会被偏狭化。

三、西汉中期以后独尊儒术、而包容各家、各教之阶段。这一阶段，儒家获得进入政体之正式渠道，由此，儒家之治理主体性意识乃获得制度支持而更为强烈，其思想、观念层面上的努力自然地具有明确的社会治理指向，思想与秩序之间的关系，比之子学时代，当更为直接。《朱熹的历史世界》及后续的《明代理学与政治文化发微》②已清楚揭示了这一点。而且，宋明儒的努力表明了儒家所努力之秩序的整全性，即所谓合内外，而又贯通国家、社会。儒者重建秩序之努力，固然始于今人所说哲学上之思考，但这些思考具有明确的治理秩序指向，而具有从思想变为观念的内在倾向；最为重要的是，儒者之哲学思考多围绕着如何养

---

① 司马迁：《史记》卷一百三十，《太史公自序》第七十。

② 收入余英时：《宋明理学与政治文化》，台北：允晨文化，2004年，第247页及以后。

成士君子而展开，因而更多的是一种修身之学，是一门实践性伦理学。同时，儒者也一定在哲学性思考之外，发展其社会理论、制度理论。也就是说，儒者之学的内容极为丰富，远非“哲学”所能概括；更不要说，儒者在社会层面和国家层面进行诸多治理实践，这些实践乃是其思想之有机组成部分，诸多思想就是在实践过程中表达的，是实践的组成部分——比如，讲学实乃养成士君子之实践，此一实践过程所形成的语录，乃是宋明儒思想之主要载体。

四、现代。相比于古典史、中古史，现代史研究向来倒是比较重视思想与制度之间的互动，这似乎是因为人们相信，现代中国之秩序不是中国文明内生，是由中国学习外部世界所驱动的，故现代秩序形成过程自然就是观念先行，则考察思想、观念与现代制度之间的关系，就成为现代史研究的重点。不过，对于何为现代国家，何为现代治理秩序，学界向来缺乏较为完整的理解，故其对于思想之取舍，存在诸多偏差。比如，主流现代史范式较为强调革命思想或者自由主义思想，而未能准确定位儒家思想及由此发展而来的现代保守主义之角色。而从现代治理秩序角度，当可避免这些倾向。

上面对中国历史各阶段之思想与秩序间关系的简单描述表明，哲学史范式“抽离”了中国思想之秩序构建脉络，而令其失之于扁平，事实上是不可理解的，也是没有意义的。治理秩序史范式则将思想之生产、传播作为秩序重建之有机部分，由此，思想和制度均将获得更为完整、深入的理解：

一方面，可以将思想演进置于特定制度脉络之中，这或许就是斯金纳所说的“历史语境主义”，也即探讨代表性理论家“形成其思想的较为普遍的社会与知识环境”①，由此而更为准确地把握思想者之问题意识及其思辨理路。

另一方面，各个层面之制度演进、秩序变迁也可以获得思想、观念的解释。现代学界对于制度变迁，多多少少都倾向于客观的、经济的解释。然而，很显然，古代中国不少制度是由儒家之观念所生成的，比如，社会领域中朱子所创之社仓、蓝田吕氏所创之乡约，乃至于宋明祠堂制度、宗族制度，以及礼制。秩序史范式强调把思想引入制度讨论中，由此，制度的变化获得更多维度的解释，在儒家中国，这或许是更深刻、更有效的解释。

至关重要的是，上述两个解释逻辑之间的互动，由此将呈现一个生动活泼而完整的历史图景。在这样的历史图景中，历史过程不是任意的，并非外在于人，而与人的理念、想象、价值、记忆等主观因素之间，具有直接的联系。换言之，这样的历史过程有其价值的维度，历史乃是道之呈现。如此之历史编纂学，就不是记录已死之事，而是在记录依然具有生命的过程，其间所发生之思想、观念、制度，对于今人仍然具有意义，可为今人追求优良秩序之“鉴”。治理秩序史范式可以从历史主义中拯救历史。

本书基本采取治理秩序史之研究进路，以理解周秦之变。应该说，这一历史大转型时期是各专门史学界研究之重点，尤其是，此为子学繁荣时代，故所有哲学史、思想史研究都在此浓墨重彩。不过，受种种因素影响，迄今为止，似乎尚无人令人满意地提供中国历史上这一根本性转变的完整图景。比如，意识形态因素让学

---

① Quentin Skinner, *The Foundations of Modern Political Thought: Volume I: The Renaissance*; Cambridge University Press, 1978, p.x.斯金纳强调指出，他的这一研究进路旨在“更清楚地理解政治理论与实践之间的关联”(p.xiii)。

界对于周制之封建性质，始终缺乏清晰而坚决的认定，周秦之变的性质自然也就失之含糊不清。但同时，现代历史学科之支离破碎，单纯的哲学史、思想史或者政治史均无力对周秦之变的诸多复杂因素予以揭示，并形成完整图景。

治理秩序史范式最适宜于讨论这一宏大话题。这本著作采取了这一进路，因而能给人耳目一新之感。当然，本书若干立论仍有可商榷之处。第三章《礼与法》讨论礼治至法治之转型，未能深入讨论周的封建制下礼、刑之间的关系，而正是刑，在礼崩乐坏之后被法家放大、抬高，构成法的核心内容，令社会治理模式发生巨大变化。

本书最大的缺憾也许在于，所讨论之对象主要为观念，而非严格意义上的思想；同时，各章似主要偏重于解释观念生成之制度环境，而较少在另一个方向上进行讨论，即思想、观念塑造制度之机理。

实际上有一个历史时刻，恰适合于展开此一讨论，即春秋、战国之际魏国之"立宪时刻"。魏制实得风气之先，率先建立王权、官僚等现代制度，为各国所模仿，尤其是通过商君，而为秦制所本。① 也就是说，魏的治理秩序之形成，实为周秦之变中最为重要的一个环节。值得注意的是，司马迁等人的记载表明，子夏门人在魏国具有广泛影响力，并参与了制度之创制。换言之，儒生群体甫一形成，就参与了新秩序之构建。但也许是由于史料匮乏，这一重要事实被思想史和政治史的研究长期所忽视。那么，魏制与儒家义理之间究竟是何种关系？这一研究对于孔子

---

① 参见钱穆：《国史大纲(修订本)》，北京：商务印书馆，1996 年，上册，第 76 页。

后学之演变，尤其是理解荀子思想之含混性，理解儒家取得独尊地位之原因，对于理解秦制之起源和性质，均具有十分重要的意义。

（原载《政治思想史》2014 年第 1 期，第 190—195 页）

中央集权管理模式阻碍市民社会形成

——对郡县制合理性问题的思考

周可真

李若晖教授新著《春秋战国思想史探微》，试图从社会结构转型的角度探讨制度与思想的互动，这是该研究领域的一个新视野、新思维、新方法，毋论其具体思想与结论如何，该书的出版是一件值得庆贺的学术喜事。笔者曾因某种机缘得读现已被收入该书中的一篇论文——《郡县制时代——由权力建构与社会控制论中国古代的社会性质》，拜读再三，感觉颇受教益。这篇长文，以翔实的材料和深入的分析，论证了这样一个基本观点：

> 郡县制构成了秦朝至清朝二千余年间中国的基本社会关系，而郡县制是属于管理学范畴的一种行政体制，一种对全国的土地和人口实行绝对国家管制的行政体制，这种行政体制导致了国家最高权力与个体臣民之间的一切中间力量被扫荡一空，由此造成了三个方面的结果："一个强大到极点的君主，一个萎缩到极点的社会，一个沉默到极点的个人。"

当然，我是从管理学角度来解读这篇文章，理解这篇文章的思想的，所以从该文章中概括出了这样一个基本观点。也因为如此，我特别关注其中关于“郡县制导致了一个萎缩到极点的社会”的论断，若晖教授对于郡县制所做出的这一研判，令我大受教益，更启发了我的思考。它首先使我联想到顾炎武在《郡县论》中指摘“方今郡县之敝已极”的论述：

“封建之失，其专在下；郡县之失，其专在上。古之圣人，以公心待天下之人，胙之土而分之国；今之君人者，尽四海之内为我郡县犹不足也，人人而疑之，事事而制之，科条文簿日多于一日，而又设之监司，设之督抚，以为如此，守令不得以残害其民矣。不知有司之官，凛凛焉救过之不给，以得代为幸，而无肯为其民兴一日之利者，民乌得而不穷，国乌得而不弱？率此不变，虽千百年，而吾知其与乱同事，日甚一日者矣。”①

我以为，若晖教授的上述观点在某种意义上比亭林所论更深刻地揭示了“郡县之失”，实际上是从管理学层面指出了“郡县之失”在于这种管理体制极端排斥非政府组织力量，即使因某种原因非政府组织事实上存在着，其生存空间也极为有限，难以在政府组织之外独挡一面地发挥其社会管理的作用。以此联系到当今中国的社会现实，使人很容易在学理层面上领悟到中国古代郡县制最终导致如顾炎武所指出的“民穷国弱”之恶果的必然性，也使人易于认识到当今中国社会管理领域非政府组织力量薄弱，及由此所导致的社会管理不善的体制性原因。

在若晖教授的上述观点的基础上，我进一步思考了郡县制的

---

① 顾炎武：《亭林文集》卷一《郡县论一》。

合理性问题，借此机会略陈管见，期望能起到抛砖引玉的作用，使该问题的研究更深入地进行下去。

一

在封建制邦国时代，原本是存在着一个相对独立于政府的民间社会的，这个社会是由宗族组织构成的。这些民间组织相对独立于国家政府组织，自成一个具有特殊社会管理功能的人伦系统。这个人伦系统是在父系社会向邦国社会演变过程中自然形成的，维持其系统及其内部各个子系统的存在和稳定性的内在法则是世代传承的宗教信仰与习俗。这种传统信仰与习俗作为一种社会伦理具有自发性特点，这种自发性使相应的道德情感和道德意志具有真诚性和自由性，正是这种真诚的道德情感和自由的道德意志所构成的道德心理，成为自治性宗族组织之所以可能实现其自治的社会心理基础。先秦诸子所经常提到的与“国”相对的所谓“天下”，其实就是指由这种自然形成且自我治理的宗族组织所构成的民间社会及其道德心理。当维系着这个社会的人伦秩序的传统信仰与习俗（在周代表现为“畏天命”而“敬鬼神”的宗教信仰与习俗）处于稳定状态时，其社会的道德主体是在自发的信仰与习俗支配下“为仁由己”（按：借用孔子语）地自我控制其情欲和自我调节其行为。这种“由己”（凭由其自发的信仰与习俗）的“为仁”（自我控制其情欲和自我调节其行为）便是“天下”（自我治理的民间社会）得以“自化”（按：借用老子语）的文化根据，所以可以称这个“天下”为“非政府的民间自化天下”，意谓由正常而未受到破坏的宗族组织所构成的民间社会的善心美行，是基于这个社会内部自发的信仰与习俗，由其道德主体自我控制和自我调节所造成的，而不是由于政府（朝廷）教化的结果。

但是，西周的宗族组织实际上与政府组织有互动关系，民间社会的空间事实上受到由周天子所控制的朝廷和由诸侯所控制的邦国小朝廷的政治挤压，所以这并不是一个名副其实的所谓“非政府的民间自化天下”的绝对自由空间，只是这个空间相对于后来的“礼坏乐崩”时代要大得多，也更非秦朝以后的帝国时代所可比。

周公“制礼作乐”所成之“礼”，在当时的现实性上已不再是纯粹自发的社会伦理，而是基于传统又在一定程度上超越了传统的、兼具社会伦理规范和国家政治制度之双重意义的组织原则和组织行为标准，故“礼”对民间社会的约束已具有国家干预的法制性质，在此意义上，它不但是伦理之“礼”，也是政治之“法”，只是在宗族组织尚且健全、“畏天命”而“敬鬼神”的传统宗教信仰与习俗尚且稳固的情况下，其伦理性仍要高于政治性，它对民间社会的制约关系主要不是靠体现国家意志的外制性政法力量来维持，而是靠体现民间传统宗教信仰与习俗的自律性道德力量来维持。

到了“礼坏乐崩”的春秋战国时代，不仅传统的宗教“天命”观念受到来自天文历法领域的“天道自然”观念的冲击而发生严重危机，由此导致“礼”对民间社会的伦理约束力空前下降；而兴盛于这一时期的变法运动，更导致“礼”在许多诸侯国被新兴之“法”逐出了政治领域而失去其原有的对于国家和社会的政治约束力，这种名副其实的“礼坏乐崩”导致民间社会真正陷入了所谓“天下大乱”的深渊。

秦帝国的建立和郡县制的普遍推行是在经历了从春秋到战国长达二百五十余年的“天下大乱”以至于实际上已经“亡天下”的条件下发生的，有其历史的必然性，因为最初从父系社会脱胎出来而以自发的宗族组织形态存在的民间社会以及维持其社会秩序的伦理根基(传统的宗教信仰与习俗)至此已荡然无存,而且在当时历史条件下不可能再出现一个新的"自化天下"①。

二

必然性不等于合理性。所谓从封建制邦国时代走向郡县制帝国时代有其历史的必然性,这仅仅是指由渊源于父系社会而作其历史遗留物存在的宗族组织所构成的民间社会逐渐走向瓦解是必然的,而不是说郡县制代替封建制也是必然的。无论是封建制还是郡县制,它们都属于自为存在,这不同于作为一种自发存在的宗族组织,后者的原始形态是氏族社会。周代的宗族组织是在父系氏族社会体系未被彻底摧毁的历史条件下,为国家主体因势利导地加以利用的历史残余物,这种原始遗物并非人为设计的结果,而郡县制和封建制却是人为设计出来的,这种设计行为不具有只能如此设计而不能那样设计的必然性,而是同设计者的政治理念和价值取向有内在联系的一种选择行为,所以存在着一个可以为后人分析和评价其利弊得失的合理性问题。

郡县制与封建制的关系是两种不同形式的政体之间的关系,与国体性质没有必然联系,因为同一性质的国体可以有不同形式的政体,同一形式的政体也可适用于不同性质的国体。

作为两种不同形式的政体,郡县制与封建制的区别是在于它

① 由渊源于父系社会而自发地形成的宗族组织所构成的古代民间社会在整体上瓦解以后,直到近代才逐渐形成并日臻成熟的相对独立于政府的新的民间社会——介于国家与家庭之间的市民社会,这个社会首先是在西方出现的。

们的政权结构不同，简而言之，封建制是分权结构的政体，郡县制是集权结构的政体。因这里所议之主题为郡县制，故封建制的分权结构问题于兹阙而不论，只论郡县制的集权结构。

郡县制的政权结构是地方权力、中央权力和君权高度统一，其三者之间的基本关系是地方服从中央，中央服从国君，由此形成国家权力高度集中于君权的集权结构，在这个权力结构中，帝国君主拥有至高无上的权力，一种可以支配全国的臣民及各类组织，却不受来自于任何组织和其他个人的法理制约和伦理制约①的绝对权力——皇权。

汉儒提出"三纲"("君为臣纲""夫为妻纲""父为子纲")作为人伦之法，后来成为帝国时代的伦理通则。"三纲"其实归根到底只是"一纲"——"君为臣纲"，因为"父为子纲"中的"父"与"子"和"夫为妻纲"中的"夫"与"妻"，除了"君"以外，无不属于"臣"。这意味着，郡县制的权力结构使国家权力高度集约于皇权，必然导致人伦结构高度集约于君臣之伦，使封建制邦国时代"亲亲"和"尊尊"的原则演变成"唯君是亲"和"唯君是尊"的原则。于是，原本反映和体现"亲亲""尊尊"原则的伦理道德高度集约化为忠君之德，"忠"成为最高道德而统摄其他道德。于是，原本反映和体现"亲亲"原则的"孝"，也就成了"忠"的附属品，成为维护至高无上的皇权的一个政治工具②。这样一来，原本对民间社会具有一定伦理约束力

① 在法理上，全国的臣民以及各级政权组织都必须服从君命，不得违抗"圣旨"，否则有"抗旨"之罪；在伦理上，全国的臣民都应当忠诚于自己的国君，不该有二心，否则有"不忠"之过。

② 从现实性上说，"孝"至多只是朝廷在进行所谓选贤任能的取士时所要考虑的一个因素(例如汉行察举制时)，在某些情况下(例如魏晋南北朝行九品中正制时)"孝"就不是一个必须加以考虑的要素了。

的"礼"便失去其伦理意义，实质上成了"霸天下"者用以"独霸天下"的一个"霸具"，无论这个"霸具"被称名为"礼"还是"法"，都无变其作为一种以武力或暴力作为后盾而不具"德性"只有"刑性"的政法之则的实质。这种政法性的"礼"对国民行为的规范性要求，是一种不容国民凭其个人意志来进行自由选择的强制性政治要求。故对于持守"君臣之礼"而"尽忠"的实践者来说，其"尽忠"的意义就不是在于履行一种他自觉应当履行的道德义务，而只是执行一项要求他必须完成的政治任务。如果说这样的"忠"也能算是一种道德的话，它也只能被当作"国家的道德"（黑格尔语）来理解，正如黑格尔在《哲学史讲演录》里所说，这个"国家的道德"既不是"我们所谓法律"，也不是"我们所谓道德"——"这道德包含有臣对君的义务，子对父、父对子的义务以及兄弟姊妹间的义务。这里面有很多优良的东西，但当中国人如此重视的义务得到实践时，这种义务的实践只是形式的，不是自由的内心的情感，不是主观的自由。"①我认为，黑格尔把道德的本质特征归结为实践道德义务是出于实践者"自由的内心的情感"和"主观的自由"，这样的道德观与老子所谓"道法自然"②的道德观是内在相通的，是合理的。出于"自然"和"自由"的道德，才是真正的道德——"常德"或"上德"（按：借用老子语）。

要之，按其本性来说，郡县制不仅必然导致社会管理学意义上的社会（非政府的民间自治组织）萎缩到极点，还必然导致社会管理伦理学意义上的社会（非政府的民间自化天下）萎缩到极点。

---

① 参见黑格尔：《哲学史讲演录》（第一卷），贺麟、王太庆译，商务印书馆，1959 年 9 月第 1 版，第 125 页。

② 《老子》（通行本）第二十五章。

三

从理论上讲，在“自化天下”(自我治理的民间社会)萎缩到极点的情况下，先秦儒家在封建制时代所提出的政治理想中用以“化成天下”的“王道”之“礼”是不可能发挥有效作用的，倒是当时崇信“当今争于气力”而奉行“霸道”的法家之“法”可以有效地发挥社会管控作用。我以为，对郡县制的分析与评价，在管理学意义上也就是对发明郡县制并且极力主张推行郡县制并为此做出了不懈努力的法家的“法治”主张，即其管理思想进行分析与评价。

关于法家的管理思想，拙文《先秦诸子管理思想论纲》曾把它的主要特征概括为“重控制”，指出：

> 在国家管理问题上，韩非所特别重视的是管理的控制职能，所以主张法治。所谓法治，就是对国家作为一个组织整体进行控制，它属于管理控制范畴。法家的管理学说，本质上是一种控制理论。
>
> 韩非法治思想的特点是，主张“法”“术”“势”相结合。这里“势”所涉及的是控制系统问题；“法”所涉及的是控制标准问题；“术”所涉及的则是控制手段问题。在韩非看来，要实现对国家的有效控制，必须同时具备“法”“术”“势”三个要件。
>
> 按照韩非的观点，一个理想的、足以控制局面的控制系统，其中必须有一个能决定和支配其整个系统的控制中心；设立有这样一个控制中心的控制系统，是实现对组织的有效控制的根本条件。这便是其管理学说中关于“势”的思想的本质内容。

如果说"势"是实现有效控制在组织制度(控制系统)方面的保障的话,那末,"法"就是为了达到控制的目的而确立的标准,这种标准是控制过程中对所涉及的人的具体行为或工作情况进行衡量与评价从而采取适当矫正措施的依据。

韩非认为,有了明确而统一的"法",才可以"循名责实",按照所规定的标准来考核众人的所作所为,以便运用赏罚来纠正所发生的偏差,达到控制的目的。但是,要保证"法"的贯彻执行,还必须有"术"。"术"就是收集和获取有关控制的信息或情报,并汇合各方面的情况作分类和比较研究以辨其真伪,明其是非的方法。"用术"有两个方面的目的:一方面是为了防止被控制人结党营私,而导致其行为与预期的控制目标和控制标准发生重大偏离,以及由此可能造成的严重危害;另一方面是为了准确无误地掌握被控制人的行为或工作情况,以便对其做出正确的评估和采取恰当的赏罚措施来鼓励或矫正之,从而卓有成效地将被控制人的行为引导到预期的目标和标准上来。

韩非的管理控制思想是偏重于控制体系的设计的,其于体制因素的重视远胜过了对人的素质、能力等主观因素的重视,这显示了其崇尚客观理性的管理理念。①

基于这些认识,这里再从管理哲学角度对先秦儒家"王道"理想中的管理模式来同法家理想中的管理模式略作比较:这两种社会管理模式实是基于不同的人性假设,儒家的管理模式是基于"见

① 拙文:《先秦诸子管理思想论纲》,原载于《苏州大学学报》2004年第5期,后收入拙著《哲学与文化研究》(江苏人民出版社,2005年)。按:这里所引是对原文的摘要。

利思义”的“文化人”(按：即儒家所谓的“君子”)的人性假设,法家的管理模式是基于“好利恶害”的“自然人”(按：即儒家所谓的“小人”)的人性假设。因其人性假设不同,其管理理念和管理方式也不同,儒家的管理理念是“观乎人文,以化成天下”①的“人文”理念,其管理方式是“道之以德,齐之以礼”②的“内辑式文化管理”;法家的管理理念是“缘道理以从事”③的“道理”理念,其管理方式是“道之以政,齐之以刑”④的“外悠式武功管理”。⑤

我以为,从理论上说,封建制的管理模式就是基于“文化人”假设的“内辑式文化管理”,郡县制的管理模式就是基于“自然人”假设的“外悠式武功管理”。把这两种管理模式置于现代管理科学视野中来加以审视,似乎可以认为,“自然人”(“小人”)假设较接近于“科学管理时代”(美国管理思想史家丹尼尔·A.雷恩语)的“经济人”假设——“自然人”(“小人”)和“经济人”具有共同的“好利”特征,而“文化人”(“君子”)的假设则较接近于“社会人时代”(丹尼尔·A.雷恩语)的“社会人”假设——“文化人”(“君子”)和“社会人”具有共同的“尊重需求”⑥。故如果说“内辑式文化管理”是较

---

① 《周易·贲·彖辞》。
② 借用孔子语,见《论语·为政》。
③ 《韩非子·解老》。
④ 孔子语,见《论语·为政》。
⑤ 刘向《说苑·指武》:“凡武之兴,谓不服也;文化不改,然后加诛。”束皙《补〈亡诗·由仪上〉》:“文化内辑,武功外悠。”按：这里“辑”和“悠”都是“使安定”或“使稳定”的意思。所谓“文化内辑,武功外悠”,就是说,文化是采取以礼齐民的德治方式,使人民因有羞耻心而不胡作非为;武功是采取以刑齐民的法制方式,使人民因畏惧刑罚而不敢恣意妄为。
⑥ 按照美国著名社会心理学家马斯洛(Abraham H. Maslow,1908—1970)的说法,社会人的心理需求包括生理需求、安全需求、社交需要、尊重需求和自我实现五个依次提高的基本层次,其中第四个层次“尊重需求”包括自尊、他尊和权力欲三类。儒家“君子”的“见利思义”正可以被理解为包括自我尊重、自我评价以及尊重别人在内的“尊重需求”。

接近于现代管理思想中针对“社会人”的所谓“行为科学管理”的话，那末，“外悠式武功管理”则较接近于现代管理思想中针对“经济人”的所谓“科学管理”。

不过，即使上述类比是可以的且能成立的，因现代管理理论所谓“科学管理”“行为科学管理”都是就企业管理行为而言，其适用范围是工商企业管理，它们未必也适用于社会公共管理，虽然 20 世纪 80 年代以来新公共理论试图把私营企业管理的理论与方法也推广运用到公共管理领域，而郡县制的“外悠式武功管理”是要被运用到整个社会管理领域的，如上所述，它必然导致社会非政府的民间自治组织和非政府的民间自化天下萎缩到极点。

此外，当初郡县制的设计者只是考虑了怎样把整个社会纳入到一个可以被管理者有效控制的系统中以及管理者如何有效地控制这个系统的问题，从而设计出一个由位居这个控制系统的“执要”中心的管理者（君王）依仗其拥有至高无上之权力的居高临下之“势”而以“法”与“术”来独自掌握天下的集权管理模式，却没有考虑到如顾炎武（1613—1682）、黄宗羲（1610—1695）所说那样“万几之广，固无一人之所能操”①，“天下之大，非一人之所能治”②，“人君之于天下……独治之而刑繁”③，“法令日繁，治具日密，禁防束缚至不可动，而人之智虑自不能出于绳约之内”④，以及“言莅事，而事权不在于郡县；言兴利，而利权不在于郡县；言治兵，而兵权不在于郡县，尚何以复论其富国裕民之道哉”⑤等等由“人君独

① 顾炎武：《日知录》卷九《守令》。
② 黄宗羲：《明夷待访录・原臣》。
③ 顾炎武：《日知录》卷六《爱百姓故刑罚中》。
④ 顾炎武：《日知录》卷九《人材》。
⑤ 顾炎武：《日知录》卷九《守令》。

治”所必然带来的一系列具体的管理问题和社会问题，当然更没有考虑到“好利恶害”的“自然人”既然都是一般唯利是图的“小人”，其“人之情孰不为其身家者？”[1]其“为天子为百姓之心，必不如其自为”[2]，则“独治”之“人君”又有何能何法可以有效地掌握天下之人这样的理论问题。

四

顾炎武、黄宗羲等明清之际的学者对于郡县制管理模式所做的批判性反思，不只是对与此管理模式相关的现实问题的思考，也更是对这种管理模式本身的理论思考。

从顾、黄对郡县制的理论思考成果来看，他们都看到了这种“人君独治”模式的缺陷及由此造成的对于现实社会的种种危害，因而都极力反对这种集权管理模式，并且都提出了以“分权”和“分治”为基本内容的改革方案。比较而言，黄宗羲的改革方案是限于行政管理领域，主张在君臣之间进行“分权”和“分治”，他说：“原夫作君之意，所以治天下也。天下不能一人而治，则设官以治之；是官者，分身之君也。”[3]“缘夫天下之大，非一人之所能治，而分治之以群工。”[4]顾炎武的改革方案则超出了行政管理的范围，涉及更广泛的社会管理领域。在《郡县论》中顾炎武提出了“寓封建之意于郡县之中”的改革方案，此方案实质上是主张推行经济上的县令承包制和

① 顾炎武：《亭林文集》卷一《生员论上》。
② 顾炎武：《亭林文集》卷一《郡县论五》。
③ 黄宗羲：《明夷待访录·置相》。
④ 黄宗羲：《明夷待访录·原臣》。

政治上的县令负责制[①]。到了《日知录》里，顾炎武对原方案又有所调整和补充：第一，《郡县论》只是提到要增强县一级的自治权，且所论县令的自治权是"生财治人之权"，《日知录》则进一步主张加强郡和县的自治权，且其内容包括"四权"——"夫辟官、莅政、理财、治军，郡县之四权也"[②]；第二，《日知录》明确提出了"分权"主张："所谓天子者，执天下之大权者也。其执大权奈何？以天下之权，寄天下之人，而权乃归之天子。自公卿大夫至于百里之宰，一命之官，莫不分天子之权，以各治其事，而天子之权乃益尊。"[③]还特别强调了乡政权应该有一套完备的组织系统和法律制度："夫惟于一乡之中，官之备而法之详，然后天下之治若网之在纲，有条而不紊。"[④]第三，《日知录》更提出了"宗子辅人君之治"的社会管理主张："人君之于天下，不能以独治也。独治之而刑繁矣，众治之而刑措矣。古之王者，不忍以刑穷天下之民也，是故一家之中父兄治之，一族之间宗子治之。其有不善之萌，莫不自化于闺门之内；而犹有不帅教者，然后归之士师。然则人君之所治者，约矣。……是故宗法立而刑清。天下之宗子，各治其族，以辅人君之治，罔攸兼于庶狱，而民自不犯于有司，风俗之醇，科条之简，有自来矣。"[⑤]

顾炎武的上述改革方案中第一、第二项内容与黄宗羲的改革方案一致，都是主张在行政管理领域实施"君臣分猷共治"[⑥]，第三

① 参见拙著：《顾炎武哲学思想研究》，当代中国出版社 1999 年 12 月版，第 163 页。
② 顾炎武：《日知录》卷九《守令》。
③ 顾炎武：《日知录》卷九《守令》。
④ 顾炎武：《日知录》卷九《守令》。
⑤ 顾炎武：《日知录》卷六《爱百姓故刑罚中》。
⑥ 语出《亭林文集》卷一《生员论上》："国家之所以设生员者何哉？盖以收天下之才俊子弟，养之于庠序之中，使之成德达材，明先王之道，通当世之务，出为公卿，与天子分猷共治者也。"

项内容则为黄氏方案所缺，这表明顾比黄有更加宽广的管理视野，对郡县制的思考也比后者更加深入，以至于想到了要构建一个独立于政府的民间社会的自我管理系统来分担政府的社会管理职能。可惜顾炎武只是认识到了“不能复封建之治”[1]，却未能认识到“天下之宗子各治其族”的“宗法”同样是“不能复”！

明清之际的中国已进入到商品经济如此发达的时代，以至于江南苏（州）杭（州）一带“其民赖以市场为生”[2]，且以“居货招商”[3]而形成了诸如苏州盛泽、湖州双林这样“商贾聚集”的“市镇”，徽州也是“贾人几遍天下”[4]，晋商之几遍天下的情况就更不用说了。商品经济是如此繁荣，它对人们的价值观念的冲击又是如此之大，以至于连一向不言利或讳言利乃至反对谋利的士大夫阶层都出现了“商人化的倾向”，形成了“亦贾亦儒的社会潮流”[5]，甚至像顾炎武这样的大儒也曾“抱布为商贾”[6]；尤其是其对社会结构所造成的巨大冲击力，使之在一定程度上出现了社会分层，产生了一个新的阶层——市民阶层，这个强烈要求发展工商业和要求减轻或取消帝国统治者的超经济剥削的逐利阶层与统治势力（如皇帝派出的税监、矿监）发生着日益激烈的矛盾与冲突（例万历年间苏州屡屡发生的织工、染工暴动之类）。

在这样一个时代，一个从社会观念到社会结构都被越来越强劲地发展的商品经济的力量所深刻地改变的时代，原有的宗族组

---

① 顾炎武：《亭林文集》卷五《裴村记》。
② 陆楫：《蒹葭堂杂著摘抄》。
③ 明嘉靖年间《吴邑志》卷首。
④ 张瀚：《松窗梦语》卷四。
⑤ 参见朱义禄：《逝去的启蒙》，河南人民出版社，1995 年版。
⑥ 万寿祺：《秋江别思图自跋》，转引自查永玲《万寿祺〈秋江别思图〉卷》，《文物》1991 年第 10 期。

织以及相应的宗族观念也都发生前所未有的深刻变化，在这个时代的社会生产力和经济发展的水平上，人们的个体力量得到了空前增强，其个性也获得了一定程度的发展，原本基于社会发展较低水平上的人与人之间在亲缘关系上的相互依赖程度客观上大为下降，加上商品经济条件下的利益驱动力和唯利是图的市民价值观的支配力量，更使人们不再普遍看重宗亲关系，甚至出现顾炎武自己亲眼目睹并痛加指摘的“利之所在，则不爱其亲而爱他人”这样一种“廉耻道尽”的社会现象①。顾炎武自己所亲身经历的屡遭其同族人迫害的宗族内斗以及，他在山东黄培诗案中所亲眼目睹的发生于亲属间的互相攻讦等客观事实，都证明了当时有许多地方的传统宗族组织和宗法观念已被其时代潮流冲击得面目全非，在这种情况下顾炎武提出“宗法立国”的主张，自然不是什么识时务的俊杰之见了，虽然他在其他许多方面都显出其有非常卓越的见识。

不过，话要说回来，顾炎武“宗法立国”的主张固然未免显得迂腐，但从他提出这个主张是为了解决郡县制所固有而为自身所无法克服的社会管理职能方面的缺陷来看，他的这个主张不过是希望出现一个独立于政府之外又无须政府为之操心的民间社会，在当时已经出现市民阶层的历史条件下，并考虑到其曾为“商儒”(亦商之儒)且有“人必自为”和“有私常情”的市民观念，这样一个自治性的民间社会应该被理解为市民社会。只不过是为其眼界所限，其思想与话语都受到传统儒家的深刻影响和限制，他也就只能用“天下之宗子各治其族”来描述这个为他所理想地加以追求的自立

① 顾炎武：《亭林文集》卷五《华阴王氏宗祠记》。

于政府之外的社会系统了，也就是说，“宗法立国”主张的提出，实质上是在呼唤市民社会的到来！

实际上，郡县制的合理性问题是必须同市民社会联系起来加以思考，才能做出恰当评价的。严格说来，郡县制的不合理性是其在现实中的不合理性，即在明清之际的具体历史条件下，它阻碍着其队伍不断扩大、势力日益增强的市民阶层走向市民社会。而唯其在一个成熟的市民社会里，市民阶层“各得自私，各得自利”（黄宗羲语）的自由经济理想才是可能实现的。

（原载王玉生、刘敬鲁主编：《当代中国社会管理创新研究》，北京：人民出版社，2014 年 6 月版，第 28—40 页）

《老子》注释集成的力作

——李若晖教授《老子集注汇考》(第一卷)述评

叶树勋

老学研究者常常为检阅老学史资料而花费大量时间。目前已有一些集注类、集成类的作品,可供研究者查阅参考;然则,这两类作品在不同程度上都未能充分满足研究者所需。已有的集注分章析句,以旧注错落其间,方便查阅,然其所涉资料极为有限,若需检阅旧注,还得自行逐本翻看。已有的集成类作品,其资料之丰富固然远超前者,然其属群书汇编,若需参阅旧注,亦得逐本翻检。

编撰出一部资料既丰富、检阅又方便的《老子》集注,是我们一直所期待的。新近出版的李若晖教授的力作《老子汇注集考》(第一卷),正是我们所期待的这样一部作品。此书广搜遍集,古今中外之成说,皆在其搜集范围内;在此基础上又对资料分项别类,进行归整,为老学研究提供了很大的方便。并且,此书所展现的作者对老子哲学的理解,以及作者的治学方法和精神,对于当前的古典哲学研究均有很多的启发意义。

一、资料浩博而体例得法

在《老子》研究史上，已经有人写过集注类的作品，如强思齐的《道德真经玄德纂疏》、徐永佑的《道德经集注》、奚侗的《老子集解》等。这些集注类的著作只是选择性地引用诸家，所涉材料很是有限，并没有广泛地汇录旧注。而在另一方面，对历史上的《老子》传本、注本进行集成和汇编，也已经有学者做过这些工作。早一些的有严灵峰先生编纂的《无求备斋老子集成》（包括初编、续编、补编，补编是老庄列三子合编），新近推出的则是熊铁基先生、陈红星先生主编的《老子集成》。这两部《集成》将各时代的《老子》传本、注本尽可能全面地加以汇集，其资料之丰富远远超过前述的集注类作品。不过，这些集成类的作品是将各个本子统合在一起，是群书汇编的做法，研究者参阅时仍需一本本地翻阅。

在这样的情况下，李若晖教授编纂了一部新的注释集成之作，以便学界检阅使用。相比于已有的集注类、集成类著作，此书表现出两方面的特点。一方面，此书收录的资料丰富浩博，涉及古今中外，其数量之大、范围之广，是以往的集注类作品所不具备的。另一方面，它并非群书汇编的做法，而是建立起一种让人方便检阅的体例，分章析句，同时又分门别类，将相关材料归入既定的架构当中，为研究者省去了诸多的翻检麻烦，其体例之当、参用之便，又是已有的集成类作品所不具备的。

现今已出版的是《老子集注汇考》第一卷，对《老子》第一章进行集注汇考。书中的门类包括“解题”“总论”“分句集注”“章旨”“韵读”“字数”这六个项目；其间，“分句集注”一项又包括“异文”

"句读""释词""阐义"这四个子项目。这样的体例安排,既考虑到文字、音韵、训诂、版本、校勘等小学方面的情况,也包括了思想义理层面的内容,几乎将老学研究所涉的重要方面都囊括了进来。

针对每一项,作者将历史上各种不同的观点进行分类,按类别录入各项之中。例如,关于"无名天地之始,有名万物之母"一句的句读,历史上一直有争议,分歧在于究竟是以"无""有"为读,还是以"无名""有名"为读。这一分歧将影响到下一句"故常无欲以观其妙,常有欲以观其徼"的读法,更关键者,不同的句读还会影响到我们对老子哲学内容的理解。对此,作者对不同的观点给予充分的收集,按其种类逐一列述于该项之下(同一类观点的则按时代顺序排列)。

对于其他的每一项(包括子项目),作者都是依此体例爬梳材料,围绕关键的问题分项别类,进行归整。这样的体例安排,省去了读者的翻检麻烦,为大家提供了很大的方便。何泽恒先生在为此书作序时写道:"其裁剪古今成说,与严氏《集成》之群书汇编不同,其便于应用,自不可同日而语。……其非为初学而设,而实学者所宜参详。手此一册,不知可省多少翻检之劳。"这是很公允的评介。

此外,该书在资料整理方面还有一个很大的贡献,它收录了大量的早期散见材料,这一点也是已有的集注、集成所不具备的。以往这方面的作品大都是围绕历史上的《老子》传本、注本展开,前者是有所选择地加以引用,后者则是尽可能多地加以收集汇编。但不管哪一种,主要都是针对既成的传本、注本进行处理。事实上,历代以来的老学解释和研究除了见于注释和研究的专著,还会散见于其他的作品当中。倘要尝试进行最大程度的汇成,那么后一种材料自然也是必不可少的。对此，作者花费了大量的时间和精力，在各种文献中广搜遍集，精心整理，为研究者提供了很多在诸传本、注本中所看不到的材料。

可以说，如此丰富的资料，又以一种得法的体例进行编排，以便研究者检阅，这样的集注作品在目前学界还是第一部。为此李教授花费了大量的时间和精力，甘愿为他人作嫁衣裳，这种服务和奉献的精神让人敬佩。

二、闪烁其间的学术新见

作为一部注释集成的著作，此书很容易让人产生误会。一是让人误会它和学界已有的集注、集成类似，属重复工作；二是让人误会它仅是搜集成说，属勤奋之作，不见得作者对老学的理解有多深入。关于前一个误会，通过前节的述评，基本可以澄清；而关于后一个误会，这里则要加以说明。

如上所述，此书分不同的项目对历史上的老学资料进行搜集整理，如何裁剪、如何归类，作者有一严谨的体例。每一个项目内（包括子项目），作者在汇集成说的基础上，多数会给出相应的按语，阐述自己的看法（不是每一项都有，但多数项目都有）。遍察其间的按语，有一些属于校勘方面，体现了作者细致、扎实的学术作风；有一些则属义理阐发，体现了作者对老子思想的深入理解。以下我们围绕后一情况，谈谈书中所展现的作者对老子哲学的阐发。

例如，关于“无名”“有名”和“无欲”“有欲”如何理解，作者在书中即给出了独到的解释。如前所述，这些概念所属文句的句读一直存有争议（“无”“有”和“名”“欲”到底是断开，还是连成一词），结合早期的《老子》注释和近年出土的马王堆帛书《老子》(甲、乙本“欲”字后皆有“也”字)可知,连成一词的读法更符合《老子》古本旧注的情况,而以“无”“有”为断,是宋代以后部分人的读法,这种读法并不妥当。句读的问题即如上述,那么接下来的问题是“无名”“有名”和“无欲”“有欲”这两对概念当如何理解。对此,老学史上有不同的看法,主要的分歧在于“无名”“有名”是指同一对象,还是指不同的对象,而这一点也将影响到对“无欲”“有欲”的理解。

在这一问题上,作者在书中汇录了大量的古今中外的成说,进而提出,“无名”“有名”都是“道”的描述词,而“无欲”“有欲”则统一于人这一悟道的主体。一般来说,“道常无名”、人“无知无欲”乃可悟“道”,这才符合我们的理解,那为什么“道”又是“有名”,悟道者为什么也可以“有欲”? 对此,作者论述到:“道常无名”,但是“道”也好,“无名”也好,这本身也是一个“名”,可以言说;从这个意义上讲,“道”也是“有名”;于是,“道”成为对于“道”自身的背离,“道”自身作为“道”的否定,是对于作为“物”的“名”的否定,是对于“物”的否定,因而“道”与万物相区分,成为万物存在的可能性。李教授所说的这个道理,就好像一个人没有名字,我们称之为“无名氏”,那么“无名氏”这一称法也就成了他的名字。北京大学有著名的未名湖,这个“未名”的湖却很“著名”,同样也体现了“无名”和“有名”相统一的妙趣。

接下来,关于“无欲”“有欲”,作者指出:只有“无欲”,人才能超越万物,洞察万物之“妙”,亦即“道”之真谛;而在另一方面,人生在世,不可能脱离衣食住行此等自然之欲,所谓“甘其食,美其服,安其居,乐其俗”,此自然之欲既是“有欲”,又是“无欲”;“常有欲”,

深入万物之中，在和万物的关联中，与万物融为一体，最终洞忘物我，复归于“道”。如果说，在前面作者是借“无名”本身也是“名”这一道理来统一“无名”和“有名”，那么在此作者便是通过“自然之欲”来统一“无欲”和“有欲”。究其根本，这里展现的是一种通彻形而上下的理解方式，并未将老子的“道”摆在纯形而上的孤绝位置。人不可能无欲，否则便不会与物交接，也不会由此超越而进至于“道”；然则，此“欲”又不是偏滞一隅，或陷溺一端，而是顺应自然，廓然大公，即“有欲”之间而体认“无欲”之境。

此外，还需提到的是作者在“章旨”一项中，对《老子》第一章思想内容的概括和提炼。这一项主要是表达作者对《老子》第一章的整体理解，在前面分句分项集注的基础上，作者对其内容作出融会贯通的理解，其间有很多精辟的阐发。作者并不是在字词训诂的基础上对第一章文句给出现代语言的翻译，而是尝试将各句之内容在义理上通贯起来，作出尽可能圆融的解释。

此书在编排时还很注意旧注的思想背景，并由此探讨思想演变和文献诠释之间的互动关系。在此基础上，作者将《老子》的注释研究史分为三个大阶段。首先是从先秦到唐代的“原典时期”，这一时期的特点是，虽然诸家解释各有不同，但《老子》作为一部原典得到了充分的尊重，注者大都是基于文句的传统理解来阐发己意。接下来是由宋至清的“旧典时期”，这一时期疑经之风兴起，《老子》亦不能免，并且基于理学重新解释《老子》蔚为风尚。第三个阶段是自近代以来的“古书时期”，这一时期的特点是，依傍西方哲学对《老子》进行重新理解，尤其是以理学对接西方的唯理论哲学，能符合二者的文句解释得到了普遍采信。此书的集注汇考工作既有细致的爬梳，又有大局的观照，作者对《老子》研究史所作的这一分期，为我们把握老学史的发展提供了颇具参考意义的思路。

在此，我们通过几个具体的情况，展现作者对老子哲学以及老学史的独到理解，此外尚有很多闪烁书间的精彩之论，读者可自行品阅。

三、真诚坚毅的治学精神

进一步而言，此书给我们带来的不仅是资料的丰富和检阅的方便，也不仅是思想义理上的启发，在此之外，我们在其间还读到了一种真诚而勤勉的学术精神，一种在艰苦环境中仍坚毅为学的治学态度。但凡这些，对我们的古典思想研究同样具有很大的启发意义。

作者在《后记》中说到，编撰此书有“三难”：搜集资料之淹博难；清理旧注之识断难，撰写按语之精审难。且不说第三“难”，光是搜集、整理资料这方面，面对浩繁淹博的老学材料，就让多少人望而却步。据作者回忆，在项目开展之初，他先行复印严灵峰先生的《无求备斋老子集成初编》和《续编》，而后进行分章剪贴，制作出来的材料多达两百多袋。接下来要做文字录入、校对（word 文档录入后要进行多次校对）、校勘（校对之后其间所有的引文都要核对原书）、研读、择取、整理、编排，等等，其工作量之大，有点难以想象。这样一份吃力耗时、为他人作嫁衣的工作，非真诚而勤勉者无以胜任。李教授便是这样的一位学者，这种为学界竭诚服务和奉献的精神，可敬可佩，殊值我们小辈学习。

一份如此吃力而耗时的工作，在作者开展以后的很长一段时间里，竟然没有任何科研经费以作支持（若以2009年作者复印《无求备斋老子集成》为始计，则三年后方获得经费）。这项工作在浩如烟海的资料当中进行搜集、整理，需要作者本人花费大量的时间和精力，而有些时候也可以考虑聘请他人（如学生）做一些辅助性的事情（如材料剪贴、文字校对等）。然而，作者身为教授、博导，很多可以让学生来分担的事情，却仍然是亲力亲为。例如，一些word文档操作的情况，作者都是自己处理。就拿竖排导致的单双引号改动来说，作者便是手动逐个修改，仅这一项工作，就花去了两个月的时间。又因项目所涉资料繁多，需往各地查阅，而前面的几年里缺乏经费支持，做起来很是艰难。据作者回忆，他到北京查阅图书资料，因囊中羞涩，晚上只能到北京大学同学宿舍打地铺。凡此等等，其艰辛可想而知。

在书中作者还讲到了何以要开展这一项工作的根本原因。他曾言道：《老子》的注释史源远流长，各种注解数量庞大，导致《老子》的文本和解释极为歧异；我们今日从纯学术的立场，清理《老子》的研究史，恢复原典时期对《老子》的理解，厘清先秦的《老子》究竟说了什么，是非常紧迫的任务，因为“只有回归中华思想之本源，才能真正重铸其魂魄”。在此，作者不仅交代了自己要开展此项工作的原因，同时也表达了自己对古典哲学研究的一种态度。“惟有回归本源，方能重铸魂魄”，这是作者治学的基本立场，同时也是支撑他在艰辛环境下仍然坚毅为学的根本动力。

如其所言，惟有回归本源，方能重铸魂魄，无源之水岂能长流，无本之木岂能长生！我们为什么要回过头去发掘古哲先贤的思想资源？任何一种学问思想的进展，都是在“返本”的基础上才能“开”出新的意境。中国历来学问之推进，均是从先秦之本源开出，源源不断，奔涌而流，秦汉晋唐如此，宋元明清如此，新时代之中亦是如此。而论至西方，其哲学之进展仿佛是要脱离原来的“本”，要重新开发，就好像笛卡尔所说的“一切都是可以怀疑的”、尼采所讲的“重估一切价值”。然而，从古希腊到现代欧美，其根本之鹄的又何尝有变？就好比怀特海所讲的，两千五百年的西方哲学不过是柏拉图哲学的一系列注脚。且不去深究这句话有没有过于极端，此间透露的一个重要信息是，西方哲学在发展的过程中，其所究探的根本问题并无实质改变，西学之流亦是从其本源腾涌而来。吾辈今日处在一个风云激荡的年代。在两千多年以前的上古时期，世界上几个不同的地域几乎同时地迸发出“轴心时代”的本源之“强音”；在中古的一千余年里，希腊和希伯来、中华和印度各自合奏出美妙的乐章；现如今，合奏以后的乐章要进行大合奏，要奏出人类文明的大乐章。这是我们这个时代要“开”的“新”，此情此境之中，如何能够不返本！

然而，就如同作者也提到的，当前有一股不良的风气，即“反文艺复兴”的倾向，将人牢牢地捆绑在狭小的所谓专业领域，甚至专业的条块分割之内，这是学界出现奴役的一个重要原因；被奴役的人失去了创造性，成为同质性的资源待分配者，学界的种种乱象也由此而生。作者所在意的，不仅是老学研究如何推进，也不仅是古代哲学研究如何发展，更根本者，由此乃可见其心中对当前学界的深刻洞察和满怀忧虑。陈寅恪先生所说的“独立之精神，自由之思想”，已成为我们多少代人的理想；然而，卢梭说得好，“人生而自由，却无往不在枷锁之中”。也许，我们所要做的，不是去争取多少的自由，而是要摆脱多少的枷锁，即便二者的效果到头来是一样的。亦且，我们的枷锁往往不是外界所给，而是内心所生，就好像前面所说的，如何做到即“有欲”之间而体悟“无欲”之境，方是其间的要诀。

此上我们围绕此书的几方面情况，大致谈了此书作为一部注释集成的作品，如何又体现了作者的新见高论及其治学精神。末了，笔者谈谈书中所存在的或需考虑调整的地方。在资料的编排和排版方面，或许还可以做得更简明些，门类的析分已较为全面、严谨，但不同门类的内容或可考虑用不同的字体和格式，尤其是作者的按语，也许可以考虑以不同的格式呈现。另外，作者在择取资料的标准上，“对于歪曲《老子》、过度发挥、故意标新立异者概予摒弃”，不知有无主观之嫌？从作者所关注的文献诠释和思想演变的相互关系来看，某些过度发挥、标新立异之说也许更能体现这一互动吧。

作者当初的计划是对《老子》八十一章的集注工作全面铺开，后来因工作量实在太大，再三权衡之后，决定一章一章逐渐进行。现出版的此书是《老子集注汇考》这部大书的第一卷，只针对《老子》第一章进行集注。接下来，还有八十章的工作等着去开展，我们非常期待后续的作品。未来的道路诚可谓任重而道远，不可不弘毅！

（原载《古籍整理出版情况简报》2017 年第 10 期，第 15—21 页）

2018中华读书报年度图书之10佳点评之《久旷大仪》

任剑涛

中华政制的核心是汉制。自汉武帝独尊儒术以来，儒学改造和掌控了国家机器，从而使自身成为王朝时期的意识形态。李若晖教授新著《久旷大仪》一书，从思想与制度的相关性入手，对汉代儒学政制问题展开了系统、深入的研究。

是书探寻了汉代儒家思想与政治制度之间的复杂面相，展示了思想和制度之间相互建构的内在脉络和机制。该书以人际关系的道德化来理解儒家。儒家之所谓道德化，即构成关系的双方相互承担责任，形成双向性伦理，其具体表现为"五伦"。由此熏陶而成的汉代纯德之儒"能自治而不能治人"，无法驾驭国家机器，试图以儒学重建国家典制时也捉襟见肘，最终异化为王莽式的先攫取权力再变革制度。王莽之败标志着儒学未能以道德超越权力，而只能依附权力推行理想。古文经学便在儒学内构造绝对皇权，即将双向性伦理改造为单向性伦理，最终在汉末形成郑玄礼法双修和何休君天同尊两个经学体系。至此，西汉今文诸儒复古更化的理想被彻底抛弃，被尊为意识形态的只是儒学的空壳，其内部已经以单向性伦理进行了重构。全书基于政制与伦理相融的视角，视野宏阔，论证精密，颠覆了学界以往对于中华政制之认知，揭示了中华政制的真实内核。

（原载《中华读书报》2018 年 12 月 26 日第 5 版）

汉代儒学与政制的互动

深川真树

日本江户末期的思想家吉田松阴(1830—1859)在《讲孟札记》一书中说,中国之臣"择其主之善恶而转移",好像是"半季渡之奴婢",和日本之臣"与主人同死生休戚,虽至死也绝无可弃主而去之道"不同。他即认为对于君主的单向服从在日本是臣下的义务,在中国则不然,由此批评中国之臣的形态。但一读李若晖教授的《久旷大仪》就得知,吉田松阴的观点不完全是正确的,即使可适用于战国以前的臣民,也无法适用于秦汉以后的臣民。

《久旷大仪》关注"儒者是否真正奠定了儒学之国家制度"的问题,深入探究汉代儒学和帝制之间的互动。根据本书的观点,汉代儒学和帝制的互动,就结果来说,是汉朝帝制使儒家思想转向的历史。西汉初中期,因为汉朝政制继承秦朝的律令体制,所以儒者试图依其以礼治国的理想建造经国大典来革新汉制,但结果是失败的,到了西汉晚期以后,儒学屈服于皇帝的至上权威,接受眼前存在的体制而转向。换言之,面临中国帝制草创期的儒者,起先努力打造基于德与礼的新帝制,但结局则是,儒家内部出现否定这种努力的学说,也就是说,帝制却使得儒学具有承认及维护现有皇权的新倾向。

本书所设想的儒学转向主要是儒者尊信的伦理规范之变质，亦即从“双向性”到“单向性”的转变。双向性伦理是对任何一个人伦关系中的双方都要求尽相应的责任和义务；单向性伦理则是只对其中的某一方，通常是居于下位的一方要求尽责任和义务。作者即认为，西汉初中期的儒者要求居于上位者，尤其是皇帝尽相应的责任和义务，但是到了西汉晚期以后，儒者渐渐不再谈论其责任和义务，以致中国形成单向性伦理为主导的社会。

本书从周礼体制的权力结构谈起，说明在此体制下的人们秉持双向性的伦理规范，周天子也不例外，承担保护臣民的义务，其权力受德与礼约束。但到秦朝统一天下，依法治国的秦制取代周礼体制，其中君主高于法，以暴力与强制行使权力，从而形成了臣民单向地服从君主的伦理规范。汉朝承袭秦制，儒学源于周礼，汉初儒者试图复兴以礼治国的政制，以使皇帝尽保护臣民的义务，但后来在儒家内部出现维护单向性伦理的倾向，本书主要从所谓“今古文之争”的视角叙述之。今文经学将以汉代通行的文字写的“今文经”，古文经学则将以秦以前的古文字写的“古文经”作为学术基础，但两者之间不但在所依经典的字体上有差异，而且在对于政制的见解上各有所持。

本书指出，儒学并未传承一套完整的周礼国家体制，是汉代儒学制度化的瓶颈。西汉时期流行的是今文经学，今文经学儒生希望以礼代法，改造汉朝所承袭的秦制来恢复双向性伦理，然而，结果是未能制定一套完整的礼制。古文经学儒生批评这点，虽然古文经中也没有记载一套完整的礼制。他们采取的道路则是，以单向性伦理替换双向性伦理，因循现有的汉朝旧典，以儒学缘饰秦制的依法治国、尊君卑臣。对吉田松阴来说，尊君卑臣是正面的伦理规范，但在作者看来则不然，古文经学的作为是“将儒学改造为专制君主的顺从奴仆”，“使得秦制之国家暴力笼罩并规定了儒学之仁德”。儒学并没有成功奠定儒学的国家制度。

本书在论证的过程中博引第一手和第二手资料，非常利于我们了解汉代儒学的情况和前人的相关研究成果，以及汉代儒学和帝制互动的状况，也就是思想和制度互动的具体情形。李若晖教授的《久旷大仪》为我们提供相关知识和资讯的同时，引导我们进一步深入思索“国家和德性”“国家和暴力”“思想和政治”等重要问题，可以说是一本好书。

（原载《中华读书报》2019 年 11 月 20 日第 10 版）

后　记

本书的选题，出于上海三联书店编辑吴慧女史的提议。尽管选题早在 2018 年的年中即已提出，可是由于杂事繁忙，一年半之后的今天，才告竣工，真是惭愧！

吴老师当年说随便我按照自己的想法编，结果编完一看，这岂止是一本书，简直是在盘点人生，是我年近半百（禁不住悲从中来）的阶段总结。我的这本小书，在编纂方式上，是照录原文，可以算是"述而不作"吧。

我从毫无专业地泛读，到进入古汉语和古文献专业受训，再转业至中国哲学，近年又涉足古代史，每每在痛苦与煎熬中寻找看不见的道路。所以思考给这本小书起个什么书名时，很自然就想到了鲁迅那刻在墓碣阴面的残存文字："……抉心自食，欲知本味，创痛酷烈，本味何能知？……"人苦不能自知。然而我们生平种种遭际，并不只限于一身而已，倘若我们能对一己之身世沉浮进行普遍性反思，又何尝不可窥见人类的命运？

对于这些年来给我以关心帮助的师长朋友致以诚挚的谢意！

2003 年拟将我的硕士论文修订出版时，乘着听李学勤先生课的机会，在课间尝试着请先生赐序，没想到先生一口应允，并让缯云公子将其亲笔所作序言赐下。序言写在8开横格稿纸上，表达了先生对一个刚入门的后学的殷切期望。2018年我开始着手编《本味集》时，先生已在病中。我托先生弟子陈颖飞女史询问能否将先生大序收入集中，8月29日收到颖飞女史的邮件，说师母问了李先生，同意将《郭店竹书老子论考》序收入《本味集》，由上海三联书店出版。当时深为感动，默祷先生早日康复。不料一转年，2019年2月24日，先生即溘然长逝。噩耗传来，不禁泫然出涕，哀伤不已。更没想到的是，12月2日，颖飞同我联系，让我赶紧提交一篇论文，来清华大学参加"李学勤先生学术成就与学术思想国际研讨会"。待到了会场，出土文献与文物保护中心的博士生来同我讲待会领奖的仪节时，我才知道，拙作《久旷大仪》竟然荣获"第三届李学勤中国古史研究奖"。这真是出乎意外。若不是评委绝对公正，我这个没在历史系待过一天的人是决不可能获奖的。并且这次颁奖是在先生逝世的当年，有着特别的纪念意义。我将此视为先生在冥冥之中对我的关心与鼓励，将在今后竭尽绵薄，希冀能传承先生的学术与思想于万一。

《郭店竹书老子论考》出版时，业师董先生也惠赐大序。2017年，恩师已因癌症不幸辞世。此次编纂《本味集》时，师母陈全营老人与瑞龙公子还特意于2018年9月2日郑重签署了授权书。可是此书尚未编成，师母竟于2019年3月29日追随先师而去。捧读序言，怎不令人堕泪！

《王弼〈老子注〉"造形"训解》发表于石立善兄创刊并主编的《古典学集刊》第一辑。与立善兄认识是在复旦大学哲学学院的一次会议上，他当时准备回国，正在四处找工作。最终他到上海师范大学工作，我们也有过一些交往。他留给我的印象，最深的有两点，一是直爽的有话就说，二是强烈的生存焦虑。没想到他最终罹患癌症，于今年12月18日突然离去，抛下孤儿寡母和未竟的事业，令人唏嘘不已。

我给本书中“后记”版块命名为“浮生旁白”，这里算是又“旁白”了一番。然而真正的戏剧中，最好不要使用旁白，让剧中人物去真切地表演出来，才是真正的力量。所以我的旁白就到此为止，接下来，我要回到我的人生舞台，继续表演真切的自我。

李若晖

2019年12月25日于厦门

本书是贵州省民族语言文化数字化保护项目的研究成果

本书调查、出版，均以中国语言保护工程所制定的
民族语言调查手册为原始范本，谨致谢忱。